赤胆忠魂

回忆我的父亲汪金祥

汪涛　著

群众出版社
2016年·北京

图书在版编目（CIP）数据

赤胆忠魂：回忆我的父亲汪金祥/汪涛著.—北京：群众出版社，2016.4

ISBN 978-7-5014-5501-0

Ⅰ.①赤… Ⅱ.①汪… Ⅲ.①汪金祥（1907～1983）—传记 Ⅳ.①K827=7

中国版本图书馆CIP数据核字（2016）第046805号

赤胆忠魂

汪 涛 著

出版发行：群众出版社
地　　址：北京市西城区木樨地南里
邮政编码：100038
经　　销：新华书店
印　　刷：北京通天印刷有限责任公司印刷

版　　次：2016年10月第1版
印　　次：2016年10月第1次
印　　张：20.875
开　　本：787毫米×1092毫米 1/16
字　　数：245千字

书　　号：ISBN 978-7-5014-5501-0
定　　价：68.00元

网　　址：www.qzcbs.com
电子邮箱：qzcbs@sohu.com

营销中心电话：010-83903254
读者服务部电话（门市）：010-83903257
警官读者俱乐部电话（网购、邮购）：010-83903253
公安综合分社电话：010-83901870

汪金祥（1907—1983）

1933 年冬，汪金祥在江西瑞金

1945 年 8 月，汪金祥率队南下（后转赴东北），陈龙送行时的合影（李克农摄于延安）

1947 年夏天，汪金祥与方震（左二）、单志辉（右二）、邵式平（右一）、吴克华（后排）在哈尔滨合影

1951 年 5 月，毛泽东与汪金祥在第三次全国公安会议上交谈

1960年夏天，汪金祥（中）与李钊（左二）、赵芸非（左一）、苟兴才（右二）等同志在昆明合影

1962年2月，汪金祥与王宁（左一）、凌云（左二）、梁国斌（右三）、王仲方（右二）、李广祥（右一）在北京合影

1979年10月，汪金祥与夫人海伦在北京家中

1979年10月，汪金祥全家合影

无尽的思念

时光承载着历史的风风雨雨飞快地流逝，转眼间，敬爱的父亲离开我们已经是三十多个春秋了。人们常说，时间会冲淡一切，但有些事，有些情，却是过去愈久感念愈深，愈是感念，愈恍如昨日。父亲他那和善慈祥的面庞，那带有江西口音、沉稳有力的话语，仍常常浮现在我的眼前、萦绕耳际。随着年龄的增长，对父亲的深深思念，无时无刻不在我们的生命中闪烁。

父亲在世时，或许是由于年龄的差距，我并没有什么特别的感觉。但父亲远行后，听到、看到老同志们回忆往事时，对父亲发自内心的深情追思与怀念，我才深刻地体会到，即使作为血脉相承的儿子，对父亲的了解和感悟，实在太少，太少了……

这些年来，我一直怀着难以言喻的愧疚，在默默地搜集着与父亲有关的一切，无论是绿叶茂盛的枝干，还是点点滴滴、枝枝叶叶都不遗漏，努力寻觅和追溯着父辈在党的指引下投身革命，矢志不渝追求崇高理想的人生印迹。穿越时间的隧道，走进历史的深处，仿佛回到了那艰苦卓绝、浴血奋战、可歌可泣的革命斗争年代。父亲的革命足迹，从弋阳到瑞金，从芜湖到延安，从延安到沈阳，从沈阳到北京，犹如一条蜿蜒曲折的红线，横跨大江南北、长城内外，贯穿了中国革命斗争的各个历史时期，展现出一幅幅波澜壮阔、气势恢弘的历史画卷。人生好比乐章，公安工作就是父亲革命生涯的主旋律，他作为公安战线的老一辈领导者，为建立新中国，保卫红色政权，保卫国家安全和现代化建设，保卫人民的幸福生活，几十年如一日，勤苦劬劳，呕心沥血。父亲对党和人民的赤胆忠诚，不畏艰难险阻的奋力前行，对敌斗争的机智果敢，来自他坚定的信仰和对远大理想的追求。

正因为如此，我想，应该把对父亲的了解和那深深地印在自己心底的往事，一件件，一桩桩，用文字清晰地勾画出来，让更多的人去了解那苦难辉煌、岁月如歌的年代，了解中国革命斗争艰难曲折的历程；感悟坚定的信仰是永无穷尽的动力源泉，是我们的事业不断发展，是实现中华民族伟大复兴的重要前提和保障。我期盼更多的人能从中获得一些启示，伴随着时代前进的步伐，沿着中国特色社会主义道路奋发进取，高擎着革命理想的旗帜，将信仰的薪火一代一代传承下去。

目　录

第一篇　踏上革命道路

弋阳县位于江西省东北部（简称赣东北），上饶市西南角，居信江中游。弋阳因境内的信江形如“弋”字而得名，历史悠久、源远流长，东汉建安十五年（公元230年）置葛阳县，隋开皇十二年（公元592年）改葛阳为弋阳，至今已有一千七百多年的人文历史。弋阳山川秀丽，风光旖旎，民风淳朴。

翻开中国革命史的篇章，伟大的无产阶级革命家、军事家，杰出的农民运动领袖，土地革命时期赣东北和闽浙赣根据地的创始人——方志敏烈士就诞生在这块土地上。很多了解红色历史的人们，一提到弋阳，就会想到方志敏烈士。在风起云涌、如火如荼的土地革命战争年代，作为赣东北根据地中心区域的弋阳县人民，英勇顽强、前仆后继，为革命根据地的建立和革命的最终胜利，作出了巨大的牺牲和杰出的贡献。全县在土地革命时期，仅能够查找到姓名的革命烈士就有九千二百八十一名，约占当时总人口的10%。在那艰苦斗争的岁月里，在这片曾经滚烫过的红土地上，涌现出了一批为创建新中国南征北战，为保卫和建设新中国呕心沥血、功勋卓著的革命前辈。如今，这些革命前辈们的丰功伟绩彪炳在共和国和人民军队的光荣史册中，成为永不逝去的记忆。

苦难家世

弋阳县西北部的曹溪乡，与乐平、万年、德兴县交界。1907 年 3 月 16 日，父亲出生在曹溪乡门上村一个贫苦农民家庭。父亲童年时，本村汪姓农户与邻近的茶园村张姓农户因争抢农田灌溉水源发生纠纷，在封建宗族势力的参与下，原本可以协商解决的事端竟逆转为丧失理性的群体性械斗。旧社会的官府昏庸无能，对这类人命关天的事情充耳不闻、视而不见，致使事态愈演愈烈。两个宗族之间的流血冲突，从田间地头、水渠边，一直蔓延到曹溪乡附近的几个村落，门上村的大部分房屋被纵火烧毁，祖父家里的住房也被殃及。这场劫难后，祖父家被迫随着汪姓家族的几户近亲迁居到离门上村有两里路远的店上村（现属三县岭垦殖场）。那是一个依山傍水、青山绿水的秀美乡村，西南方向不远处耸立着海拔近七百米的三县岭，全村当时只有四十多户人家，以刘、汪、邵姓人家居多。

店上村今貌

父亲家世代都是贫苦的农民，上无片瓦、下无立锥之地，年复一年过着饥寒交迫的穷苦生活。曾祖父是个贫雇农，三十多岁时还衣不遮体，娶不起媳妇，过着单身汉生活。清朝咸丰年间（1853年3月），太平天国起义军攻占南京后，皖南一带作为南京的外围屏障，成为太平军与曾国藩的湘军往来拉锯争夺的主战场。皖南地区的部分难民为躲避连年战火的涂炭，被迫背井离乡流落到邻近的江西上饶地区各县，曾祖母随着一些难民漂泊到了弋阳县曹溪乡，后来因无返乡的路费，她在好心人的撮合下，与曾祖父成婚而定居下来。他们婚后生下两个儿子。几年后，曾祖父不幸病故，曾祖母迫于生计改嫁到同村汪乙元家。我的伯祖父汪减元，结婚后时间不长也病死了，伯祖母改嫁他乡。

我的祖父汪秋元，家境贫寒，从小就在家务农种地。赣东北苏区陷落后，敌人疯狂地进行清剿和反攻倒算。为躲避敌人的迫害，祖父不得不带着祖母和年幼的姐姐，长期躲在山上，风餐露宿，忍饥受冻，致使身染重病。后来祖父被迫下山后，地主反动武装仍不罢休，对他百般折磨并强迫他交出儿子，因遭受精神的摧残和生活的艰难，祖父病情加重而去世。

我的祖母邵水莲，是一位勤劳贤惠、思想开明的农村妇女。土地革命时期，她积极支持父亲参加革命，坚信儿子选择的人生道路是正确的。1935年冬天，祖母跟着祖父在山上躲避国民党军和地主武装的追杀，被迫下山后被地主反动势力视为“匪属”，备受欺凌压迫，家里被洗劫一空，房屋和田地被掠走，无处安身。祖母带着姐姐到处乞讨，在人家茅棚屋檐下过夜，生活十分艰苦。但坚强的祖母从不屈服，她始终坚信革命一定会成功，坚信自己的儿子一定会回来的。时隔十四年后，祖母终于盼到了新中国成立。然而幸福生活才刚刚开始，她老人家就因患重病于1954年秋天在家乡溘然长逝。

父亲闻讯后悲痛至极，久久无言。

我的叔叔汪成祥，十岁时就在村里放牛，年岁稍大一些后，就跟着父兄下地种田。十八岁那年除夕，他突患急病，无钱医治，第二天清晨就离开了人世。

父亲家是佃户，靠租种地主的二十亩土地生活。每年辛勤耕作，收获的稻谷六成要交给地主，剩下的粮食难以维持到第二年春天。在青黄不接的日子里，全家人靠外出打短工和下河捉鱼摸虾挣来的钱、换来的粮食杯水车薪，实在难以糊口。祖父不得不忍受高利贷的盘剥，向地主和富农借钱借粮，大多是三分利息，春天借一石稻谷，秋后就要还一石三斗。这样的借债利滚利越来越多，每年仅偿还利息就要六十多块银元。

父亲出生后，家境更加贫寒，度日维艰。父亲六岁时就去给地主、富农家放牛。有人说读书声是世界上最美的声音，父亲少年时代的体会应当是最深切的。十二岁那年，父亲每次放牛回家路过村里的私塾时，听到学堂里传出琅琅的读书声，都情不自禁地放慢脚步，驻足观看，渐渐萌生了读书学习的念头。后来，他多次向祖父母提出要像别人家的孩子一样去学堂读书。可是一贫如洗的祖父母糊口尚且艰难，哪还有钱来供孩子读书呢，最后还是年迈的曾祖母看着眼含泪水痴心读书的父亲，实在于心不忍，想方设法和亲戚朋友们凑了一点钱，替父亲交了一年私塾学费。由于父亲天资聪慧、勤奋好学，学习成绩很好，深受教书老先生的喜爱，希望他能够继续读书上进。可惜因为家里贫穷，实在交不起第二年的学费，又缺少劳动力干农活，父亲不得不含泪辍学回家。对于父亲来说，这段读书的日子短暂而美好，是他童年最幸福的时刻。

十三岁那年，父亲开始跟着祖父母下田耕作。他在祖父的教导下学习掌握耕地、育秧、插秧等耕种技术，像父辈们一样开始了自己的“佃户”人生。十六岁后，父亲在农忙时给地主家打短工，农闲时去邻村当学徒做木工活。尽管如此，沉重的地租，仍然压得全家人喘不起气来。父亲十八岁时，家里历年来欠下的债务，利滚利已累积到了两百多块银元。父亲家辛苦劳累一年尚且吃不饱穿不暖，哪能有钱还债呢？每逢年关，高利贷主们就会凶神恶煞般地上门逼债，祖父不得不早早离开家，到外边东躲西藏生怕被债主们发现。有时候，祖母四处奔走乞求，好不容易弄来一点年货也要赶紧藏匿起来，唯恐被那些债主们看到后，如狼似虎般地抢走。

尤其令父亲痛楚万分的是那年除夕之夜，叔叔突然患了重病，家里没钱请大夫医治，生命垂危。当时，祖父在外边躲债未归。在昏暗的油灯下，求救无门的祖母掩面而泣，父亲眼睁睁地看着自己的同胞弟弟躺在床上呼吸一点点地衰竭，心如刀绞。那天晚上的悲惨情景，对父亲刺激很大，在他幼小的心灵中留下了难以磨灭的伤痕。也许是因为这个缘故，父亲从不愿提起叔叔。直到 1975 年春天的一个上午，我陪伴父亲在医院病房外面散步，他坐在温暖的阳光下上下打量着我，若有所思地说我的身材长得像他的弟弟。这时，我才知道自己还有一位从未见过面的亲叔叔。在我急切地请求下，父亲不太情愿地缓缓讲起了叔叔，说到叔叔奄奄一息的样子时，目光黯然，发出深深的叹息。每当我回想起父亲述说时的情景，心里就隐隐作痛。穷人家的孩子患病无钱医治，只好听天由命，叔叔的过早离世，折射出旧社会贫苦佃户们悲凉凄惨的境况，这种切肤之痛是父亲毅然投身革命的一个重要因素。

旧社会封建宗族势力在政治、经济上的压迫和剥削，更让倔强的父亲难以忍受。汪姓在曹溪一带是大姓，族长由地主、劣绅把持，他们霸占族里的公共土地和财产，土地出租、金钱出借，地租和利息也都由他们霸占。家族内部发生争水争地纠纷、族人家庭内部纠纷，裁判权也全是由这些地主、豪绅把持。如果违反了所谓的“族规”就要受处罚，在祖宗的灵牌前罚跪。族人家里有了红白喜事，按照“族规”要杀猪请客，穷苦的族人即使家境贫寒没有钱，破产借贷也必须办酒席。族人的大小事情，甚至连寡妇改嫁，族长都要横加干涉。有一次，年轻的父亲仅仅因为触犯了一点“族规”，就被族长派人拉到祠堂里，在祖宗灵牌前罚跪悔过，血气方刚的父亲受到了极大的羞辱。以致事情过去了很长时间，父亲仍然觉得在族人们面前抬不起头来。几十年后，父亲忆及此事还愤然于色：穷人受欺负，那个世道太不公平了嘛！其实，这些所谓的“族规”，只是针对那些贫苦农民的。地主豪绅横行霸道、为所欲为，却从未受到过“族规”的任何处罚和限制。

地主阶级和封建宗族势力残酷的剥削压迫，贫困潦倒的家境，使年轻的父亲心里极度凄苦和悲凉，深深地感到像这样长年累月，一贫如洗、备受欺凌地生活下去，实在没有出路。看不到生活希望的父亲整日郁郁寡欢，他想不明白土地为什么归地主所有，佃户为什么只能世代当牛做马，为人鱼肉受欺凌呢？

久而久之，父亲内心深处萌生了一股渴望社会变革、渴望翻身解放的强烈愿望。有一段时间，父亲曾经想采取封建结社的形式，像梁山泊好汉那样替天行道、除暴安良，形成一股反抗地主豪绅剥削压迫的力量。他也曾经拜师学过武术拳脚，结识了一些志同道合的青年农民，想成为一个杀富济贫，专门与土豪劣绅作对的绿林好汉。但又想到即使做了一个替天行道、除暴安良的草莽英雄，在那种暗无天日的旧社会制度下，身单力薄地抗争，又怎能从根本上改变劳苦大众受剥削压迫的现状呢？那时的父亲身处进退维谷的困境，苦苦地探求，就像在黑夜中踯躅，在荆棘丛中盘桓。由于地处偏远的乡村，信息闭塞，极度迷茫和苦闷的父亲根本不知道外界的风云变幻。

就在此时，一个革命火种已经在沉沉黑夜的中国大地上点燃起来了。1921年7月1日，中国共产党的诞生，标志着一个从根本上彻底改变中国劳苦大众被剥削、被压迫的状况，实现民族独立、人民解放和国家富强的革命时代已经来临。

投身革命洪流

1924年至1927年，中国大地上爆发了轰轰烈烈的反对帝国主义、反对封建军阀的革命运动，历史上称为大革命时期。1926年7月9日，为了推翻北洋军阀的反动统治，广东革命政府在中国共产党的积极推动和大力帮助下，荡平陈炯明叛匪后，成立了国民革命军从广州誓师北伐。同年11月，北伐军进入江西，一路上摧枯拉朽，势不可当，相继攻占南昌、九江。北洋军阀孙传芳的势力遭到沉重打击，其残部被迫从赣东北地区撤走，一段时间内，当地反动政权的统治出现了薄弱环节。中国共产党抓住这个有利时机，先后派方志敏、邵式平、黄道等一些在外地从事革命活动的党员回到自己家乡，发展党的组织，在弋阳、横峰、贵溪、东乡、鄱阳等地建立了党支部。从此，赣东北地区农民运动在党的领导下，犹如干柴遇到烈火，迅速蓬勃地发展起来。弋阳、横峰成立了县农民协会，组织起农民自卫军，开始了武装夺取政权的斗争。

1927年4月12日，蒋介石在上海发动反革命政变，国民党反动派残酷屠杀了大批共产党员和革命群众，成千上万的革命先烈倒在血泊中。面对着大屠杀的腥风血雨，共产党人不畏强暴，坚持革命，党领导的南昌起义打响了武装反抗国民党反动派的第一枪，标志着创建人民军队和武装夺取政权的开始。党的八七会议确定了开展武装斗争和建立革命政权的方针。继南昌起义、秋收起义后，湖北、广东、江西以及陕西、河南等省党组织相继发动武装起义。

1927年11月，方志敏在弋阳漆工镇窖头村召开弋阳、横峰、贵溪、铅山、上饶五县的共产党员会议（史称“窖头会议”）。会议根据党中央八七会议精神，决定建立以方志敏为书记的工作委员会，成立以方志敏为总指挥的指挥部，举行武装起义，夺取政权。1928年1月2日，方志敏在横峰县楼底蓝家发动起义，举起了赣东北地区武装斗争的第一面红旗。紧接着，声势浩大的年关暴动（史称“弋横农民暴动”）迅速席卷各县，并开始成立基层红色政权。同年5月，在漆工镇邵家村，召开了弋阳县第一届工农兵代表大会，代表主要来自九区、八区和四区，选举出以方志敏为主席的赣东北地区第一个县苏维埃政府。稍后一两个星期，横峰县也建立了苏维埃政府。1929年3月和7月，德兴、贵溪县也分别建立了苏维埃政府。为拓展根据地区域，壮大革命力量，邵式平按照“窖头会议”商定的分工，化名“余艳王”，回到他熟悉的家乡——弋阳七区邵家畈一带，为发动农民暴动开展宣传发动群众工作。

邵式平出生在邵家畈村，1925年加入中国共产党，他和方志敏、黄道等同志一起发动群众，组织武装暴动，创建了赣东北革命根据地。在此后长期的斗争岁月中，邵式平一直是父亲的领导，也是父亲十分敬重的老大哥，他们之间的情谊深厚长久。1935年冬季弋阳苏区陷落后，反攻倒算的敌人穷凶极恶，疯狂地搜捕屠杀革命群众和红军家属。邵伯伯寄养在老乡家里的年幼儿子，竟被敌人推倒在水碓舂臼里，残忍地用重杵一下一下活活地舂死。因为这个缘故，邵伯伯特别喜欢男孩子。新中国成立后，时任江西省省长的邵伯伯每次到北京开会，父母去看望前，他老人家总要点名让把我也一起带来。身材魁梧的邵伯伯每次见到我，总是满脸笑容地俯下身来爱抚地摸着我的头问：“又顽皮了没有?”记得我六岁时患病初愈，邵伯伯看到后很心疼地皱着眉头，一再向父母询问我的病情。他老人家还不顾父母的阻拦，亲自到前门饭店楼下的小卖部买来一些糖果糕点，看着我开心地吃起美味食品后，才微笑着转过身，坐下来和父母叙谈起来。

邵伯伯和他的弟弟邵伯平在邵畈、曹溪一带，深入乡村与贫苦农民拉家常、交朋友，揭露地主豪绅对农民的剥削压迫，介绍“年关暴动”中贫苦农民英勇斗争的事迹，极大地鼓舞了农民群众，积极投入“上名字”运动，即凡是赞成“平债分田分地”者就在红纸上签上自己的名字和画押，表示自愿参加革命，以此方式联络群众，形成了农民暴动的基本力量。很短的时间里，在罗家村成立了以邵伯平为书记的中共七区委员会，组织联络了一批农民运动中的积极分子和贫苦农民，为发动农民暴动积聚力量，做好了各种准备。

方志敏、邵式平在弋阳九区领导农民暴动的消息很快传到了曹溪一带，它犹如一把在漆黑夜空中点燃的火炬，使苦闷已久的父亲看到了炫目的光明，他为之一振，内心顿时波涛汹涌。只有闹暴动、干革命，才能改变命运。父亲按捺不住心中的激动，急匆匆地找到舅父邵炳元，两人商议后一起赶到沙湾村，找到农民暴动骨干邵忠兴。在讲明了来意后，邵忠兴当即带着他们去见了中共七区区委委员李章泉、陈美仁。

在交谈中，李章泉和陈美仁首先了解了父亲的家庭情况和社会关系，最后又问他为什么要参加革命。父亲满腔愤忿地倾吐了对地主阶级剥削压迫的深仇大恨，斩钉截铁地说参加革命就是要改变不公平的世道，让穷人们过上好日子。听完父亲的倾诉后，李章泉赞许地点点头，讲道：“贫苦农民团结起来才有力量，只有在共产党领导下推翻旧社会，打倒地主豪绅，没收土地财产，劳苦大众才能得到翻身解放。”这些深入浅出、十分透彻的革命道理，对于父亲犹如久旱逢甘霖，句句说到了他的心坎上，暗暗下定了跟党干革命的决心。两位同志布置父亲回村后开展“上名字”运动，并具体交代了开展工作的方法和步骤。临走前，李章泉又再三叮嘱他们一定要保守秘密。

那天从沙湾村出来后，一路上父亲的脚步格外轻快，不时与舅父邵炳元谈笑议论，恍如换了一个人似的。回到村里后，父亲就开始走家串户，在田间地头、打谷场上，向那些“上无片瓦、下无寸地”的贫雇农做宣传发动工作，他以自己家里的穷困境况，现身说法，讲述九区农民暴动打土豪分田地的情景，告诉大家只有团结起来，参加“平债分田”，跟共产党闹革命打倒土豪劣绅，才能不还债，不交租，有田种，赞成的（人）就来（签）上一个名字。这些通俗易懂的革命道理和生动的斗争事例，很快启发和提高了贫雇农的政治觉悟，大家争先恐后地踊跃参加“上名字”运动。几天时间里，全村的贫雇农就都秘密加入了“名册”。父亲又进一步扩大了宣传发动群众的范围，将中农也吸收进来。就这样，父亲在店上村通过组织开展“平债分田”的“上名字”运动，为建立农民暴动的武装力量——农民革命团打下了群众基础。

中共七区委员会经过教育、了解，又在实际斗争中对父亲进行了考察。1928 年 11 月的一天晚上，经李章泉、陈美仁介绍，父亲和舅父邵炳元加入中国共产党，在石龙村举行了入党宣誓仪式。在鲜红的党旗下，父亲举起右手，握紧拳头，庄严地向党宣誓：遵守纪律，严守秘密；努力革命，服从命令；打破宗族，不分姓氏；牺牲个人，不害同志；生死共存，永不叛党；如有变心，刀斩弹穿。随后，李章泉向父亲布置了两项任务：一是回到店上村要秘密建立农民革命团，为发动武装暴动准备条件，积聚力量；二是要利用店上村周围的有利地形，密切注视地主武装靖卫团的活动情况，注意观察乐平到弋阳大路上的敌军动向，及时向区委报告。当时，靖卫团就住在离店上村五里路的曹溪大桥七区祠堂，他们每次出动前，地主豪绅都要到处拉人参加，壮大声势。父亲他们马上就可以掌握敌人的动向。店上村边有一条从乐平通向弋阳的大道，只要发现敌军从这里经过，父亲就马上从小路跑到罗家村向区委汇报。父亲还在村里联络了七八个青年农民，组织了农民革命团，以打野猪为名筹集土枪、土炮，秘密进行训练，还暗地里缝制了红旗，为举行农民暴动做好准备。

1929 年春天，为了扩大“弋横农民暴动”的影响范围，拓展根据地的区域，邵式平伯伯审时度势决定以店上村为中心，发动弋阳七区农民暴动。那天早上，父亲把那七八个青年农民召集在一起，告诉他们村里要举行暴动的事情，并且作了分工，布置一些人去监视曹溪方向敌人的动向，其他人留在村里监视“大户”们的动静。父亲来到村外很远处的路边，迎接农民革命军和区委机关进驻店上村。

区委书记邵伯平在店上村祠堂前的空地上召开群众大会，宣布农民暴动。他同时宣布了成立临时村苏维埃政权，没收地主的土地，将佃农们向地主借债的借据、租地的契约一律焚烧，组织赤卫队等四项决定。在暴动中，地主富农们被迫交出了田契、债约、借据和账簿。随着火苗的跳动，这些带着贫苦农民无数屈辱的田契、债约、借据，在熊熊燃烧的革命烈火下烟消灰散了。父亲还当众焚烧了自己一个“亲戚”的田契和借据，把“亲戚”家富余的粮食分给村里贫苦乡亲，这一举动在群众中获得了很好的声誉。随后，区委在店上村开展建立党团基层组织建设工作，成立了党支部，父亲担任党支部书记。舅父邵炳元也推荐五六个人加入共青团，成立了团支部，邵炳元担任团支部书记。

在短短几天内，七区各村的农民革命团在党的领导下，纷纷揭竿而起，打土豪、斗地主、分田地，到处都飘扬起胜利的红旗，成立了苏维埃政权。从此，这里成为赣东北革命根据地中心区域的一部分。

此后大约一周时间内，邵式平伯伯在店上村主持召开了七区工农兵代表大会。会议选举产生了区苏维埃政府领导成员，邵忠兴担任区苏维埃主席。同时，选举父亲和其他五名同志担任七区特派员，负责与各村苏维埃联系。随后，父亲又被选为中共第七区区委委员，参加区委工作。时隔不久，国民党军队及地主武装就开始了疯狂的反扑。当时敌众我寡，我方为保存革命力量主动转移。邵伯伯派父亲带领一个班留在原地坚持斗争。在十分险恶的形势下，父亲没有丝毫退缩，坚信革命必将胜利，他带领同志们风餐露宿转战在山峦丘陵中，顽强地坚持斗争，在夜间不断袭扰敌人。为了将敌人从曹溪一带赶走，邵式平伯伯派父亲赶到贵溪县裴源村，向时任中共信江特委书记兼贵溪县委书记的方志敏同志汇报情况，请求派兵支援。就这样，父亲在斗争中第一次见到了方志敏同志。

那天傍晚在裴源村的一间农舍里，父亲见到敬慕已久的方志敏同志时，他心情十分激动又有些紧张。方志敏面带微笑起身，热情地与父亲握手，招呼他坐下来说话，并给父亲倒了碗水。随后，方志敏和蔼可亲地询问了父亲的个人及家庭情况后，才转入正题。在交谈中，父亲不知不觉间坦然了许多，仿佛在跟一位和蔼可亲的兄长聊家常话。听完父亲汇报后，方志敏同志决定增派一个连的兵力，恢复根据地被占区域。他充分肯定了七区区委前一段时间的工作成绩，指示父亲在赶走敌人后，要围绕巩固新苏区，抓紧时机恢复党的基层组织，充分发动群众，整顿、壮大赤卫队，做好与敌人长期斗争的准备。

收复曹溪、店上、姚畈等区域后，父亲按照方志敏同志的指示，很快吸收了一批与敌人斗争坚决、在群众中有威信、对革命忠诚、工作积极的同志加入党组织，发展壮大党的基层组织；整顿和扩大了各村的武装赤卫队组织，加强军事训练，建立了站岗、放哨、查路条等保卫制度，提高警惕，严阵以待，防范国民党军队及地主反动武装的再次反扑。

土地改革的热潮

1929 年 11 月，在樟树墩大坝刘家召开的弋阳县第二次工农兵代表大会上，父亲被推选为县苏维埃政府主席团委员，任土地部部长。

这次会议后，父亲调到县苏维埃政府工作。他刚担任领导职务时，在工作上遇到了很多困难。由于父亲只读过一年私塾，文化水平很低；马列主义理论懂得不多；缺乏工作经验，不知道如何主持召开会议、怎样作报告，也不善于向群众调查了解情况、做宣传发动工作。方志敏同志始终关心着父亲的成长，他热情鼓励父亲要树立克服困难的信心，并言传身教，亲自做培养、教育工作。方志敏不仅给父亲讲革命的道理，还从百忙中抽时间教父亲读书识字，着力提高父亲的工作能力和水平。

方志敏同志很注意结合实际工作，传授自己的经验和体会，培养、锻炼和提高父亲的工作能力。他经常教导父亲：“我们要战胜困难，忍受一切的艰苦，要不厌其烦地说服教育群众，这就是我们的工作精神，用这种精神去工作。所谓‘精诚所至，金石为开’，群众哪有不被我们说服争取之理?”父亲随方志敏同志下乡参加分田工作，努力学习他宣传发动农民群众，回答解决问题的方法和技巧。经过多次现场学习观摩，父亲渐渐“入门”了，他模仿着方志敏同志的方法，用通俗易懂的语言向贫苦农民宣传党的政策，将革命道理寓于常见的事例之中。

有一次，方志敏同志带父亲下乡时，改变了以往的做法，拍拍父亲的肩膀，将他推到了前面，示意父亲在群众大会上讲话。

弋阳县苏维埃政府旧址

父亲对贫苦农民发问：“你们家有几多(多少)人?种几多(多少)田?欠几多(多少)债?”

农民们回答：“我们家里人多，种的是地主佬的田，每年都要拖债(欠债)，越拖越多，弄得锄头挂上壁，马上没饭吃。”

父亲问：“那么实行种田不交租，欠债不还钱，讨老婆不花钱，大家赞成吗?”

农民群众齐声回答：“赞成!”

父亲马上接着问：“贪官污吏、土豪劣绅不愿意呢?”

“打倒他们!”在场群众的情绪一下子激奋起来，他们挥舞着拳头齐声呐喊。站在后边“观战”的方志敏同志点点头，露出了满意的微笑。

后来，父亲调到赣东北省苏维埃政府工作。每次他到各县参加一些重要会议前，方志敏同志都要亲自与父亲一起商议讲话的要点，他总是让父亲先说出自己的想法后，再一起讨论确定讲话要点。方志敏同志耐心地审看修改父亲准备的讲话稿，并细致入微地提示父亲如何作好报告。父亲深情地告诉我，刚开始时，他不习惯在群众大会上讲话，心里总是有些紧张，说不出话来。方志敏同志就笑着教给父亲一个“窍门”，要他在大会讲话前先喝一口水含在嘴里，把水慢慢咽下去（稳定一下情绪）后再张嘴讲话，这样就不会紧张了。父亲按照方志敏的“点拨”做了以后，果然在大会上讲起话来，从容淡定了许多。

父亲牢记方志敏同志的谆谆教诲，抓紧空闲时间，认真看书学习理论和文化知识。学习中遇到不懂的问题和生字，父亲就向方志敏和其他同志求教，并在实际工作中加以运用。不久，父亲的政治理论、文化水平就有了明显的提高。父亲作为一名深受地主阶级剥削压迫的贫苦农民，就是这样在方志敏同志无微不至的关心培养下，在火热的土地革命斗争中耳濡目染，不断经受锻炼，不断学习提高，迅速成长起来的。在父亲心目中，方志敏同志不仅是他十分崇敬的好领导，更是在革命道路上给予他谆谆教诲的良师益友。

土地革命前，赣东北地区的土地占有状况极不合理。弋阳县仅占人口6%的地主富农占有全县土地的75%、森林的80%。地主阶级把土地高度集中在自己手里，以苛刻的地租残酷剥削无地、少地的农民。渴望拥有一块自己的土地是世代贫苦农民最迫切的愿望。“弋横农民暴动”后，方志敏同志领导苏维埃政权从实际情况出发，制定了土地政策，即没收豪绅地主和教堂、寺庙、祭祀、祠堂的土地，而对于一般地主留给一份土地，对富农好田、坏田各一半，征收多余的土地，中农的土地基本不动。这种土地政策有利于分化瓦解反动阶级，维护了红色政权和苏区的社会稳定，首创了对反动阶级思想上教育、政治上瓦解、生活上给出路的崭新经验。这就是被后人们赞誉为“方志敏式”的土地政策。

父亲担任县苏维埃政府土地部部长后，首先按照信江特区苏维埃政府颁布的有关土地政策，对武装暴动胜利后分配给农民的土地进行了复查工作。他带领土地部的同志们，组织和指导区苏维埃政府按照“谁种谁收、抽多补少、抽肥补瘦、好坏均匀”的要求，对于分配土地不合理的情况进行了调整。那时候，广大贫苦农民虽然得到了土地，但有些群众对苏维埃政权的土地政策不够了解，心存不少疑虑，时常有人来问父亲各种各样的问题，其中涉及最多的就是为什么要没收地主的土地？又为什么还要分给地主一份土地？父亲耐心细致地进行解答，他告诉大家，地主的土地是剥削农民得来的，苏维埃应当没收他们的土地分配给农民；而对于不反对苏维埃的一般地主，在没收土地的同时，分配给他们一份土地，是为了区别对待，使其有生活出路，能够自食其力，而不是从肉体上消灭地主阶级。父亲通俗易懂的讲解消除了人们心中的疑惑，弋阳苏区广大农民由衷地拥护和支持红色政权的土地政策。

心细如发的父亲在与群众交谈中察觉到，一些贫苦农民分到世代渴望拥有的土地后，欢喜之余心里仍有些不踏实，担心没有“田契”作为书面凭证，以后万一有个风吹草动，土地又会得而复失，以致他们耕作农田的热情并不是很高。为了彻底消除农民群众的担心和疑虑，父亲按照方志敏同志的指示，带领同志们制作盖上县苏维埃政府公章的土地证，很快分发到弋阳根据地的各乡村，进一步明确和保证了农民对分到土地的所有权。广大农民群众拿到土地证后，担心和疑虑一扫而空，兴高采烈，专心致志地投入农业生产。

通过土地改革和分田运动，废除了封建土地制度，消灭了封建势力的剥削和压迫，赣东北苏区人民从政治上、经济上得到了翻身解放，极大地提高了政治觉悟和农业生产积极性，支援红军和保卫土地革命果实的热情更加高涨。据历史资料记载，弋阳苏区的稻米产量普遍增加了 20%左右，粮食做到够吃有余。收成富足的年份还可以剩余几十万斤米谷“出口”到白区（即国民党军占领区域），棉花产量自给自足，油茶、竹木等农副产品也有了较大的增产。

在解决了根据地的粮食生产问题后，苏维埃政权又面临着食盐奇缺的棘手难题。敌人在军事“围剿”屡遭失败的情况下，对苏区周边地区实行全面的经济封锁，将食盐列为禁运物资严加盘查，造成根据地的食盐极度匮乏，严重影响了苏区人民的日常生活。一时间人心浮动，议论纷纷，一些群众提出：“很长时间没有盐，做的菜吃不下去。”有的群众一见到父亲就说：“老汪，没有盐吃，人就没劲呀。”听到这些反映后，父亲十分焦急，带着土地部的同志走乡串村、深入农户调查了解群众缺盐的情况。他在与老乡们商讨解决的办法时，发现邻近的乐平县有盐缺粮，弋阳县有粮缺盐，有的群众已经通过亲戚朋友等关系用稻谷换来食盐，缓解了燃眉之急。父亲听后心里一动，觉得这种民间渠道的相互调剂是解决苏区缺盐困难的好办法。他马上向方志敏同志汇报了这个情况。恰好这时，方志敏同志在德兴、横峰等县检查工作中，也发现了横峰与河口镇等地农民用粮换盐来解决缺盐困难的情况。在随后召开的各县苏维埃主席会议上，方志敏同志将采用以货易货的方式与白区进行贸易，列为发展苏区生产，解决群众生活困难的一项重要措施。除允许和鼓励根据地群众用粮食换食盐外，还可以用纸张、竹子、木材等物产换食盐和布匹。时隔不久，赣东北根据地又因地制宜开办硝盐厂，进一步解决了苏区人民的吃盐困难。由于关心和及时解决了群众生活中的实际困难，苏维埃政府的凝聚力进一步增强，群众基础更加巩固，为粉碎国民党军队的封锁、“围剿”，进一步发展壮大根据地奠定了雄厚的物质基础。

反“围剿”斗争的洗礼

1930年5月，父亲改任弋阳县苏维埃政府军事部部长。当时根据地的反“围剿”斗争形势十分严峻，国民党军队纠集地主武装连续对苏区进行“围剿”，妄图扑灭赣东北地区的革命火种。他们丧心病狂地在根据地乡村烧杀抢掠，屠杀了很多革命群众，烧毁农屋，抢夺粮食和牲畜，犯下了累累罪行。

敌人在张家村（现程桥村）制造了一起惨绝人寰的大血案。敌军在威逼利诱群众走出藏身的石灰坞岩洞没有得逞后，恼羞成怒竟凶残地在岩洞口堆起柴草点火焚烧，用谷风车将滚滚浓烟吹向洞内，致使洞内不肯屈服的全村男女老少三百余人窒息死亡。后来人们在清理洞中死难者遗体时发现，有的妇女怀中还紧紧抱着婴儿。全国解放后，邵式平伯伯率中央南方老根据地访问团浙赣分团到弋阳慰问老区人民时，特意到岩洞前凭吊，并将岩洞命名为“三百烈士岩”，以示纪念。

时隔不久，敌人偷袭了芳家墩村。他们逼迫吴克华叔叔的母亲罗香莲奶奶，在招降时任红军独立团排长儿子的书信上画押、按手印，遭到罗奶奶拒绝后，恼羞成怒竟用砍刀残忍地杀害了她老人家和村苏维埃主席、村农会主席。第二天红军独立团收复芳家墩村后，吴叔叔和乡亲们在打谷场找到老人家遗体时，发现她的头已被敌人砍了下来，前颈部仅仅有一点皮肤相连。此时此景，吴叔叔再也抑制不住心中的悲痛，顿时泪如泉涌、泣不成声。吴克华叔叔含泪抹下了母亲的眼皮，揩干净她身上的血迹，为罗奶奶换上干净的衣裳，将亲人的遗体安葬。吴叔叔满怀着对敌人的深仇大恨，更加英勇无畏地投入了新的战斗。在此后的战争年代，吴叔叔南征北战，功勋卓著，成为了我军优秀的军事指挥员。在辽沈战役中，吴叔叔率领部队在塔山狙击敌人的增援部队，激战六昼夜，击退敌人十一个师的进攻，确保了攻克锦州的胜利，创下了我军防御作战的光辉范例。全国解放后，他历任济南军区副司令员、炮兵司令员、铁道兵司令员、成都军区司令员、乌鲁木齐军区司令员、广州军区司令员。

为了捍卫土地革命的胜利果实，苏区军民面对着凶狠残暴的敌人，展开了不屈不挠的反“围剿”斗争。他们依托弋阳县北靠怀玉山脉、南邻武夷山支脉，境内山地、丘陵多的有利地形，展开群众性游击战，灵活机动地打击来犯的敌军，取得了许多胜利。在一次反“围剿”战斗中，赤卫队配合红十军诱敌深入，边打边撤，将敌军引到弋阳县樟树墩与中畈大坝之间七星尖的伏击圈。随着一声枪响，早已埋伏好的红军指战员依托山势陡峭、道路狭窄的险要地形，居高临下猛烈射击，手榴弹和地雷一齐炸响，打得敌军人仰马翻、血肉横飞，东躲西藏、溃不成军。在冲锋号声中，红军战士和赤卫队员犹如猛虎扑羊，冲向残存的敌人。这场漂亮的伏击战全歼了敌军五十五师的一个团。敌军遭受惨重损失后，被迫狼狈退出苏区。这次战斗在史料上称为“七星尖大捷”。

在组织指挥全县苏区开展反“围剿”斗争中，父亲深刻地体会到在敌强我弱的斗争形势下，要打破敌人的“围剿”，就必须充分发动和依靠人民开展群众性武装斗争。父亲带领同志们积极开展和推动各种地方武装力量建设工作。当时县、区、乡各级苏维埃政府都组织了赤卫队，队员多为二十五至四十五岁的贫雇农。赤卫队人数最多时占苏区人口的近三分之一。作为青年工农群众武装组织的少年先锋队（凡十六至二十四岁的共青团员都要参加）也有了很大发展。赤卫队和少先队在土地革命战争中发挥了不可替代的重要作用，他们平时参加农业生产，农闲时或晚间进行军事训练，战时配合和支援红十军作战。1930 年 8 月，父亲和同志们组织、指挥千余名赤卫队、少先队员，配合红十军分四路攻打弋阳县城，取得歼灭国民党军及地主反动武装七百名，缴获枪支六百余支的重大胜利。在反击敌人“围剿”、保卫根据地的战斗中，弋阳苏区地方武装力量也屡建功勋。有一次，一股从乐平方向来的敌军侵占了曹溪附近的村庄，安营扎寨、常驻不走，企图逐步蚕食苏区。父亲指挥区乡赤卫队避其锋芒，灵活应对，采取“麻雀战”，在晚间用土枪、土炮不断进行袭扰，时隐时现，彻夜冷枪、冷炮不绝于耳，搞得敌人草木皆兵、穷于应付，龟缩在村内彻夜不眠。几天后，敌军官兵疲惫不堪，最后不得不慌乱收兵。

随着地方武装斗争的蓬勃发展，父亲感到现有的区乡群众武装组织形式已难以适应斗争形势，需要建立一支精干的、随时能投入战斗的机动兵力。父亲决定从各区乡的赤卫队、少先队中，挑选一百余名精干队员，在湾里乡王八村组建了地方红军——赤色警卫连。这支武装力量直接由县苏维埃政府军事部指挥，平时集中住宿，进行军事训练，随时听从调遣，配合红十军作战，参加弋阳苏区境内的反“围剿”战斗。至此，在父亲的推动下，弋阳县地方武装力量建设取得了更大的发展，初步形成了赤色警卫连（1933 年后还成立了红军独立营）与赤卫队、少先队相结合的地方武装力量体系。

为了解决枪支弹药稀缺的困难，父亲带领同志们组织培训制造和使用地雷的骨干，广泛宣传发动弋阳苏区群众，掀起了轰轰烈烈的造雷运动。没有做炸药的硝，就用年久的土墙和茅厕土提炼土硝，制造地雷的木、竹、石块、破铁等材料也都是赤卫队、少先队、儿童团和妇女收集来的，出现了“群众就地取材，乡乡村村都搞（制造）土地雷”的热烈场面。弋阳苏区群众性的造雷运动，取得了丰硕的成果，造出了各式各样的地雷，如“挨丝炮”即在自制土地雷上安上一个类似捕鼠板的装置，然后用一根细如丝的绳线（简称为“绊丝”）拦在敌人必经的路上，绳线一旦触动，地雷立即引爆。还因陋就简、就地取材制造了“松树炮”（也称“松木炮”），就是截取一段较粗的松树干，将其剖成两半，分别挖空树心，再合起来便成为炮管，外面用竹篾节节箍紧，然后装上土硝、小卵石、铁钉、铁片等合成的火药，隐蔽埋在敌人必经的路口，拉上绊丝。只要敌人经过触动绊丝就爆炸，有时一炮就能杀伤二三十个敌人，可谓巨型的地雷。在“全民武装”、“全民参战”的群众性武装斗争中，这些“松树炮”、“挨丝炮”、地雷、土枪甚至弓箭都发挥了很大威力，有力地扭转了弋阳苏区军民武器装备不足的劣势，打得前来“围剿”的国民党军和地主反动武装伤亡惨重，胆战心惊，小股敌人不敢轻易进犯苏区。

为了更有力地打击来犯之敌，保卫和巩固根据地，父亲在抓好现实斗争工作的同时，开始考虑如何才能深入、持久地坚持地方武装斗争的问题。父亲不顾疲劳，抓紧战斗间隙，将这些群众武装斗争中涌现出来的、可圈可点的成功战例积累起来，从中总结提炼出五条简明扼要、针对不同敌情的反“围剿”斗争的作战经验，即军事术语上的战法。第一，当进犯的敌军数量少时，我军民预先设伏迎头痛击敌军的头部，将敌人堵击回去；第二，当进犯的敌军数量多时，我军民绕到敌军的背后袭击其尾部，使敌人首尾不能相顾，挫伤其锐气；第三，与进犯的敌军交火后且战且退，将敌军引到山高路窄、有悬崖峭壁的地方，我军民依据有利地形，居高临下，用土炮、地雷、石头大量杀伤敌军；第四，当进犯敌军在根据地的村庄驻扎后，我军民采用土枪、土炮不断袭扰敌人，将敌人“挤走”；第五，当得知敌人要来“围剿”的情报后，我军民在根据地的村庄内外道路和房屋前后埋设地雷，在搬不走的粮食周围也埋上地雷，炸得敌人防不胜防、寸步难行，既伤亡惨重，又抢不到粮食，不得不狼狈撤退。后来这份经验材料作为弋阳县苏维埃政府的文件，上报信江特区苏维埃政府（赣东北特区苏维埃政府的前身），方志敏同志看到这份材料后极为赞赏，他充分肯定了父亲善于在武装斗争中及时总结经验的做法，决定将这份经验材料通报信江特区各县苏维埃政府学习推广，进一步推动了全苏区群众武装斗争的蓬勃开展，在粉碎敌人的“围剿”、保卫根据地的斗争中发挥了很大作用。同年冬，父亲任弋阳县县委委员、县苏维埃政府主席。

初到葛源的日子

葛源位于群山环抱之中，周边环绕着枫树坞（亦称枫林）、黄山脚、考坑、清湖等依山而建的数十个大小村庄，是一块方圆十公里的小平原，因穿越盆地的葛溪而得名。这里地处横峰、弋阳、德兴、上饶四县交界区域，东有赣东最高峰灵山，南有笄光，北有长茅岭。西面有一条大路，沿着大岭岗迂回曲折的山谷，经鸡公山通向弋阳。清澈的葛溪水沿着路旁的河道，日夜不停地流向信江。

1931 年 2 月下旬，赣东北特区党政军领导机关由弋阳县芳家墩迁到横峰县葛源，后因敌机轰炸，迁到附近的枫树坞村。此后，这里逐渐成为了赣东北根据地的政治、军事、经济、文化中心，被称为“中共赣粤闽边区之瑞金”。

中共闽浙赣省委机关旧址

同年9月，在葛源召开的中共赣东北省第一次党员代表大会上，正式成立赣东北省委，并选举产生了省委第一届执行委员会。父亲参加了会议，并当选为省委执行委员。

在红十军不断取得反“围剿”战斗胜利的大好形势下，赣东北根据地有了很大发展，区域已扩展到闽、浙、皖、赣四省五十二个县的范围，这块根据地后来被毛泽东同志称为“方志敏式的根据地”，成为与中央苏区齐名的六大革命根据地之一，并被中华苏维埃政府表彰为“苏维埃模范省”。11月7日至14日，在葛源召开赣东北省第一次工农兵代表大会，父亲作为弋阳县苏维埃政府的代表参加了会议。方志敏同志在《特区政府工作报告》中，分析了赣东北根据地的形势，提出了今后的工作方向。会议讨论并通过了政治、军事、经济、文化等工作决议案，决定将赣东北特区苏维埃政府升格为赣东北省苏维埃政府。方志敏、邵式平同志和父亲被选为省苏维埃政府执行委员，方志敏任省苏维埃政府主席，邵式平任工农检查委员会主席。省苏维埃政府机构的领导成员还有军事委员会主席唐在刚、肃反委员会主席詹锦坤、土地部部长余金德、经济部部长张天松等同志。

这次大会结束后，父亲匆匆赶回店上村的家中，收拾行李准备到省苏维埃政府赴任。得知父亲要到百里之外的葛源去，奶奶心里十分伤楚。自从叔叔去世后，奶奶就把全部希望寄托在了父亲身上，实在舍不得让自己唯一的儿子出门远行。但她老人家深知父亲倔强、执着的性格，没有说什么，只是独自守在儿子身边，含泪默默地看着父亲，久久不愿离去。望着日渐衰老的母亲，面对着母子情、革命义，父亲毅然决然地说："你是红军的家属，你不支持我，谁支持啊?!"他坚定地对家人们表示："我是要干革命的，（即使）只剩下我一个人也要干（到底）。"深明大义的奶奶擦干眼泪，依依不舍地将父亲送到村口，望着他肩负行装渐渐远去的身影，久久不愿离去。直到新中国成立后，父亲和奶奶才在北京团聚。

父亲在赣东北省苏维埃政府工作时，刚开始是负责内务部的优抚工作。经历过武装斗争硝烟的父亲，深知这项工作的重要性，他带领同志们深入到苏区各县的乡村，看望慰问军烈属，了解优抚工作情况，具体指导和协助基层苏维埃政权，发动、组织群众，做好红军烈士遗属、红军指战员家属和伤病员的优待抚恤工作，千方百计帮助他们解决实际困难。内务部制定了几项优抚制度，要求对红军、游击队的指战员及其家属一律分配土地，并有分配优质土地的优先权；红军及其家属分配的土地，没有劳力不能耕种的，由所在村苏维埃负责组织群众为他们代耕；红军、游击队指战员的家属，有优先入工厂和受教育的权利；规定因作战而牺牲或残废的红军家属与其他红军家属享受同样的优待，直到他们的家属能自谋生路为止。内务部还开办了红军家属工厂和红军残疾军人学校，安排红军家属工作，安置无家可归的残疾军人。在父亲和同志们的辛勤努力下，这些优抚措施得到了贯彻落实，赣东北苏区掀起了工农群众踊跃当红军的热潮，出现了父送子、妻送郎、兄送弟的动人场面，有力地保证了红十军和各级武装力量的发展壮大，为根据地反“围剿”斗争奠定了雄厚的基础。后来，这些措施被纳入《赣东北苏维埃政府优待红军家属条例》。

有一段时间，弋阳、万年、贵溪县交界地区曾连续发生群众争山、争林的纠纷事件。为此，邵式平伯伯和父亲专程到弋阳召集这三个县苏维埃政府负责人开会。邵式平伯伯明确规定解放早的地区抢占了其他县的山（林）要如数退回，以后不许再占。会后，父亲和内务部的同志会同各县苏维埃政府，按照会议的精神和要求，翻山越岭仔细勘察了三个县边界地区存在争议的山林，划界确定归属地区，妥善解决这些矛盾纠纷，维护了赣东北苏区的社会稳定。

方志敏同志高度重视苏区的法制建设，早在创建信江和赣东北特区红色政权时期，他就主持制定颁布了《信江苏维埃政府临时组织法》《信江特区苏维埃土地临时分配法》《工会临时组织条例》《赣东北特区苏维埃暂行刑律》（以下简称暂行刑律）等一系列法律，其中《暂行刑律》界定了犯罪行为的定义和适用范围，犯罪行为的分类与具体罪名，定罪量刑的依据，规定死刑须经省苏维埃政府批准，不得执行。父亲到省法院（后改为裁判部）工作后，在贯彻执行《暂行刑律》中，进一步明确规定了逮捕违法犯罪人员的权限在县苏维埃政府，判决死刑须经省苏维埃政府批准。从而有效地杜绝了当时一些村、乡（区）基层政权随便抓人、处决人的违法现象，为赣东北苏区营造良好的法治环境奠定了基础。

那段时间里，方志敏同志还与父亲研究过，如何解决司法机关受羁押场所等条件的限制，对违法犯罪人员执行刑罚难的问题。他创造性地提出了“寄刑”的办法，即对判刑较轻的违法犯罪人员，不在监所内执行，取保释放回家参加生产劳动，保证随传随到，接受群众监督改造。这样就在维护法律尊严的前提下，原则性与灵活性相结合，因地制宜解决了根据地执法工作中的难点问题。这项创举得到了苏区干部和群众的一致好评。

土地革命前，赣东北地区广大农村实行封建婚姻制度，家长包办强迫和买卖婚姻，男尊女卑，社会地位不平等，以致很多家庭夫妻感情不融洽。苏维埃政权建立后，废除了旧的婚姻制度，离婚案件一度非常多，致使县级苏维埃政府每天应接不暇，甚至把办公桌搬到院子里来处理这类案件。县里解决不了的离婚案件又都移送到省里来，解决不好这些问题，就要影响农村生产。另外，一些苏区群众在思想认识上也有偏差，他们将婚姻自主误认为结婚、离婚可以随随便便，有的年轻夫妇刚结婚没过几天，就又闹着离婚再找爱人。面对这种情况，父亲和同志们研究制定了对离婚案件的处理办法：第一，凡男方是小女婿的可以离婚；第二，女方受婆家虐待的可以离婚；第三，女方作风不正派的，如果是女流氓、暗娼的可以离婚。同时也明确规定了寡妇有改嫁，另找丈夫的权利。这些规定较好地解决了离婚案件突出的问题，维护了妇女的合法权益。

不解之缘

1932年2月，方志敏同志推荐父亲接替不久前病逝的詹锦坤，担任省政府肃反委员会主席，后根据中央指示改为省政府政治保卫分局，父亲任局长。当时，方志敏同志找父亲谈话，宣布让他担任肃反委员会主席的决定。起初，对于接受这项带有几分神秘色彩的重要工作，父亲思想上是有些顾虑的，他支支吾吾地对方志敏说：

“自己没有做过（肃反工作），还不太熟悉情况，恐怕做不好（肃反工作）。”方志敏笑着鼓励父亲：“谁生下来就会做工作呀，可以学（习）嘛，我相信你能做好（工作）的。”父亲听了，就没有再说什么。从那天起，父亲就和党的公安保卫工作结下了不解之缘，终生相伴。

闽浙赣省苏维埃政府旧址

赣东北省政治保卫分局的前身省政府肃反委员会，是从信江特区苏维埃政府惩治反革命委员会演变来的。当时的肃反委员会是同级党委和苏维埃政府在肃反工作方面的办事机构，不单独行文下发文件，讨论和决定的事项需要向下传达时，由同级党委组织下达贯彻。肃反委员会设委员三至五人，工作人员若干人。

1931 年年底，中华苏维埃第一次全国代表大会之后，为了巩固红色政权，发展壮大革命根据地，临时中央政府决定成立国家政治保卫局，作为政府的职能部门之一。邓发任局长，下设侦察部、执行部、政治保卫大队、白区工作部、红军工作部和秘书处。

1932 年 1 月 27 日，中华苏维埃中央执行委员会颁布了《国家政治保卫局组织纲要》（以下简称《纲要》）。《纲要》规定各根据地政治保卫分局的工作由国家政治保卫局垂直领导，下级对上级的领导要绝对服从，各分局、各特派员在政治上受同级政府和红军中的政委领导，其工作关系隶属于国家政治保卫局，地方政府和红军指挥机关无权改变或停止国家政治保卫局的命令。该《纲要》还规定，省政治保卫分局和县保卫分局局长，是省、县政府主席团的成员，列席省、县政府主席团会议并有发言权。由于战争环境、地区分割、不便联系等原因，赣东北根据地政治保卫分局的工作，实际上仍是以省委领导为主。

根据《纲要》的精神和有关要求，父亲报经省委和方志敏同意后，将肃反委员会改名为省政治保卫分局，并明确了分局的职责、任务，同时参照国家政治保卫局的机构设置情况，及时调配力量，充实省政治保卫分局的人员编制，组建了相应的内设机构。

江西瑞金中央苏区国家政治保卫局旧址

赣东北省政治保卫分局的任务是“检举和消灭一切公开的，尤其是秘密的、暗藏的组织和行动，以保卫和巩固苏维埃政权”。政治保卫分局下设秘书科（后改称秘书处），滕国荣任科长（1932 年冬，接替父亲担任代理局长、局长）；侦察科（后改称侦察部）；执行科（后改称执行部）和政治保卫队（一个连兵力）。在省政治保卫分局的领导下，赣东北根据地各县苏维埃政府也相继成立了政治保卫分局。县分局设秘书科、侦察科和执行科，配置政治保卫队（兵力不等，少则二三十人，多则一百多人）。区设政治保卫特派员，乡设保卫员，并发展网员（秘密力量）。

赣东北根据地省、县政治保卫分局侦察部、科，负责对苏区内部的敌人和白区的侦察工作，在保卫根据地党政领导和机关的安全、纯洁内部、获取敌军情报、分化敌军等方面，做了大量成效显著的工作。有一次，红十军在上饶山上打垮了国民党军一个团，俘敌三百余人，一些敌军官混杂在俘虏兵当中，一时难以查清身份。父亲就派胡金保等几个政保队员穿上国民党军队的服装，同那些俘虏们吃住在一起，了解情况。父亲叮嘱他们注意工作方法，要和俘虏兵们打成一片，互相“混熟”后就摸（了解掌握）敌军官的名单，同时要对俘虏兵们进行教育，宣传苏维埃政权的好处。没过几天时间，胡金保他们就把那些躲藏在被俘士兵中的营、连长们逐一清查出来，分别作了处理。弋阳县政治保卫分局侦察员何德华打入敌人夜袭队内部，及时获取了有关夜袭队、靖卫团的人员、装备和活动的情报，使敌人企图偷袭苏维埃政权的阴谋一直未能得逞。

赣东北根据地省、县政治保卫分局执行部、科的主要任务：一是负责拘捕、预审、押解、关押、处置人犯的工作；二是代表原告起草“控诉词”，出席法庭审理提起公诉；三是编制政治保卫队的政治军事训练计划，负责枪支、弹药、服装管理；四是在信江的重要渡口设立检查站，检查来往船只是否装载军用违禁品，防止敌特侦探混入根据地。

1932 年夏秋之交，国民党军队对赣东北根据地进行第四次大规模“围剿”。刚刚恢复的余江、万年两县苏区对敌斗争形势又趋紧张。方志敏同志指派父亲到余江县指导、协助县委和县苏维埃政府，指挥独立营、赤卫军等地方武装，坚壁清野，袭击敌人运输线，配合红十军作战，有力地打退了敌军的进攻，迫使敌人退出苏区，使这个地区的局势稳定下来。但父亲没有歇息，又率队马不停蹄地赶赴万年县，广泛组织和动员群众，布设地雷、竹签、陷坑封锁交通要道，打击地主反动武装，配合红十军攻打敌军据点，粉碎了敌人对苏区的“围剿”。在这两个县工作期间，父亲没有满足于仅仅打退敌人的反扑，他着眼于坚持长期斗争的需要，具体指导和协助党政组织，着力加强地方武装力量和政治保卫分局的建设，开展了网员（秘密力量）工作网络的布建工作，从而进一步巩固了两县的各级苏维埃政权，稳定了当地干部群众的情绪，有力地保护了赣东北苏区腹地的安全。

1932 年深秋，受地主反动武装操纵、利用的福建大刀会（秘密结社团体）活动从闽西蔓延到上饶县边界地区，大肆发展组织，威胁和杀害基层干部群众，直接危害到县、乡两级苏维埃政权的安全。父亲指挥并抽调精干力量协助上饶县政治保卫分局，成功破获了大刀会地下组织，缴获了所谓“刀枪不入”的护身符、梭镖等大量物品。为了震慑敌人，根据父亲的指示，上饶县政治保卫分局召开群众大会，对被抓获的大刀会反动头子进行公审。在现场处决罪犯时，父亲要执行人员让那些反动头子们戴上护身符，枪声一响，那些家伙应声倒下，当场揭穿了大刀会自吹自擂所谓“刀枪不入”的神话，教育和鼓舞了苏区广大群众，有力地打击和遏制了大刀会的破坏活动。

1931 年，随着反“围剿”斗争不断取得胜利，赣东北根据地区域迅速扩大。各县政治保卫分局干部普遍短缺，难以适应开展新区工作的需要。新区伸手要，上级派不来，怎么解决这个问题呢？父亲从实际出发，决定在葛源举办短期训练班，从老区各县分局抽调一批基层骨干进行培训提高业务素质后，派往新区开展工作，缓解了保卫干部紧缺的燃眉之急。这期训练班首先对学员进行政治教育，父亲特意请方志敏同志亲自讲政治课，以省委制定《怎样做一个好共产党员》的二十二条规定，作为政治教育的中心内容。训练班还对学员进行了政策法律、组织纪律、工作方法等内容的业务教育，并指导他们注意总结自己的实际工作经验和做法，提高工作能力和水平。后来，省政治保卫分局还从省委举办的专门培养妇女干部学校——“卢森堡训练团”抽调了十二名女青年，经过培训组建了政治保卫队妇女班，负责站岗放哨，看押女犯人。

同年 11 月，赣东北省苏维埃政府主席团任命余金德和父亲担任省苏维埃政府副主席。

肃反扩大化的阴霾

AB 团是“反布尔什维克之意”的英文缩写，原本是 1926 年年底，国民党右派的一些极端分子在江西省党部纠合成立的秘密组织。该组织成立不到三个月时间，就在 1927 年 4 月被国民党左派和革命群众摧毁。改组派则是在 1928 年年底成立的国民党内部争权夺利的一个派系，1931 年 1 月就解散了。在此期间，这个派系从未打入根据地进行过破坏活动。但当时在中央占统治地位的王明“左”倾教条主义错误的执行者，为排除异己，借题发挥，在中央苏区和许多地方开展了“肃清 AB 团”、“反对改组派”的肃反运动。

1930 年上半年，首先在赣西南地区开展肃反斗争，1931 年年初，扩展到中央苏区和鄂豫皖、湘鄂西等根据地。当时各根据地的肃反情况虽有所不同，但都在不同程度上犯有严重扩大化的错误，给革命事业造成了极大的危害。

赣东北根据地建立初期，肃反的对象除敌特和其他反革命分子外，主要是恶贯满盈的土豪劣绅，对巩固和发展苏维埃政权，曾经发挥了重要的作用。1931 年 7 月，苏区中央局派曾洪易以中央代表的身份进入赣东北根据地后，排挤方志敏、邵式平、黄道等领导同志，控制了省委和红十军的领导权。曾洪易到根据地时间不长，就开始散布赣东北苏区领导犯了保守主义的错误，污蔑赣东北的党组织是家庭党、封建党，指责赣东北根据地的土地政策是富农路线。1932 年 3 月，曾洪易凌驾于省委之上，将鄂豫皖苏区在张国焘主持下开展的肃“改组派”经验，强行在赣东北苏区推行。他以鄂豫皖根据地肃反后打过胜仗为由，提出“用肃反胜利争取红军胜利”的口号。同年 7 月 10 日，在曾洪易的主导下，省委作出了《关于肃反工作的决议》（以下简称《决议》）。《决议》中提出要改选各级政治保卫局，撤换肃反中的“动摇”分子，使政治保卫局“由惩（办）反（革命）走上肃（清）反（革命）的阶段”。这段话，显然是在指责政治保卫分局没有推行肃反扩大化，父亲作为局长首当其冲成为了“绊脚石”。为此，曾洪易亲自“掌握”这次肃反运动，并派人坐镇省政治保卫局两个多月，“帮助审问案情”，公然越过父亲，直接指挥抓人刑讯逼供。曾洪易拿着逼供出来的材料，在根据地党政军中大抓所谓的“AB 团”和“改组派”。他又以赣东北省委的名义发出《为肃反问题致各县的指示信》，进一步在苏区的各个县和红军部队里推行肃反扩大化，造成了极为严重的恶果。

曾洪易等人诬陷党中央从上海派来做文化、工会、互济会工作的毕公事、潘务行、罗字华等同志，以“健康会”的名义进行“改组派”活动，将上述同志逮捕加以杀害。随后，他们又将肃反的矛头指向赣东北根据地的领导干部和红军指挥员。吴先民（赣东北根据地的创建人之一）到上海参加六届四中全会回来后，因对这次会议的内容和曾洪易的独断专行不满，谈论过一些看法，即被诬篾为“改组派”

的首领、“AB 团”的省委书记，撤掉了吴先民担任的红十军政委职务，继而逮捕关押，进行刑讯逼供，并于 1932 年 10 月上旬将其杀害。对吴先民被诬陷的问题，方志敏、邵式平同志提出了不同意见，与曾洪易进行了激烈的争论。曾洪易拒不接受，以中央代表的身份，指责方、邵“对肃反动摇”，一度将他们隔离审查，强令作出检查。

此后，这场肃反从基层到领导机关，又由领导机关到基层；从军队到地方，又由地方到军队；从赣东北到闽北，又在闽北延续多年。根据地到处都出现了肃反扩大化的现象。曾洪易等人主观臆断，捕风捉影，大搞刑讯逼供，乱捕乱杀，黄镇中（省委宣传部部长）、汪明（团省委宣传部部长）等一批杰出的党政军干部惨遭诬害。更有甚者，曾洪易等人竟把有人发表过不同意见的党内会议也污蔑为“反革命会议”，还无中生有地诬告方志敏和邵式平也参加了会议，企图将这两位赣东北苏区的主要领导人，栽赃诬陷为“反革命成员”。为此，国家政治保卫局专门派李克农、胡底来赣东北根据地实地调查核实情况，最终否定了这起栽赃诬陷。

曾洪易等人肆意推行肃反扩大化，造成了一幕幕亲者痛、仇者快的惨剧，使赣东北苏区的发展壮大遭到严重破坏，这引起了很多干部、群众的强烈不满。父亲对曾洪易等人的所作所为是看不惯、想不通的，他内心十分痛苦，深陷极度的困惑和无奈之中，时常独自凝神默想。面对着急剧恶化的形势，父亲再也按捺不住心中的愤慨，他和唐在刚（省军委会主席）、聂洪钧（省委组织部长）一起去找曾洪易反映情况，要求他纠正这种错误的做法。父亲说：“我在保卫局负责肃反工作，越来越感到肃反工作存在扩大化的倾向，错杀了不少人。”曾洪易听后恼羞成怒，粗暴地打断父亲的话，蛮横无理地呵斥说：“应该是我们对下面肃反工作的情况了解得太少了。”

曾洪易盛气凌人、一意孤行的恶劣态度，深深地刺痛了父亲，他心里十分憋屈。一个夜晚，父亲来到方志敏同志住处，向他倾吐了自己的心里话，在说到眼睁睁地看着遭到诬陷的同志被杀害时，心中的困惑、不平、无奈、悲切百感交集，流露出不想再担任政治保卫分局局长的情绪。身处逆境的方志敏同志听完父亲的倾诉后，默默地望着父亲，过了一会儿才说话，他温和而坚定地告诉父亲："革命道路是曲折的，为了革命事业，为了赣东北苏区，你要坚守岗位，做好（苏区的保卫）工作。"他语重心长地叮嘱父亲要想办法尽力多保护一些同志，尽量减少赣东北根据地工作和干部队伍的损失。方志敏同志这番意义深远的话，深刻启迪教诲着父亲。在此后几十年的峥嵘岁月里，父亲始终牢记着这些话，经受了风霜雨雪、狂涛骇浪的考验。

尽心竭力的助手

1932年12月，父亲接替邵式平担任省委组织部部长。在担任组织部部长期间，父亲主要负责干部调配、训练等工作，举办过乡党支部书记训练班。父亲坚决贯彻落实方志敏、邵式平同志提出的保卫基本苏区，建立新的苏区，赣东北根据地向皖南、浙西扩大发展的指示，他参与讨论研究了开展皖南地区党的组织建设和游击战争工作问题。1933年1月，在父亲的主持下，省委组织部举办了为期三个月的白区工作训练班，从苏区下属各县委抽调了二十多名骨干力量进行培训，主要内容是白区工作的重要性、特点，具体任务要求和方法，熟悉皖南、浙西地区的基本情况。父亲精心调配干部，派出了王丰庆、叶钦等四名同志赴皖南地区开展工作。此后，省委又再次派出了经过培训的刘毓标、陈直斋等一批同志，加强皖南地区党组织的工作。按照父亲的安排，这些同志出发前都领到了一些活动经费，用于开辟新区工作。在赣东北省委的领导下，他们克服困难、顽强努力，很快打开工作局面，成立了皖赣地区特委，从而为建立皖南根据地，组建皖南独立团，开展游击战争提供了组织保障。后来，创建皖南根据地的工作，虽然受到王明“左”倾错误路线的干扰破坏，但是在方志敏、邵式平等同志坚定不移地推动下，还是取得了显著成效。在反击国民党军队不断清乡、“围剿”的斗争中，皖南根据地逐步发展壮大，形成了以婺源（原属安徽）和黄山南麓为中心的红色区域。

父亲作为省苏维埃政府副主席，全力协助方志敏同志，为支持革命战争，发展苏区的经济建设，改善群众生活，倾心尽力地做了许多具体工作。赣东北苏区党和政府确立了以农业生产为中心，发展经济的指导方针。父亲根据方志敏的指示，主持制定并颁发了《闽浙赣省苏维埃第一届执委会第三号训令》（关于春耕生产的训令）。训令从耕牛、禾田、稻谷品种、旱田作物种植、经济作物种子、肥料、农具、动员妇女参加耕种、鼓励群众开荒、恢复生产冲锋队组织、减少会议以免妨碍耕种、各级苏维埃都做好具体工作等十四个方面，逐一提出了详尽的要求，如鼓励开荒就明确规定：“开垦荒田，三年免收土地税，并给奖品”，“如果是全家移到开垦荒田的地方去，他过去所分得的土地，仍由他自己处理，或租或借，开垦出来的荒地荒田亦归他所有，以实现苏区不留一亩荒田荒地的口号”。这些鼓励开垦荒地、增加耕地面积的优惠政策，激发了农民群众踊跃开垦荒地的热情，取得了明显的成绩。根据地境内大片的荒芜土地变成了良田，赣东北苏区的农业产量逐年增加15%~20%。

为了进一步推动农业生产，省苏维埃政府专门颁发第二十六号训令，要求各级政府及群众团体，在不妨碍工作的条件下，一律实行星期六义务劳动，帮助农民春耕。在方志敏主席的带动下，父亲和其他领导同志一起以身作则，帮助农民耕田、播种、插秧、割禾、积肥。他们的身影经常出现在枫树坞村边的稻田里，进一步密切了党和苏维埃政府与人民群众的联系，鼓舞和提高了群众投入农业生产的积极性。

在发展农业生产的基础上，省苏维埃政府大力加强工业建设，促进了根据地的经济发展。苏区以创办小型军械修配所和组织手工业生产合作社为基础，充分利用本地资源，创办了大小规模的各种厂矿，保证了军需民用。在促进工农生产的基础上，根据地还大力发展商业和“对外贸易”，“出口”纸张等工业品换回紧缺物资，为坚持“工农武装割据”奠定了较为丰厚的财务和物质保障。赣东北根据地还从全局出发，主动支援中央苏区。据史料记载，根据方志敏同志“中央苏区大，人多开支大，经济来源有限，我们要尽力支援”的指示，1930 年至 1932 年，赣东北根据地每年都支援中央苏区不少经费。父亲率代表团去中央苏区开会时，还遵照方志敏同志的指示，带上两支根据地军工厂生产的步枪和一些物资，作为向中华苏维埃第二次全国代表大会的献礼（以下简称二苏大会）。

参加二苏大会

1933 年 11 月 20 日，赣东北苏区召开闽浙赣省第二次工农兵代表大会。方志敏作《政府工作报告》，父亲作《代表资格审查报告》。大会一致通过了将赣东北省改为闽浙赣省的决定；投票选举了省苏维埃政府委员、主席、副主席，方志敏任主席，父亲任第一副主席，余金德任第二副主席；并推选出了出席中华苏维埃第二次全国代表大会的代表，有方志敏、邵长河、汪日清和父亲等二十多人。按照原先的安排，党中央指定方志敏同志去中央苏区参加六届五中全会和二苏大会，后因曾洪易被调回中央工作，方志敏同志担任省委书记。就在这个时候，又发生了参加“围剿”中央苏区的国民党军十九路军公开宣布抗日反蒋，在东方前线掉转枪口向蒋介石集团反戈一击的“福建事变”。十九路军将领蔡廷锴、蒋光鼐联合国民党内的反蒋势力李济深、陈铭枢等人成立了“福建人民政府”。蒋介石集团调派十四个师的兵力从闽浙赣省边界通过，进入福建进行军事“讨伐”。闽浙赣根据地周边地区的形势，骤然紧张起来。方志敏同志为应对形势变化不能离开领导岗位，就委托父亲率闽浙赣省代表团参加二苏大会。这是父亲头一次单独率团参加“全国性”会议，对于这个既光荣又艰巨的任务，他心里是没底的。父亲在汇报参加二苏大会的准备工作情况时，方志敏同志看出了他忐忑不安的心情，微笑着鼓励父亲，表示相信父亲一定能代表闽浙赣苏区开好这次大会。方志敏耐心细致地逐项提出了具体要求，并逐字逐句地审阅修改父亲的发言稿。代表团动身那天，方志敏同志亲自到枫树坞村西侧的红军操场送行，在那里与大家一一握手告别，目送他们踏上村边的道路，渐渐消失在远方。此时此刻，父亲怎么也不会想到，他和方志敏同志的这次握别，竟是他们的永别。

1935 年 1 月底，根据中央指示，方志敏与寻淮洲、乐少华、粟裕等同志奉命担负牵制“围剿”中央苏区敌人兵力的艰巨任务，在率红十军团向浙皖边和皖南地区的行动失利后，被叛徒出卖，在敌人重兵搜索下，方志敏在怀玉山被俘。事后，父亲从项英同志拿给他的一份敌方情报中，得知了这个不幸的消息，顿时潸然泪下，心情十分沉痛。

方志敏同志被俘后，先后被关押在玉山、上饶、南昌等地监狱，他大义凛然，英勇不屈，严词痛斥敌人的无耻劝降，忍受了严刑拷打和残酷折磨。他在狱中写下《可爱的中国》《清贫》《狱中纪实》等不朽篇章，抒发了高尚的爱国主义情怀和对共产主义的坚定信念，表现出了坚贞不屈的革命气节。同年8月6日，方志敏在南昌下沙窝英勇就义。噩耗传来，父亲心如刀绞，悲愤不已。自从我们记事后，每当提起方志敏烈士的名字，父亲总是那样神情黯然，陷入深深的沉思，沉寂在对那些悠悠往事的回忆中。

方志敏烈士的女儿方梅大姐告诉我，她的母亲缪敏1937年10月经党组织营救出狱后，带着两个男孩子到了延安。父亲对他们母子十分关心照顾，经常去看望他们，帮助她找医生看病和解决生活上的困难。新中国成立后，缪敏阿姨每次来北京出差，父亲都要特意把她接到家里叙谈。

父亲曾多次语重心长地叮嘱方志敏烈士的长子方英，不要忘记他的父亲是怎么死的，要他牢记方志敏烈士是为中国人民的解放事业被敌人杀害的，要珍惜父辈的荣誉，继承父辈的遗志。记得我上小学三年级时，看到的第一本介绍革命烈士事迹的图书，就是父亲拿给我们的《方志敏战斗的一生》（缪敏著），他嘱咐我们要好好（认真）阅读。当时由于年龄小的缘故，我还不能读懂书上的全部文字，更不可能深刻理解和领会崇高的方志敏精神，但方志敏烈士身缚脚镣手铐，正气凛然，昂然屹立的光辉形象，已经在我脑海中留下了永不磨灭的印记。

1933年11月下旬，父亲率领代表团从葛源枫树坞村出发后，途经闽北苏区紫溪（今江西铅山），到达位于江西东部的黎川——闽赣省（闽赣根据地）苏维埃政府所在地。当时闽赣省苏维埃革命委员会（政府）主席是邵式平伯伯，他热情地挽留闽浙赣省代表团住下来休整了几天。邵伯伯是父亲的老领导，又同为弋阳七区的“老表”。平日寡言少语的父亲见到久违的“邵大哥”分外高兴，好像有说不完的话，两人敞开心扉，无拘无束，彻夜长谈。

11月底，闽浙赣省代表团到达中央苏区红都瑞金。12月5日，在二苏大会组织部门的安排下，他们与其他根据地先期到达的代表们一起到武阳区，参观学习当地苏维埃政府发动群众，群策群力，开展反“围剿”斗争的经验做法，并介绍交流了各个地区的斗争情况和经验。回到瑞金后，代表团又随同朱德总司令去宁都观看了红一军团的阅兵式。当看到英姿勃勃的红军战士整齐列队，迈着矫健的步伐，依次接受检阅时，父亲和代表们为主力红军的发展壮大而感到自豪，不约而同地鼓起掌来，高呼“苏维埃万岁”“红军万岁”等口号。

1934年1月21日，中华苏维埃第二次全国代表大会，在瑞金沙洲坝的临时中央礼堂隆重举行。出席大会的正式代表有六百九十三人，候补代表有八十三人，父亲当选为大会主席团成员。

中华苏维埃共和国临时中央政府礼堂

这次会议总结了土地革命和根据地经济建设的经验。大会开幕当天，毛泽东作了长篇报告。朱德、林伯渠、项英、吴亮平分别就红军建设、经济建设、宪法、政权建设等问题作了专题报告。1月27

日，毛泽东同志再次向大会作了《关于中央执行委员会报告的结论》的报告，在谈到关心群众生活问题时，他高度评价和赞扬了赣东北根据地群众工作做得好。毛泽东指出："赣东北的同志们也有很好的创造，他们同样是模范工作者。像兴国县和赣东北的同志们，他们把群众生活和革命战争联系起来了，他们把革命的工作方法问题和革命的工作任务同时解决了。他们是认真地在那里进行工作，他们是仔细地在那里解决问题，他们在革命面前是真正负起了责任，他们是革命战争的良好的组织者和领导者，他们又是群众生活的组织者和领导者。"

在大会发言讨论中，父亲代表闽浙赣省苏维埃政府就根据地的武装斗争、工农业生产、对外贸易工作、内务部工作、开展皖南游击战争等问题作了发言。由于父亲在方志敏同志的指导下做了精心准备，加上平时了解掌握的情况比较多，因而他能够以丰富的内容、生动的语言，全面、系统地反映在方志敏同志领导下，闽浙赣省反围剿斗争、加强政权建设和党的建设、发展经济及文化事业的总体情况和成功经验。他的发言得到了与会代表们的一致肯定和赞扬。苏维埃临时中央政府《红色中华报》，曾以闽浙赣省代表发言为题，摘要刊载了父亲在二苏大会上的发言。

同年 2 月 1 日，这次大会的最后一天，选举产生了中华苏维埃共和国第二届中央执行委员会。毛泽东再次当选为主席。父亲和方志敏、余汉朝等同志当选为执行委员。毛泽东主席致闭幕词后，大会胜利闭幕。

中华苏维埃共和国第二届中央政府执行委员会委员合影

转战闽西苏区

国民党蒋介石集团运用军事讨伐和政治分化手段平息“福建事变”后，很快就调集重兵，加紧了对中央苏区的军事“围剿”和经济封锁，父亲率领的代表团在参加中华苏维埃第二次全国代表大会后，因连接闽浙赣根据地的交通线被敌人的封锁隔断，无法按原路返回赣东北苏区。党中央征询闽浙赣省委书记方志敏同意后，决定让父亲留在中央苏区，另行分配工作。代表团的其他同志大多安排在闽赣根据地工作。父亲的闽浙赣省苏维埃副主席职务由内务部部长徐大妹接任。从此，父亲离开了可爱的家乡，开

福建省委旧址

始了新的革命征程。

1934年2月下旬的一天，李维汉（时任中央组织部部长）和张闻天（时任中华苏维埃政府人民委员会主席）找父亲谈话，宣布中央决定派他到福建省（闽西根据地）工作，担任省委委员、省苏维埃政府副主席。随后，国家政治保卫局又决定由父亲兼任福建省政治保卫分局局长。

父亲临行前，国家政治保卫局局长邓发向他交代了工作事项，同时将长汀城内一个原由白区工作部领导的地下党支部，交给他领导。这个党支部是1932年春建立的，由于严格的保密纪律，成员之间单线联系，一直处于隐蔽状态。支部成员大多具有邮政局邮差、造纸工人、印刷工人、搬运工人、农民等社会身份，支部书记毛钟鸣则以开印刷厂当老板为掩护开展工作。他们在接送由上海经长汀进入瑞金的中央领导干部和交通员、搜集和传递敌区情报、购买军需和特用物资等方面，发挥了特殊的重要作用。瞿秋白、周恩来、刘少奇、邓小平等数百名党政军领导同志和技术人员都是经过这里，安全进入了中央苏区。

毛钟鸣

福建省（闽西根据地）是1929年3月，红四军首次入闽作战后逐步建立发展起来的。1932年前后，中央苏区福建省委、福建省苏维埃政府、福建军区相继在长汀成立，正式成为中央苏区的重要组成部分，下辖长汀、连城、上杭、龙岩、永定等十余个县域。长汀位于闽、赣两省交界，地处武夷山南麓，物产丰富，商贸发达，手工作坊遍布城乡，有很好的经济基础，被誉为“红色小上海”。

福建省苏维埃政府旧址

1934年2月底，父亲从瑞金来到了长汀。当时，闽西根据地的社会治安形势比较平稳，但父亲没有丝毫松懈，很快就与毛钟鸣接上“关系”，迅即熟悉情况开展工作。果然不久，他就接到了一名秘密党员报告的重要情况，1929年3月中旬，红军入闽作战，逼近长汀城，国民党福建省防军第二混成旅郭风鸣残部卢新铭溃退前布置了潜伏特务组织，并埋藏了一批枪支，准备在敌军反扑时里应外合，重新夺取长汀城。父亲高度重视这个情况，马上派侦察部部长曹汉卿开展侦察。经过缜密的侦察，很快证实了确有此事，并掌握了这个组织人员的分布和活动情况。父亲当机立断，立即组织力量分别进行抓捕。当天晚上，这个组织的六名成员全部落网。看着这些从不同角落抓捕来的罪犯们，他们有的神色慌乱，有的虽故作镇静但控制不住身体的抖动，父亲决定抓住战机，不给他们喘息的时间，连夜组织审讯。在审讯中，没用几个回合，这些罪犯就全部“缴械”，供述了埋藏枪支的地点。第二天上午，父亲派曹汉卿带领政保大队在长汀城外十里铺的沙丘中，起获了这个潜伏组织埋藏的一百零二支步枪。此后，省政治保卫分局又连续侦破了马敬标盗窃省内务部枪支和一千六百块银元公款、阙渭川伪造苏区货币一元纸票等两起案件。

1934 年 3 月 23 日，省政治保卫分局将这三起案件的罪犯连同赃证，一并移送省苏维埃裁判部（法院）起诉。省裁判部在长汀城内文庙前广场召开公判大会，当场判处五名主要罪犯死刑，并在现场展示了缴获的枪支和伪造的苏区纸币。这次公判大会震慑了敌人，教育了广大群众。参加公判大会的群众反响强烈，纷纷议论说："嗬，（省）保卫局真厉害，（埋藏）这么久的东西都查出来了。""伪造的钱票我们还未见过呢，（省）保卫局就把犯罪人员捉到了，这些反革命（分子）确实该死。"1934 年 4 月 26 日，《红色中华报》第五版曾为此刊载"福建省保卫局同时破获三起反革命案件"的专题报道。

1934 年春天，闽西地区童坊、罗坊、连城、山下、李家寮、李村、曹坊、朋口、四都等地的团匪、大刀会、童子军等反动势力气焰嚣张、活动猖獗。在福建地方军阀卢兴邦的指挥策动下，他们趁红军主力正在反"围剿"斗争前线与敌军对峙，后方兵力不足之机，煽惑、欺骗群众，不断扩大组织，频繁袭击连城、朋口地区各乡村的苏维埃政权和赤卫队。匪徒们时常将被其残忍杀害的干部和群众尸体抛在连城到汀州的道路两旁，借此恐吓威胁干部群众，扰乱人心。他们的破坏活动，已经严重危害福建苏区人民的生产和生活，直接威胁到闽西根据地后方河田、长汀一带的安全。1934 年 3 月下旬，应福建军区叶剑英司令员的请求，中央革命军事委员会（简称中革军委）命令国家政治保卫局派兵剿匪。吴烈奉命率领国家政治保卫局政保第一大队前往福建剿匪。

吴烈是江西萍乡人，1927 年参加安源路矿工人罢工斗争，1930

年参加工农红军，他英勇善战、功勋卓著，历任工农红军总前委特务大队长，国家政治保卫局政保大队长，中央警备团团长兼延安北区卫戍司令员，第四野战军四十五军一三三师师长，中国人民公安中央纵队司令员，军委公安部队参谋长，北京卫戍区司令员，中国人民武装警察部队副司令员兼参谋长，武汉军区政委，北京军区副政委兼北京卫戍区政委等职务。

吴烈、欧阳毅（后由谭震林接替）带领四百余名战士从瑞金到达长汀。第二天上午，叶剑英司令员召集会议，研究部署剿匪工作。父亲和福建军区司令部作战科科长薛子正（后任江西军区参谋长）、连城军分区司令员曹狄廷、吴烈、欧阳毅等同志参加了会议。

在会议上，叶剑英司令员神情严肃地介绍了闽西地区的敌情形势，通报了地方党政组织受损失和干部群众受残害的情况，对这次剿匪行动进行了战斗部署，强调了政策规定和注意事项。随后，父亲详细介绍大刀会的形成和特点后，又介绍童子军的来历和反共手法：童子军是由一伙土豪劣绅后代组成的，还有一些是社会上的孤儿被收买后加入的。童子军宣誓童身护体，也是刀枪不入，他们戴着面具，利用年少身体健康又善于爬山、过河的特点，迷惑了不少人。父亲在谈到大刀会、童子军匪徒自称刀枪不入，有神保护，打仗不怕死，致使一些赤卫队员和群众有恐惧心理时，讲述了在赣东北根据地打击大刀会破坏活动的经验体会，充满信心地说："其实他们并不可怕，他们用血肉之躯来阻挡我们的枪炮那是万万不能的，我们一定要打破他们的神话"。

为了集中兵力，统一指挥，会议决定临时由国家政治保卫大队、福建省政治保卫大队的一个连和闽西明光独立营组成闽西独立团，吴烈兼任团长、欧阳毅兼任政委，父亲和薛子正随队参加剿匪行动的指挥、协调工作。

团匪、大刀会、童子军都是熟悉情况的当地人，我方大部队进剿时他们就分散躲到山里，部队撤退后，他们又重新聚集起来和我军周旋，针对这个特点，父亲指挥连城、新泉等县政治保卫分局依靠群众开展侦察工作，很快摸清了这些团匪、大刀会童子军的活动规律，掌握了他们的人员数量、分布区域等重要情况。县政治保卫中队则担负为剿匪部队带路、配合剿匪行动的任务。在父亲的领导下，有关地区的县乡党组织和苏维埃政府也迅即行动起来，广泛发动群众，大力支援剿匪部队作战。

经过周密的侦察，闽西独立团首先端掉了盘踞在连城合溪乡山下村的团匪、大刀会、童子军，然后留下一个加强连，在村中的炮楼和院落固守，大部队佯称撤回连城，并“放了”一个土匪回去报信。实际上，剿匪部队走到半路即悄然返回，迅速占领了山下村西南的几个高地，设下伏击圈。愚蠢的敌人信以为真，派出两三千人向山下村进攻，企图一举消灭村里的留守红军。当大股土匪气势汹汹地涌入村里后，埋伏在村外制高点上的闽西独立团主力部队从几个方向冲下山，村内村外、里应外合夹击，一举歼灭了三百多名敌人，残敌见势不好，丢盔卸甲，仓皇向山下村以东方向的山区逃窜。这次战斗的胜利，狠狠地打击了敌人的猖狂气焰，消除了当地群众的迷信和恐惧，增强了部队指战员的剿匪信心。此后，剿匪部队又连续长途奔袭曲溪大姑山、大洋地、李村、曹坊等敌人聚集地，使团匪、大刀会、童子军反动武装遭到重创。在展开武装剿匪行动的同时，闽西独立团还与地方党政组织密切配合，通过召开群众大会，宣传党的政策，揭露大刀会的反动迷信欺骗，有效地分化、瓦解了敌人的反动组织。随后，吴烈又和父亲一起带领闽西独立团，奔赴上杭连续打掉了盘踞在四都苦竹山、濯田北山的两个“土围子”，消灭了几百名团匪，缴获了一批枪支弹药。

经过四个多月紧张的剿匪战斗，连城、上杭地区人民的生活开始安定下来，各级苏维埃政权得到了恢复和巩固。剿匪部队在开展军事行动的同时，还通过各种方式开展宣传教育，争取了一部分受敌人欺骗逃到白区的群众返回苏区，参加秋收和剿匪，并收复了大禾、亭头、孔下等区域。在剿匪斗争的朝夕相处中，父亲和吴烈叔叔相互尊重、密切配合、并肩指挥战斗，结下了深厚的情谊。后来，吴烈叔叔在回忆和父亲的那段友情时，告诉母亲："我和金祥同志是1934年在福建打（剿）土匪时认识的，我们在一起指挥，配合得很好。他相当熟悉地方情况，判断情况准确，部队部署恰当，地方政府的同志对他都很尊重。（剿匪）战斗结束后，我们又一同回到长汀作战斗总结。国家政治保卫局的指示，也是他向我传达的。"1987年夏天，母亲患病住院，吴烈叔叔闻讯后专程到北京医院探望。临走时，吴烈叔叔握着我的手深情地说："我和金祥同志是老战友啊，他不在（去世）了，你们要照顾好妈妈，有什么事情（困难）直接找我们。"

1934年7月底，国民党蒋介石集团平息"福建事变"后，很快就调集军队开始大举向福建闽西苏区进剿，已逼近到上杭、连城两地，长汀城内也遭到敌机轰炸。面对着反"围剿"斗争急转直下的形势，父亲开始考虑红军撤离汀州城前，如何妥善保护毛钟鸣领导的地下党支部不遭到敌人破坏，继续发挥作用的问题。父亲决定将毛钟鸣以犯罪为名当众逮捕关押，并查封了他的毛启新印刷所。关押半个月后，省政治保卫分局责令当地商会出面具结担保他出狱。在临出狱前一天晚上，父亲派人以"提审"的形式，将他单独带到保卫局审讯室，当面交代了潜伏工作任务，并与毛钟鸣握手告别。就这样，父亲运用"一抓一放"的谋略，巧妙地为毛钟鸣涂上了一层保护色，消除了敌人的怀疑，使其领导的支部得以继续隐蔽下来，发挥了更大的作用。直到全国解放后，这个地下党支部才在长汀公开了真实面目。

毛钟鸣同志于1938年冬奉命从厦门转移到上海，继续从事党的专项工作。新中国成立后，他又被派往中国香港、新加坡等地工作，1958年秋回国，他先后在中共广东省委和中央直属机关工作，后居住在上海，曾被推选为全国和上海市政协委员。1976年夏季的一天下午，毛钟鸣同志专程来家里看望父亲。我看到一向沉稳的父亲见到他时竟那样激动，两位老战友的双手紧紧握在一起。他们述说起那段难以忘怀的长汀往事，不时发出会心的笑声。

鏖战赣粤边界

1934年1月，由于"左"倾错误指导思想在党中央占据统治地位，当时的中央领导人采取消极防御战略方针和"短促突击"战术，强令装备很差的红军同新式武器装备起来的国民党军队打正规战、阵地战、堡垒战，与敌人拼消耗。加之未能对"福建事变"采取正确的应对策略坐失良机，最终导致中央苏区第五次反"围剿"斗争彻底失利。当年9月下旬，在敌人加紧对根据地中心地区的重兵"围剿"下，红军各部虽经顽强抵抗，但节节失利，陷入困境。中央根据地仅存瑞金、会昌、于都、兴国、宁都、石城、宁化、长汀等县的狭小区域。在这种严峻的情况下，10月17日，红军主力被迫撤离中央苏区，踏上战略转移的征途，开始了举世闻名的两万五千里长征。

1934年8月底，父亲被紧急调回中央苏区，接替钱壮飞担任国家政治保卫局侦察部部长。时隔不久的一天，邓发局长找父亲谈话告诉他，党中央决定红军战略转移，以便调动进攻苏区的敌军，达到粉碎敌人第五次“围剿”，保卫中央苏区的目的（当时或许出于严格保密的考虑，并没有告诉父亲战略转移的真实意图）；邓发说中央经过研究，考虑到父亲是在地方武装斗争中锻炼出来的，决定让他留下来，参加中央苏区分局（简称中央分局）担任委员，并担任国家政治保卫局中央苏区分局局长（有的历史资料记载，父亲还兼任中央军区保卫部部长），留谭震林同志任政治保卫分局红军工作部部长（此后不久，谭震林被派往福建闽西开展游击战争）。父亲听后虽感到有些意外，但仍毫不迟疑地接受了这个艰巨的任务。

根据中央指示，国家政治保卫局大部分干部随军行动，政保大队除留下一个中队外也随红军长征。中央红军主力出发后，10 月 14 日，中央分局在瑞金半垄村马道口召开了第一次会议。项英同志主持会议并讲话，他首先传达了党中央、中革军委赋予中央分局的任务和各项要求，讲了当时的反“围剿”斗争形势和中央红军主力转移，保卫中央苏区和土地革命胜利成果的重要意义，宣布正式成立江西中央分局，项英任书记兼中央军区司令员和政委。中央分局委员有项英、陈毅、陈潭秋、贺昌、瞿秋白、邓子恢、张鼎丞、谭震林、梁柏台、毛泽覃、汪金祥、李才莲十二人。同时成立中华苏维埃共和国政府办事处，陈毅任主任，梁柏台为副主任。这次会后，父亲和曹耀祺（中央苏区政治保卫分局办公室主任）、尤世民（中央苏区政治保卫分局执行科科长）等同志，带领留下来的一部分干部和政治保卫中队战士，立即开始了紧张、繁重的工作。当时的紧迫任务是适应斗争形势变化，调整政治保卫分局内设机构，缩小编制，重新配置干部；布置反“清剿”斗争中的保卫工作，教育群众提高警惕，严防敌人趁机制造谣言和破坏活动；在敌人可能占领的苏区城镇布置隐蔽战线工作，坚持长期斗争；同时清理了在押人犯，将大部分罪行较轻的一般罪犯释放回家，交给群众监督，少数罪犯跟随中央苏区政治保卫分局机关转移。

瑞金马道口苏区中央分局旧址

随着部分苏区被国民党军侵占，反动地主、奸商气焰嚣张，哄抬物价，拒用中华苏维埃共和国纸币；一些投机革命的人动摇投敌，给国民党军带路，残杀干部群众；有的还替国民党军作欺骗宣传，诱骗威胁群众加入民团、组织守望队。针对上述严峻情况，陈毅、梁柏台同志先后两次联名签发中央政府办事处第三号布告和紧急命令，就保证苏区金融秩序稳定、严厉打击叛徒和反动分子作出明确规定。中央苏区政治保卫分局指挥各县保卫局迅速贯彻落实，于都县政治保卫分局在十几天的时间里，就严厉惩处了一批反动地主和铲共团分子，打击和震慑了反动势力妄图里应外合反攻倒算的嚣张气焰。

这里需要指出的是，在第五次反“围剿”斗争失利，中央苏区形势已经十分危急的情况下，一些地区的肃反扩大化仍在继续。1934 年 12 月底的一天晚上，在于都黄龙（即黄麟乡井塘村），项英同志拿着一份电报问父亲是否了解方志纯。父亲当即以肯定的语气回答说，方志纯是方志敏同志的胞弟（堂弟），很早就参加革命，经受过斗争考验，在政治上不会有什么问题。项英同志听后点点头，表示赞同父亲的意见。事后得知，时任闽赣省彭湃县县委书记兼城防司令的方志纯同志，因对当时的中央领导人在第五次反“围剿”战斗中指挥失误，造成红军部队严重损失不满，提出过不同意见，并与省委书记赖昌作在闽赣根据地的发展方向上有分歧等原因，也被当成肃反对象关押审讯。项英同志根据父亲的意见，立即给闽赣省委回电报，说方志纯是个好同志，不会是“AB 团”，他可作保，要求立即放人。这样，方志纯才幸免于难。方志纯在一份历史资料里回忆，当时是他要求省委分别给项英和方志敏同志发电报，“向他们报告一下，他们知道我是不是‘AB 团’。”

1934 年 10 月后，中央苏区的形势日益严峻，大部分地区相继失陷。10 月 26 日，国民党军队侵占宁都，逼近瑞金。11 月 10 日瑞金失守后，中央分局、办事处和中央军区机关向瑞金西南的于都方向转移。12 月，国民党军队对中央苏区开始有计划地封锁和分割，根据地已被分割成几小块区域，国民党军至少部署了二十个师的兵力将这几块区域层层围困。

1935 年 1 月，中央苏区的形势极其严重，根据党中央的电报指示，中央分局开始进行游击战争的准备工作。中央分局、办事处和中央军区直属机关解散，政治保卫分局的干部仅留下几个人，其余人员都由中央分局统一调配工作，政治保卫中队交中革军委分委会指挥，编入红二十四师。

2 月 17 日，项英同志根据中央电报指示，在于都禾丰地区召开紧急会议，研究决定将部队分成九路，向外突围，开展游击战争。具体部署是：

（1）由李才莲率独立第七团，从会昌穿越封锁线至汀瑞边转至闽赣根据地，如有可能再到宁都以北，进行游击战争。

（2）由陈潭秋和谭震林率领红二十四师的四个连去闽西，与张鼎丞部会合，在闽粤边坚持游击战争。

（3）由汪金祥率红二十四师的四个连，到寻乌南部和焦岭、平远、武平一带开展游击战争。

（4）由李天柱和孙发力率领红二十四师的四个连，依靠寻乌南部原有的游击区，向广东东江发展，与古大存部取得联系。

（5）以红二十四师的两个连，向龙南、定南、虔南挺进。

（6）由龚楚和石友生率红二十四师的九个连，经信丰大余油山转至湘南，收容红三十四师失散部队，并在该地发展游击区。

（7）由徐鸿和张凯率独立第三团，到湘赣边传达指示，在该地开展游击战争。

（8）留独立第六团在蔡会文、阮啸仙、刘伯坚的指挥下，坚持游击战争。

（9）中央军区司令部直接率红二十四师第七十团（周建屏为团长，杨英为政委），在中央苏区穿插游击，并与各苏区取得联系，指导工作。项英、陈毅、贺昌随第七十团行动。

这就是在很多历史资料上，被称为中央苏区留守红军的“九路突围”。另据历史资料记载，2月21日，项英在给党中央的电报中称：“已派陈潭秋、汪金祥、毛泽覃、李才莲、王孚善等分赴各地加强领导。”

此前，中央分局已决定派父亲与李才莲（共青团中央分局书记）一起到闽赣根据地工作。刚出发不久，就被项英派人将他俩追回于都禾丰地区上坪村，改派父亲率一个连到赣粤交界的安远、寻乌一带开展游击战争，担负从侧翼牵制敌军“围剿”兵力，掩护项英、陈毅同志率领的留守红军大部队，向湘赣交界的井冈山附近地区

（后改为向信丰县的油山一带）突围的任务。项英同志告诉父亲，他已在三天前从红二十四师抽调一个营，由一位团政委率领到安远一带活动。项英布置任务后，交给了父亲一些活动经费。李才莲则奉命率独立第七团由会昌穿过封锁线转至闽赣根据地。因未能突破闽赣交界敌军的封锁线，李才莲率部队折回瑞金附近的铜钵山区继续坚持游击战，后在国民党重兵包围清剿中，被叛徒（李才莲的警卫员）杀害，年仅二十二岁。

同年2月下旬，当父亲带领这个连昼夜兼程赶到安远后，才得知先期到达的那一个营，已在敌军的重兵清剿下伤亡和散失殆尽，团政委受重伤不愿被俘举枪自戕。面对这个意外的情况，父亲决定按照项英同志的部署，继续在会昌、寻乌之间的区域开展游击战。由于这支部队是临时仓促组建的，父亲与连长及班排干部都不熟悉，仅在三天的行军途中匆匆见面认识了一下，没有时间沟通情况，明确战斗任务和要求。几天后的一个夜晚，部队在安远、寻乌的清溪附近一个村庄宿营时，发现了正在搜索前进的粤军第四师清剿队伍。父亲透过朦胧的夜色仔细观察，判断敌人没有发现他们，决定依托村落的地形，隐蔽待机突围转移。但由于带队的连长缺乏游击战经验，看到敌军的清剿队伍一步步逼近，沉不住气，突然跃身而起，执意带领全连冲出了隐蔽地点。这个连的战士在敌军围追堵截下很快就被打散了。在这一猝不及防的危急关头，父亲临危不惧，坚定沉着地带领身边的几名同志，重新收拢聚集起三十多名失散的战士，坚持开展游击战争，继续完成牵制敌人“围剿”兵力掩护留守红军大部队转移的任务。

中央苏区基本失陷后，国民党军队伙同地主反动武装大肆屠杀苏区干部和群众，蒋介石叫嚣要“掘地三尺”、“斩草除根”，绝不让苏维埃政权“死灰复燃”。苏区党的基层组织受到严重破坏，很多党员和基本群众惨遭杀害。据资料统计，瑞金县被杀的有一万八千多人，宁都县被杀的有四千八百多人、被捕的有六千九百多人，寻乌县被杀的有四千五百多人，闽西地区全家被杀绝的有四万多户。在斗争形势异常严酷的环境下，一些革命意志不坚定的人叛变投敌，原中央军区参谋长龚楚、闽赣军区司令员宋清泉等人叛变后，甚至为国民党军队出谋划策，带路搜山追剿红军游击队，给苏区的游击战争造成了很大的危害。

面对残酷的斗争形势，父亲仍毫不畏惧地带领着这支小队伍转战在寻乌、焦岭、平远一带的山区。他们昼伏夜出，以突然袭击和伏击为主，灵活机动地打击敌人，曾突袭过一支地主反动武装，活捉了靖卫团长和伪区长，缴获了一些枪支和其他战利品。第二天，当地群众争相传说红军游击队来了好几千人，吓得敌人草木皆兵，连忙收缩兵力。

1935年4月中旬，为了剿灭红军游击队，国民党军调集五十倍于游击队的重兵“全面清剿”赣粤交界地区。敌人采取“移民并村”，逼迫群众迁居到“安全区”；他们强化保甲制度，实行联保连坐法，规定“一甲内有‘匪’、通‘匪’、窝‘匪’者……十家户长一律治罪”；妄图以此断绝人民群众与红军的联系，达到困死、饿死，最后彻底剿灭游击队的目的。

由于作战区域生疏，缺乏地方党组织和群众的支持，父亲带领的这支游击队逐渐陷入孤立无援的困境。为了摆脱敌人疯狂的“搜剿”、“追剿”、“驻剿”、“堵剿”，他们一天要转移数次，下雨天躲在大树下避雨，经常吃不上饭，靠吃野菜、摘野果、挖竹笋充饥，在山上搭窝棚住，他们衣衫褴褛忍受着冬季刺骨的寒冷。在连续的战斗中，游击队减员严重，很多战士受伤、患病、牺牲，有的战士在转移和寻找食物的过程中失去联系，更有少数意志薄弱的人趁着夜色不辞而别，当了逃兵。最后只剩下父亲和他的警卫员两个人仍在山上顽强地坚持战斗，与“清剿”的敌军周旋。1936年1月，父亲的警卫员也在战斗中受了伤，因得不到医治，伤口恶化而牺牲。父亲含泪掩埋了朝夕相处的“小鬼”后，默默地坐在大树下开始考虑自己的去向。经再三思量，父亲认为只有回到赣东北，那里地形熟悉、群众熟悉、回旋余地大；又有地方党组织和群众的支持，才能够继续开展游击战争。但当时国民党军队正在对中央苏区进行全面“清剿”封锁，关卡林立，很难从江西境内直接返回赣东北。此刻，他想起在赣东北根据地时，曾派遣王丰庆、叶钦等同志到皖南地区，加强党组织建设，开展游击战争，建立过皖南根据地。他决定化装成小商人，经赣粤边界地区绕道去芜湖，在那里探寻返回赣东北的安全路线。

父亲抱定纵使千难万险，也要返回赣东北根据地的决心后，趁着浓浓的夜雾下山。父亲先后辗转于广东的梅州、铜鼓嶂、揭阳、汕头等地。为了绕开国民党军队的陆路盘查，他从汕头搭乘客货混装的小轮船，曲曲折折沿着海岸线航行，经过几天颠簸到达上海外滩十六铺码头，再由那里转乘船经芜申运河来到芜湖。一路上，父亲将项英同志给的经费用布裹好绑在腰间，忍饥挨饿，露宿街头、车站，靠在建筑工地当小工、在码头扛货包，挣饭钱、攒路费。

芜湖小客栈

芜湖位于安徽省东部，地处长江下游南岸，南依皖南山系，北望江淮平原，水陆交通便利，被称为“长江巨埠、皖之中坚”。当初谋划路线时，父亲正是看中这里优越的地理位置，才选择了芜湖作为返回赣东北的中转站。到芜湖后，父亲以小商贩的身份为掩护，住在一家临近江岸的小客栈。他每天早出晚归，挑着货郎担子，走乡串村叫卖小百货，趁机观察情况，探听国民党军队的动向，了解从皖南返回赣东北地区的路上有无敌军封锁。但父亲听到的情况却是敌人调集重兵不断“清剿”皖浙赣边界地区，企图彻底消灭仍在原地顽强斗争的红军游击队。为了切断游击队与外界的联系，敌军加紧了对周边区域交通要道的封锁，严格盘查过往行人。

面对这个难以意料的情况，父亲冷静考虑后，决定就地寻找党组织，等待形势出现转机后，再返回赣东北地区。但随之出现了一个十分紧迫的问题，按照隐蔽斗争的工作要求，要想在白区站住脚、扎下根，就需要有合法的掩护身份和固定的住处，否则很容易引起敌人注意，暴露自己。父亲清楚地意识到客栈是一个人员流动性很强的场所，自己再以外地小商贩的身份继续长期住在客栈，显然不太合时宜，很容易引起别人的注意和猜疑，必须尽快转换身份或离开客栈再找别的落脚点。但这样做，势必又要重新“设计”，再费一番周折。正在这个令人心焦的时候，一个意外的机遇不期而至，使难题迎刃而解。

由于父亲住在客栈的时间长了，与老板侯祥发和他的侄子朝夕相见，渐渐熟悉起来。恰巧原先在客栈做饭的厨师请假外出逾期不归，他们一时找不到顶替的人选。叔侄两人焦急之中，不约而同地把目光投向了平素言语不多、办事稳重、手脚勤快的父亲。侯老板找到父亲，满脸笑容地请他帮衬一下，当厨师应应急。父亲听后心中暗喜，便不动声色地接受了侯老板的“美意”。就这样，父亲顺理成章在客栈里，以厨师的身份潜伏了下来。

在随后的日子里，父亲借每天外出买菜的机会，继续通过到车站、码头观察动向、看街头报栏等多种渠道，千方百计地探听党中央和主力红军的消息，寻找芜湖的地下党组织。此时此刻，父亲内心是非常焦虑的。他渴望早日找到党组织，找到红军队伍。在寻找党组织的同时，父亲也在从容不迫地开展工作。他从日常接触的店铺伙计、码头工人等人员中，积极、慎重地物色了三个思想进步的积极分子，加以考察、培养，准备选择时机发展这三名骨干入党，建立起地下党支部，开展隐蔽斗争工作。

1937 年 7 月，父亲从客栈南来北往旅客们茶余饭后的闲言碎语中，得知国内的政治形势发生了深刻变化。日本帝国主义悍然发动“七七事变”，全面扩大侵华战争。不久，父亲又从街头报栏上看到了中国共产党通电全国，号召建立抗日民族统一战线的报道。父亲敏锐地预感到在党中央的积极推动下，全国即将出现国共合作的新局面。果然没过多久，当年 10 月初，父亲就在报纸上看到八路军在南京设立办事处，中共中央代表博古和八路军代表叶剑英与国民党当局谈判的消息。他喜出望外，回到客栈后连夜给叶剑英同志写信，汇报了自己的情况。很快就接到时任八路军南京办事处主任李克农的回信。

父亲告诉我，那天上午，邮差拿着一封八路军南京办事处的信函，站在客栈外大声问道：“你们这里有没有一个叫汪金祥的?”客栈老板侯祥发茫然地环顾一下周围，摇摇头说小店里没有这个人。正巧，被一直等待消息的父亲听到，他按捺不住激动的心情，快步冲出厨房，从正欲转身离开的邮差手中一把抢过信函，大声说：“我就是汪金祥!”父亲随即跑到客栈阁楼上一口气看完了信，原来是李克农通知他迅速到南京办事处报到。父亲随后对跟踪而至的侯老板坦承自己是共产党员，说接到了党组织要他马上去南京的通知。平素暗暗同情革命的客栈老板侯祥发听后，恍然大悟，一再拱手表示歉意，说平时怠慢了父亲，并拿出两块银元送给父亲做路费。

第二天清晨，父亲背着简单的行装，与相送的侯老板叔侄一一惜别，相约革命成功时再见面，就快步离开了客栈赶往南京。父亲走后，侯祥发叔侄两人思量再三，也因害怕担上“窝藏共党”的罪名受到迫害，不得不匆匆关闭了客栈，携家带口离开芜湖到外地暂避“风头”。他们背井离乡，到处漂泊不定，最后到武汉落脚谋生。

南京八路军办事处旧址

10月下旬，父亲到达南京，几经打听，找到了位于鼓楼附近傅厚岗66号（现青云巷41号）的八路军驻南京办事处。在办事处二楼的办公室里，父亲紧紧握住李克农同志的手，激动的心情溢于言表。就这样，父亲满怀着对革命事业的坚贞，不畏艰险，历尽磨难，终于在客栈老板侯祥发的资助下找到了朝思夜盼的党组织。

李克农同志热情地接待了父亲，详细询问了他离开中央苏区后的情况，给予亲切的慰问和鼓励，并告诉父亲：项英同志到处（寻）找他，因为中央要开会，已经先回延安了。随后，李克农安排父亲住在办事处招待所，隔日他又找人带父亲到医院仔细检查了身体。几天后，父亲换上了整洁的军装，领取了证件。11月初，李克农派专人护送父亲从南京下关码头乘船到达武汉，再由武汉八路军办事处转送到西安八路军办事处。1937年11月中旬，西安八路军办事处安排父亲和一些同志，搭乘一辆卡车驶赴延安。

西安八路军办事处旧址

经过一路颠簸，当父亲站在卡车上，扶着敞棚架，透过裹挟黄沙的高原劲风，望见远处耸立的宝塔山时，眼眶不禁湿润了。两年多的风霜雨雪、千辛万苦，历历在目、感慨万千，父亲就像离家漂泊的孩子重新回到母亲的怀抱那样，倍感温暖和喜悦。

从我记事后，就发现父亲有一个吃饭速度快的“毛病”。平常在家里，除了接待客人和特殊情况外，父亲总是第一个放下筷子，最早离开餐桌的人，即使到了晚年患病后也仍旧如此。母亲和我们担心父亲吃饭快，没有嚼烂的食物颗粒呛咽到气管，加剧肺部的炎症，曾多次劝他吃饭时慢一些进食，但收效不大。有一次，父亲看着我心急的样子，带有几分歉意地说，长期的习惯不好改变了。说到这里，他动情地讲道：“那个时候（赣粤边界游击战争期间）情况紧急，不快吃（饭）不行啊，搞到粮食能吃上顿饱饭，有时好几天还吃不上什么东西呢。”

父亲很少向大家谈及这段富有传奇色彩的斗争经历，即使对子女也是如此。有一次，父亲实在拗不过我的执着追问，才简略地说了一些当年的情况。我问他当时是怎么想的，父亲说："那时我只有一个信念，这是党交给的任务，纵使有再大困难，也要与敌人周旋下去。"

深藏在父亲脑海里更多的是，痛惜和怀念那些在艰苦卓绝的战斗中，前赴后继、英勇牺牲的战友们。父亲带领的这支红军游击队在赣粤边界地区极其艰难困苦的条件下，经历严酷斗争的考验，顽强坚持了一年多时间，它是南方三年游击战争的一个组成部分，有力地牵制了国民党军的兵力，直接配合和支援了红军主力长征，在中国革命史上留下了悲壮而光辉的一页。

我时常想在那两年多的时间里，父亲之所以能够历经千难万险，仍坚韧不拔、矢志不移，最终坚持了下来，如果没有追求崇高理想的坚定信念和精神力量，没有千锤百炼铸就的赤胆忠诚，是难以做到的。

第二篇　延安岁月

延安位于陕西省北部的黄土高原，以境内的延水及安宁之意得名，旧称肤施，是一座具有两千多年悠久历史的古城。以延安为中心的陕甘宁边区作为中共中央指挥抗战的政治中心，是八路军、新四军和其他人民抗日武装的战略总后方，更被国民党反动派视为主要目标。国民党反动派除了调集重兵进行层层军事封锁，还处心积虑地在边区周围遍布特务机关，不断指挥和派遣特务潜入延安，大肆进行渗透破坏活动，妄图从政治上颠覆中国共产党领导的抗日政权。

面对尖锐复杂的斗争形势，1937 年 12 月，党中央决定成立“中央特别工作委员会”，统一领导全党的情报、保卫工作。1939 年 2 月 18 日，中央书记处作出《关于成立社会部的决定》（以下简称《决定》），《决定》指出：“目前日寇汉奸及顽固分子用一切方法派遣奸细企图混入我们的内部进行阴谋破坏活动，为了保障党的组织的巩固，中央决定在党的高级组织内成立社会部，中央敌区工作委员会与社会部合署办公，对外仍称中央敌区工作委员会。”中共中央社会部（以下简称中社部）负责领导全党各根据地和敌区的情报、保卫工作。康生继周恩来后，先后担任中央特别工作委员会和中央社会部的主任和部长。潘汉年、李克农、孔原等同志先后担任过副部长。根据中央的决定，各抗日根据地也相继成立了社会部，其中西北局社会部对外称陕甘宁边区政府保安处。

中央党校学习

父亲到达延安当天，就拿着李克农写给李富春的介绍信，去位于杨家岭的中共中央组织部报到。时任副部长的李富春同志热情地接待了父亲，再次询问了他在中央苏区突围后的情况，安排父亲暂住在位于蓝家坪的中组部招待所，等候分配工作。

几天后，经中组部安排，父亲到位于桥儿沟天主教堂旧址的中央党校第13班学习，当时的校长是李维汉，班主任是邓力群。这个班学员大多数同志都是从国民党统治区回到延安的。学习的主要课程有：哲学、政治经济学、马列主义统一战线政策、中国革命问题和游击战争、党的建设、中国近代革命史等。父亲在学习中非常刻苦，由于文化程度不高，在课堂做笔记跟不上老师的讲课速度，他白天在课堂上全神贯注地听老师讲课，用心记住老师讲的每句话；晚上再从同学们那里借来笔记本，对照自己的记忆认真补做笔记，进一步加深理解。星期天，父亲很少外出寻亲访友、打“牙祭”，总是抓紧难得的空闲时间在窑洞里看书学习，整理一周的课堂笔记。父亲就是这样以锲而不舍的顽强毅力，苦读强记、孜孜不倦地学习，认真钻研马列主义理论和党的方针、政策。与父亲一个班的毛诚同志（后任中央社会部秘书长）在忆及此事时说，父亲是工农出身的干部，但学习马列主义理论提高很快。记得在一次学习讨论两条路线斗争文件时，父亲结合自己的斗争实践，从理论和党的方针政策角度，很有条理地讲述了心得体会。在场的同志们听了他的发言后，都赞许地说老汪真正学进去了。

当年 12 月上旬的一天，父亲见到了正在参加中央政治局会议的项英同志。他高兴地双手抱住父亲的肩膀，仔细端详了一番后，拉着父亲的手，十分亲切地说："金祥同志，没想到你能活着，坚持了下来，不容易啊！"说到这里，项英心情沉痛地告诉父亲，在他们前面突围的几支队伍，都受到了严重损失，很多同志在战斗中牺牲了。听到这里，父亲也难过地低下了头。沉默片刻后，项英望着父亲说，中央决定派他去武汉与国民党当局谈判，协商将南方八省红军和游击队编组为新四军的事宜，过几天就要动身了，他要父亲也一起去武汉（参加新四军的编组工作）。面对着老领导的要求，组织观念很强的父亲这时有些迟疑了，他略作考虑后，坦诚地回答老领导：自己刚到延安不久，想安下心来，很好地学习一段时间。项英同志听后点点头，他很了解眼前这位言语不多、扎实稳重的老部下，但也十分理解父亲渴望学习的心情，就没有再坚持自己的意见。这是父亲和项英同志的最后一次见面。项英同志后来担任中央东南局书记、新四军副军长，与叶挺、陈毅等领导人一起，在集中整编南方各省坚持斗争的红军游击队基础上，创建和领导新四军，积极开展抗日敌后游击战争。1941 年 1 月 4 日，国民党当局悍然发动震惊中外的"皖南事变"，项英同志不幸遇难。父亲每每提起那段往事时，心情总是很不平静。

此后没有多长时间，父亲的学习愿望再一次被打破了。父亲在中央党校仅仅学习了三个月，还未毕业，就由当时主持党中央日常工作的张闻天推荐，调到位于杨家岭附近的中央特别工作委员会（后统称为中央社会部）第一期培训班学习。这期培训班的学员全部是老同志，他们来自两个方面，一部分是在苏区做过肃反保卫工作的，另一部分则是在白区做过地下工作的。班主任是李握如，支部书记是肖桂昌。培训班主要是学习对敌斗争的方针、政策，课程内容有：康生讲授其编撰的教材“特别工作建设”（反特防谍等方面工作），凯丰讲授统一战线政策。其余时间主要是听中央领导同志的有关国际国内形势等专题报告。在学习期间，为了了解国内外政治形势，父亲每天都认真、仔细地读报。到中央社会部工作后，为了弄清苏德战争的发展态势，他边读报，边看地图，边查资料，积累了许多国际政治、军事、地理知识，到第二次世界大战结束时，对苏联和东欧的情况已经相当熟悉了。

当时和父亲同班的学员有李士英、王佐超、黄赤波、李握如、龙潜（龙友明）、方志纯、肖桂昌、张箴和彭凡成、朱士华、毛诚等十三位同志。李士英来自上海，在中央特科做过锄奸保卫工作。在惩治叛徒曹清澄的行动中，面对着敌人的追捕，他不顾个人安危，仍奋不顾身击毙了叛徒。他被捕入狱后，遭受敌人的酷刑逼供，伤痕累累，始终坚贞不屈，保守了党的秘密。他曾两次被国民党法院判处“死刑”，后经抗诉被改判无期徒刑，关押在上海国民党第二特区监狱。淞沪抗战爆发后，李士英与其他狱友被押去当挑夫给前线送弹药，途中遭遇日本飞机轰炸，他趁乱脱离敌人的囹圄，辗转找到了上海八路军办事处。李士英在办事处主任潘汉年的安排下，经武汉来到西安八路军办事处。1937 年 11 月，他历经五年多的牢狱囚禁后，从西安到达延安。李士英和父亲同是贫苦农民的后代，脾气禀性相近，平时谈论的话题较多，晚上又睡在一间窑洞，悄声交谈平时不愿表露的革命经历，交流学习体会，成了惺惺相惜的好朋友。四十六年后，我和李士英的女儿李延晖结婚，从此，两位老战友又结成了儿女亲家。

西北旅社经理

1938年上半年，中央特别工作委员会第一期培训班毕业后，李富春同志找父亲谈话宣布他被任命为西北旅社经理。那天，李富春还找来了陕甘宁边区政府秘书长曹力如，要曹秘书长具体协助父亲尽快筹建西北旅社。经过十多天的紧张筹备，西北旅社很快就挂牌开业了。

西北旅社是为了适应抗日民族统一战线形成后，陕甘宁边区对外接待工作需要建立的，负责接待从国民党统治区来的各界人员的食宿。在当时的延安城里可谓独此一家的“高档”饭店，生意十分兴隆，就连国民党县党部和邮电局的一些职员也都吃住在这里。那段时间，来往于国民党统治区与延安之间的人员很多，鱼龙混杂、成分错综复杂。有的是国民党公开派来的联络参谋，有的是秘密派遣来的特务。西北旅社对外是接待客人食宿的客栈，对内是中央社会部的调查科，也是中社部在延安开展侦察工作的最大据点。西北旅社的主要任务是以接待客人及运输货物、做买卖为掩护，及时发现混藏在外界来延安旅客中的特务嫌疑人员，搜集情报掌握敌情动向，防范国民党特务趁机混入延安进行情报破坏活动。

1938年11月20日，日军飞机分几个批次突然轰炸延安，城内大部分建筑被炸毁，到处都是满目的废墟，西北旅社的房屋也遭到了严重损毁。这是延安首次遭到敌机轰炸，很多同志猝不及防，造成了一些伤亡。听岳父李士英讲，当时正在屋内办事的父亲急中生智，一个箭步钻到靠近墙角的桌子底下，才避开了敌机轰炸落下的弹片和瓦砾。这次日本飞机轰炸后，西北旅社迁到南门外新市场对面，沿着山坡打了三十孔窑洞，重张开业。中央社会部在父亲担任西北旅社经理后，又陆续调来了郭文玉、薛立平、杜长天（后任中央调查部副部长）、徐立钦等同志。郭文玉当时在旅社当会计（又称账房），下面还有几个侦察员当伙计（又称茶房）。此外，西北旅社还下辖一家交易站（又称骡马店），由薛立平、杜长天、徐立钦等同志负责，工作人员都是陕甘宁边区保安处派来的侦察员，有几十辆马车运货和接送客人。

当时延安的一些同志对于父亲当西北旅社经理很不理解，私下纷纷议论说："一个苏区的副省长，到延安当旅社的老板，太没出息了。"有的同志甚至不无惋惜地说："苏区政府的执行委员当老板，真是大材小用啊！"对于这些闲言碎语，父亲毫不介意，他每天和旅社的伙计们一起打扫卫生，沏茶倒水，卖香烟、瓜子，热情地招呼着（接待）南来北往的旅客。有时候，用餐的客人多了，厨师忙不过来，父亲还要扎上围裙到厨房去帮厨应急。

或许是父亲手脚勤快、待客热情、服务周到的缘故，久而久之，赢得了一些不知内情的同志们的好感，被尊称为"卖香烟、瓜子的老汪"。以至后来有的同志在七大会场上，看到父亲的身影后，还惊奇地相互打听：这不是"卖香烟、瓜子的老汪"吗？

1979 年夏天，我听曲日新叔叔和母亲谈起父亲的这段经历时，也对父亲担任西北旅社经理与在江西苏区的职务"落差"太大，感到不理解，曾问过父亲当时有没有什么想法？父亲很坦诚地说："那时候，已经很久没有（为党）做工作了（赣粤交界地区游击战争以后），能做点具体工作就很不错啦，还计较这些事情（个人职务进退，名利得失）干什么！"

晚上夜深人静，旅社住宿的客人们进入梦乡后，操劳了一天的父亲还要在油灯下，把白天获取的情况线索进行分析梳理，汇总成书面材料，及时向中央社会部机关报送，经常工作到深夜。那时候，虽然西北旅社的物质条件相对好一些，但父亲严格要求自己，依旧保持着俭朴的生活作风。很多年后，孔原同志曾经风趣地对母亲说："金祥同志生活简朴，我和他一起吃饭，能吃上点肉皮冻就算不错了。"岳父李士英在与我谈及往事时，也记忆犹新地说起过："当时要想改善生活，就到汪金祥那里去吃碗面条。"

父亲与金城同志（时任陕甘宁边区政府交际科科长）密切配合，克服困难，出色地完成了各项工作任务。父亲和同志们曾精心设计，运用谋略，成功地从国民党延安县党部的机要人员手中获取了电报密码本，复制后上报中央社会部领导，为我方通过空中电波往来，及时了解掌握国民党特务的活动情况提供了有利条件。根据父亲提供的情报线索，中央社会部派陈龙同志化装成东北商人住进西北旅社，开展侦察工作。在这段时间里，父亲和陈龙叔叔结下了深厚的友谊。

陈龙叔叔是辽宁抚顺人，有勇有谋、骁勇善战，曾任东北抗日联军第二军参谋长，被组织上派往苏联学习，回国后经新疆、甘肃到延安，先在中央党校担任游击战术教官，1939 年 2 月被选调到中央社会部锄奸保卫干部训练班学习，毕业后担任中社部侦察科科长。父亲和陈龙叔叔两人的性格、气质截然不同，父亲沉稳而又内向，平时皱眉思考多于言谈。陈龙叔叔则是性格直爽，脾气火爆，快人快语。但这丝毫没有影响到他们在此后长期的斗争岁月中，肝胆相照、紧密合作。

在父亲的默契配合下，陈龙叔叔以东北商人身份为掩护，顺利地展开侦察工作。他借吃饭聊天之机，接近延安邮电局一名职员，很快摸清了邮电局人员的基本情况，掌握了潜伏在这个邮电局的国民党特务活动的重要情况。他们对邮局每天寄出寄进的信件、包裹都要进行严格检查，从中发现和掌握外界与延安有来往的人员的情况，逐一登记造册，然后转给国民党特务机关，对有关人员进行监视控制，或直接对延安党政军干部进行策反。陈龙叔叔侦察到一个重要情况，一名潜伏在邮电局的特务，利用收寄信件、包裹的工作之便，认识了延安一名女干部，在言语交谈中发现她不安心在延安工作，对延安清苦的生活有不满情绪，于是对她进行拉拢、诱骗并资助其逃往西安。陈龙叔叔报经中央社会部领导批准，当这名特务与女干部在约会地点偷偷见面时将其当场抓获。陕甘宁边区政府就此向国民党方面提出强烈抗议，揭露他们进行情报、策反，破坏抗日民族统一战线的阴谋活动。后来，父亲还和杜晴卿、陈龙等同志巧妙施计，配合默契，运用制造矛盾、压缩活动空间的谋略，悄然“挤走”了一名假冒农业科学家身份，拿着“介绍信”堂而皇之到延安，“参观考察”四处窥探的国民党特务。

编织安防网络

1939 年冬天，父亲奉调回中央社会部机关（曲日新叔叔接替他，担任西北旅社经理），任二部副主任，孔原副部长兼任主任。二部主要负责敌占区和国统区侦察情报及延安社会侦察工作。1940 年 5 月，孔原随周恩来同志到重庆中央南方局工作后，父亲接任二部主任。此后不久，父亲调任办公处主任。当时，划归中社部办公处系列的有在原中央特别工作委员会第一部（战区部）基础上组建的侦察保卫机构，负责组织指导中央直属机关、中央军委总政治部锄奸部、陕甘宁边区政府保安处的侦察保卫工作，指导各抗日根据地的锄奸保卫工作。1943 年中央社会部（情报部）内设机构调整后，成立了单独的部门，称为“二室”，下设侦察科（对外称“治安科”）、政策指导科（对外称“调查科”），父亲任室主任，陈龙、杨超分别任科长。父亲他们最初在枣园办公、居住。

中央社会部二室在延安侯家沟旧址

枣园原名延园，位于延安北郊小砭沟大平川的中部，过去是陕北地方军阀高双成的庄园，背山面水，是一片葱绿茂盛的园林。南面有奔流不息的延河，北面有依山冈而建的层层窑洞，西面有常年有水的裴庄灌渠，园内果树成行。这里的环境清幽、宁静，堪称延安一景。1938 年中央社会部从蓝家坪附近迁到这里后，“枣园机关”就渐渐成为了中社部的代称。那些在中央社会部工作时间较早的同志，常被人们亲切地称为“老枣园”。

1943 年初，毛泽东、朱德、刘少奇等中央领导，先后从杨家岭搬到枣园。中央社会部把前面几排窑洞和果园腾出来，给中央领导办公和居住用。父亲他们搬到裴庄灌渠对面的侯家沟村，与吴德峰同志负责的中共中央交通局（对外称“中共中央农村工作委员会”）

共住一排窑洞。此后时间不长，二室又搬到枣园村西的后沟。父亲和一部分同志分住在沟堑深处的一排窑洞里（称为“沟里”），陈龙叔叔和治安科住在沟口，沟口路边的外侧是一片小空场。

中央社会部二室治安科在枣园后沟旧址

父亲他们在侯家沟村住过的窑洞，后来成为中央警备团团部和卫生队的驻地。如今在靠近这排窑洞的路口，竖立着中央警备团旧址的纪念碑。或许由于中央社会部的工作性质保密，平时不显山不露水的缘故，父亲和吴德峰等老住户已在当地老乡的记忆中湮没，只依稀记得这里曾住过一个吴团长（即时任中央警备团团长的吴烈叔叔）。

中央社会部成立初期，人员较少，只有几十个人，陈龙叔叔的侦察科，仅有他和甘露两人。1941 年秋天，为适应对敌斗争形势的发展变化，中央决定加强和充实社会部的工作力量，办公处也先后从西北公学锄奸保卫干部训练班和其他单位选调来了一批同志，有凌云、王鉴、刘祥伦、刘坚夫、程强、慕丰韵、胥群、钟永骥、杜瑞甫、马敬铮、卫之民、许风图、黄宣文、孙振、王初等同志。

根据对敌斗争形势的需要，1939 年 8 月 25 日，党中央在《关于巩固党的决定》中提出，要“使保卫党的任务与反奸细斗争成为全党的工作”。同年 10 月 10 日，在《反奸细斗争的决议》中明确要求：除成立社会部以外，“从中央局到地方成立保卫委员会，由党的书记、组织部长、社会部长或专门负责特别工作的人员组织之”、“在有政权、军队的地方（如陕甘宁、晋察冀），由党政军及保卫部门的负责人组织之”。

贯彻执行党中央《反奸细斗争的决议》（以下简称《决议》），在中央直属机关建立党委领导下的保卫委员会，就成为父亲回到中社部机关后要抓的一项紧迫任务。不仅如此，中社部还要按照《决议》的要求，具体指导陕甘宁边区和其他抗日根据地也做好这项工作。土地革命时期就从事锄奸保卫工作的父亲，深深地体会到这是一种崭新的保卫工作组织形式，不同于土地革命时期模仿苏联“格伯乌”由专门机关下派并垂直领导的特派员，脱离党委和政府监督，通过物建“网员”，秘密开展侦察调查、掌握情况的工作形式。采取保卫委员会的组织形式就是要充分依靠党组织，发动群众做好锄奸保卫工作。父亲意识到做好这项开创性工作的前提是要提高认识，“纠正个别的保卫人员留恋过去离开党的领导而形成的独立系统的观点”。他首先组织同志们认真学习领会《决议》精神，统一思想，明确任务，充分认识建立保卫委员会工作的重要意义。

1937 年 1 月 13 日，党中央进驻延安后，随着各项工作的全面开展，中央直属单位逐渐增多，分布范围广泛、情况差异很大。这些单位既有中央书记处、中央办公厅、中央组织部、中央宣传部、中央统战部及青年、职工、妇女委员会等机关团体，也有新华社、解放日报社、新华广播电台、印刷厂、中央医院、中央保育院等事业单位，还有青年学员数量较多的中央党校、陕北公学、马列学院、中国女子大学、鲁迅艺术学院、延安外国语学校等院校。其中，一些单位的保卫工作相当薄弱，中央医院、中央保育院还曾先后发生过两起有政治背景的刑事案件，时任八路军一二九师师长刘伯承托养在中央保育院的幼女，夜间在睡眠中被凶手扼死，并被残忍地割去身体器官。

父亲和同志们全面、细致地分析中央直属单位的情况，认为建立保卫委员会不仅仅是贯彻执行中央指示，在这些单位内部成立机构的问题，关键是要使这些机关、单位、学校的党组织负责人及保卫干部，增强敌情观念，充分认识到反奸防特工作的重要性；只有了解掌握反奸防特的方针、任务和方法，才能深入持久地开展各项保卫工作，取得实效。在充分讨论、集思广益的基础上，父亲没有采取全面部署“一刀切”的简单做法，而是从实际出发，采取区别情况，突出重点，有计划、分层次、分步骤地推进保卫委员会的建立工作。他确定了首先指导和协助中央直属机关党委建立保卫委员会，再按党委组织系统逐层建立相应的对口机构，重点抓好马列学院、陕北公学、鲁迅艺术学院等院校建立保卫委员会的工作思路。为了推动工作，父亲还组织有关同志根据《决议》精神结合实际工作，编写了明确保卫委员会职责任务和工作方法的简易教材，并协商组织部门从抗日军政大学三分校、军政学院等有关单位，选调了一批素质较高的干部，经过西北公学锄奸保卫干部训练班培训后，充实到中央直属各机关单位做专职保卫干部。父亲和同志们从实际情况出发，采取自上而下，抓重点带全面，层层推进，部署工作与督促检查相结合，具体指导与培训相结合的方法，推动和不断深化了中央直属单位保卫委员会的建设工作。

在那段时间里，父亲很忙碌，他和陈龙叔叔带领同志们每天奔波于重点机关、院校之间，登门走访单位党组织负责人，开展敌情教育，了解情况、摸清底数，具体指导和推动保卫委员会的建设工作。中社部通过这项基础建设，提高了锄奸保卫部门发现和控制敌情的能力，增强了党的各级组织反奸细斗争意识。王初阿姨（调中社部工作后，担任父亲的秘书）告诉我，她当时在马列学院担任党委委员，负责学院的保卫工作，主要是依靠各个党支部，了解掌握有无政治嫌疑人员，工作情况向党委书记汇报，发现重大情况马上报告党委，同时向中央社会部报告；配合中社部派来的侦察人员，对重点对象开展秘密调查和控制工作。随着各机关、院校保卫委员会的建立，门卫、值班、消防等各项保卫制度和措施也随之建立健全起来，单位内部保卫工作得到了加强。每逢节假日，父亲和陈龙叔叔都要到各单位检查值班守卫情况，督促落实防范措施。当时中社部乃至后来的公安机关很多老同志，都曾经在延安各单位的保卫委员会工作过，国家安全部首任部长凌云、副部长王珺，曾任广东省人大常委会副主任的薛焰，就曾在陕北公学、抗日军政大学和中央直属机关从事过保卫委员会的工作。

党委领导、群众路线，就是这样通过建立保卫委员会，开始在锄奸保卫工作中贯彻实行的。它是在总结吸取历史经验教训的基础上，从我国革命斗争的实际情况出发，创建的中国特色锄奸保卫工作组织形式，标志着中国共产党的保卫工作路线走向成熟。长期的斗争实践证明，这种组织形式历经中国革命的各个历史时期，至今仍具有强劲的生命力。虽然组织形式有所变化，但其蕴含的党委领导下的群众路线，专门工作与依靠群众相结合的精髓，成为公安保卫工作始终遵循的路线、方针，是我国公安机关履行职责，完成各项保卫工作任务的胜利保证。

那时候，除了在中央直属机关、院校建立保卫委员会这项工作外，父亲还和同志们进一步健全和完善了安全防范工作机制。首先，为了统一协调驻延安的党政军等有关方面做好锄奸保卫工作，中央社会部建立了安全保卫联席会议制度。父亲经常主持由八路军总政治部锄奸部（后改为保卫部）、陕甘宁边区保安处、留守兵团政治部锄奸部、中央警备团（由中央教导大队、军委警卫营合编而成）、中央直属机关保卫委员会等单位负责人参加的安全保卫联席会议，及时通报情况、分析延安的敌社情动向等有关情况，研究加强中央机关和中央领导同志的保卫工作措施。

其次，制定中央领导同志的警卫方案。杨家岭中央机关驻地仅设一道门卫，附近村民随意出入，还曾发生过一个国民党特务尾随毛主席，企图行刺未遂的事件，针对这些保卫工作中暴露出来的漏洞和隐患，特别是获悉军统特务头子戴笠策划派遣行动组来延安刺杀毛泽东等中央领导的情报后，父亲和陈龙叔叔商量后，认为必须高度警惕，刻不容缓地加强中央机关和首长的警卫工作。他们马上向时任社会部部长康生汇报，康生当即与时任中央办公厅主任的李富春商议，要求本着既不妨碍中央首长与群众接触，又能保证绝对安全的要求，尽快制定出一个办法（方案）。陈龙叔叔带领治安科制定了具体方案。随后，在父亲的主持下，召集安全保卫联席会议几个成员单位的负责同志共同研究，进一步完善了中央首长的警卫工作方案。这个方案在中央机关驻地划分了警卫区域，对中央首长的个人警卫、驻地警卫人数、警卫方式都作出了具体、明确的规定。中央首长除设一定数量的警卫员外，还要设卫士长。在首长和首脑机关的办公地方要设门卫，并增加外卫和内卫。各警卫区域之间有明确的分工与衔接。凡进入办公区的人员，一律要把随身携带的武器交给门卫暂时保管。规定召开有中央首长出席的大型群众集会，要动员和组织各保卫部门的人员和力量，统一指挥、统一行动，实行全方位警卫，并组织部分便衣人员随时发现和控制集会场所的可疑动向。经中央办公厅领导同意后，在杨家岭中央机关驻地专门成立了中央警卫科，由中社部选配干部担任科长。其他各项警卫措施也逐一得到了落实。

这份方案是公安保卫历史上较早的一份专门规范中央首长和首脑机关警卫工作，精细化、系统化、可操作性强的指导性文件。它为公安机关在此后的革命战争时期，乃至社会主义建设时期不断加强和完善警卫工作，奠定了扎实的基础。

与此同时，父亲还将锄奸保卫工作中的隐蔽力量建设工作摆到了重要位置。他主持制定了《保卫网组织条例（草案）》，在吸收借鉴历史经验教训的基础上，将隐蔽力量的名称由土地革命时期沿用的“网员”，改为“保卫员”，并明确了其组织领导关系、工作任务和纪律等相关问题，以适应新的斗争形势需要。

通过坚持不懈的努力，中央社会部在延安从中央到基层的机关、院校内部，精心编织了一张公秘结合、环环紧扣的防范和打击敌特奸细渗透破坏的安全防范巨网。从历史的角度看，当年父亲和同志们的辛勤工作不仅为确立党的公安工作路线、方针，而且也为以后的解放战争时期乃至新中国建设时期，建立和加强重点单位、要害部位的内部保卫工作进行了初步探索，积累了弥足珍贵的经验。

考察甄别干部

抗日战争时期的延安像灯塔一样，吸引着沦陷区、国统区乃至海外的进步青年。到延安去学习，去追求抗日救国的真理，已经成为了时代的集结号。许多青年学生、知识分子、工人和店员，冲破国民党和日伪特务机关的种种阻挠，越过道道封锁线，跋山涉水，络绎不绝地来到延安学习、工作。在延安的街头、路边，每天都可以看见很多肩背、手提行装，风尘仆仆来自祖国各地的年轻人。

来自各个渠道的情报显示，国民党特务机关、日寇特务机关、阎锡山的特务组织也在加紧训练特务，不断派遣特务伪装成爱国青年混入延安和陕甘宁边区，伺机进行阴谋破坏活动。为了防范特务奸细渗入单位内部，延安各机关、学校在迎接新战友、新同学的同时，也都提高了警惕，对一些新来延安的人进行考察和甄别。

为此，中央社会部发出指示，要求把“肃清内奸”、“反对奸细”作为保卫机关的中心任务，指出对于那些刚从敌人监狱或俘虏营中逃出和被敌人释放的；一时失踪而又出现但无人证明的；介绍信不明的；好探听党内秘密的；在政治上、经济上有空隙可以被敌人利用的，等等，都要加以考察。

这是在特定的历史条件下，巩固政权，纯洁队伍，防范敌人渗透破坏的必要措施，其重要性和必要性是毋庸置疑的。但这项工作的确是一项涉及范围广，投入力量大，需要严格把握政策界限，正确区分敌我，严谨细致的审查工作。在考察工作初期，各单位由于没有经验、缺乏具体明确的政策依据，曾经出现过一些偏差。当时，延安的党政机关院校划出了一大批考察对象（“反革命嫌疑分子”登记表），报送到中央社会部审查。此外，各单位还有一批列为内部掌握控制的人员。在这些人员中，相当一部分属于似是而非，捕风捉影的“嫌疑分子”，有的同志满腔热情，历经艰难曲折来到延安，平时表现很好，仅仅因为家庭出身不好，就被列为“嫌疑分子”；有的同志性格直爽，平时爱发些言辞激烈的牢骚，也被划入了“嫌疑分子”的行列。

面对这批为数众多的“嫌疑分子”，如何才能做到既准确发现真正的敌人，又能够及时解脱由于执行政策偏差被划进“圈子”的大量人员呢？父亲陷入了深深的思索，抗日战争新的斗争形势，党的事业发展壮大，都迫切需要大批的干部和知识分子。但却由于被扣上“嫌疑分子”的帽子，不得不限制对他们的使用。这是一个关系到党组织对干部和青年知识分子信任、培养和使用的大问题。父亲想到，自己曾就这个问题与陈龙交换过意见，他们商定，为慎重起见，先由陈龙选择几个比较典型的单位进行复查，摸清情况。然而这项工作刚开展几天，父亲就接二连三地听到了一些因对复查工作不理解而产生的议论。面对这些无形的压力和责难，父亲不为所动，坚定地支持陈龙叔叔继续将复查进行下去，彻底摸清情况，尽快搜集一些证明材料，用事实来说话。通过一段时间工作，陈龙叔叔带领治安科的同志，从七八个单位搜集到的材料足以充分证明，沿用过去那种办法确定“嫌疑分子”具有严重危害性。以这些材料为依据，父亲和陈龙叔叔反复研究后，形成了情况准确、分析透彻，建议纠正前期审查工作偏差的调研报告，上报中央社会部领导。

根据这份调研报告，中央社会部于 1941 年 4 月 10 日，向陕甘宁边区和各抗日根据地发出了《中央社会部关于清理反革命嫌疑分子的指示》（即二号文件）。文件指出：各地党政机关之所以“堆积相当数量的反革命嫌疑案件，没有切实审查”，究其原因，一方面“是各地侦察工作薄弱所致”，另一方面是由于有的锄奸保卫工作同志幼稚、主观夸大、推测附会、捕风捉影，自造了一些所谓的嫌疑分子。文件要求各地党政机关一律“按这个文件所定八条嫌疑分子条件，重新审定原有嫌疑分子”。而且在重新审定原有的嫌疑分子时，一定要靠（有）确实的文件、电报材料和一定的物证。强调“要把真正的反革命嫌疑分子与主观附会、传说自造的反革命嫌疑分子严格分开；把党内错误、思想意识不好或组织关系与历史不清等问题与反革命问题分别清楚。凡是党内错误及其他属于组织问题者，要经组织路线去解决。”文件还规定：“要开展或取消侦察时，都必须履行一定的手续，经一定的机关批准。”

中社部二号文件下发后，父亲一直注视着文件的贯彻落实情况。根据长期的工作经验和对各单位情况的了解，他思来想去，心里总有些不踏实，感到“纠偏”工作政策性很强，涉及面广，仅靠下达一个指导性文件，恐怕还很难做到一蹴而就。要想切实推动“纠偏”工作开展，还必须俯下身子，对症下药，将指导工作再做深做细一些。果然不出所料，通过跟踪反馈上来的情况看，二号文件精神的贯彻落实工作效果并不理想。有些单位接到文件后，在领会和贯彻上仍不同程度地存在着认识模糊、思想不统一、进展不平衡等问题。有的领导强调任务太多、工作太忙，没有办法坐下来搞清理嫌疑分子工作，甚至有个别领导存在厌烦抵触情绪，认为嫌疑分子又怎么样？多多少少总还是有问题的，何必搞什么清理？这些单位实际上处于消极等待的观望状态。

面对着这些“令人头痛”的问题，父亲和陈龙叔叔再次交流了意见，他们分析研究后认为问题的症结在于，缺乏易于操作的、能够准确界定嫌疑与非嫌疑的政策界限，很有必要再出台一个文件，加大督促落实工作力度。父亲和陈龙叔叔在掌握各单位贯彻情况的基础上，对暴露出来的问题筛选后，逐一剖析，有针对性地制定了具体的政策界限。报经中社部领导同意后，于1941年8月2日，再次发出了《中央社会部关于清理嫌疑分子的指示》（简称“二号指示”）。文件开宗明义指出清理反革命嫌疑分子工作迟缓的原因，除领导不力以外，主要原因在于：“把党组织中个别未查清或未解决的个别问题与真正的反革命嫌疑分子混淆起来；把通常的、复杂的社会关系与真正的反革命嫌疑分子混淆起来；把各种不良现象或倾向与真正的反革命嫌疑分子混淆起来；把一般不满言论和牢骚与有意制造破坏混淆起来；把出于正义感的某些批评与恶意的政治污蔑混淆起来。”由于“二号指示”清晰、明确地把容易混淆的两类不同性质的矛盾逐一列举了出来，为清理反革命嫌疑工作提供了政策界限和依据，增强了实际操作性。“二号指示”下发后，父亲和陈龙叔叔带领同志们分别到嫌疑人员较多的重点单位，实地调查了解，具体解答疑难问题，指导贯彻落实“二号指示”的工作，从而有力地推动了清理工作。各单位根据“二号指示”精神，很快就解脱和撤销了一大批嫌疑人员，恢复了党组织对这些同志的信任和使用，将对干部的考察甄别工作纳入了正确的轨道。

主动进攻肃潜特

父亲在抓好内部保卫基础工作建设的同时，始终把主动进攻作为掌握锄奸保卫工作主动权的关键点，不放过任何可疑情况线索。1940 年年初的一天，西北旅社经理曲日新汇报了一个可疑情况，他通过与一名叫杜麟喜的陕北公学学员接触，发现杜麟喜对延安的学习、生活环境极为不满，情况可疑。中社部派人到陕北公学调查了解时，发现杜麟喜在校的表现与曲日新讲的情况大相径庭。学校领导听他讲的都是对延安如何热爱，对抗日斗争如何充满信心。父亲和陈龙叔叔对此非常重视，随即部署了对杜麟喜的侦察控制措施。通过侦察发现他是国民党特务，潜入延安的任务是伪装进步，争取在陕北公学毕业后，分配到共产党的核心机密部门工作。与此同时，陕甘宁边区保安处也送来一份重要报告，说接待了一名秘密自首的军统特务吴南山，他在军统“汉中特训班”（对外名称为游击基干训练班）受训后，奉命潜入陕甘宁边区，已在庆阳县县政府担任三科科长。潜入边区后的所见所闻，使他对自己的使命产生了怀疑。随着蒋介石悍然发动“皖南事变”，血腥屠杀新四军抗日将士，他进一步看清了国民党当局的真实面孔，幡然醒悟，决定彻底与这个政府决裂。吴南山不仅交代了自己在“汉中特训班”受训的经过，还说出了许多一起受训特务的名字。这些人大部分都以各种伪装身份和化名潜入了边区和延安，其中有些人已经混入党、政、军要害部门。这个非常重要的情况，被迅速呈报给李克农和康生。边区保安处处长周兴亲自到中央社会部汇报案情。父亲和陈龙叔叔与周兴、王范、布鲁（陈泊）等同志共同分析案情，研究制定侦察方案。此后，父亲和陈龙等同志又多次到边区保安处听取案情进展情况，指导侦破工作。父亲决定从西北公学锄奸保卫干部训练班，抽调叶运高、王珺到边区保安处协助工作。到1942年年底，我方基本上查清了“汉中特训班”向陕甘宁边区和延安派遣特务的情况，共计四十四人，其中十七人分别在院校中学习，另有二十七人已经混入延安党、政、军机关内部，有的掌握着军事机密，有的被提拔为科、股级领导干部。特务胡思瑗和杨子才利用中央军委二局（位于安塞）招收报务员的机会，混入二局担任译电工作，并且混入党组织，胡思瑗还担任了支部书记。胡、杨两人在整风运动中不仅未交代自己的问题，还向敌特组织传送了两次情报。这个成员多、隐藏深、危害大的潜伏特务组织被一举破获，沉重打击并遏制了军统特务组织的渗透破坏活动，消除了埋藏在内部的隐患，纯洁了延安党政军首脑要害单位，在延安引起了很大的震动和强烈的反响。

1941年冬天，一对夫妻原本是由驻延安苏军情报组训练后派往沈阳的中国籍情报人员，突然回到延安，由于苏军情报组不负责安置，他们两人被安排在中央社会部的一间窑洞住宿。一天，正在值班的秘书王初接到《解放日报》寄给父亲的一封信：你们那里有个张帆寄来的诗稿，我们看没有什么意思，作退稿处理。王初拿过信细读，这首短诗也就是什么“我已经到了西北高原，遥望大兴安岭……”并没有什么诗韵，却暗含受到控制的意思。从时间与内容判断，大概是这对刚刚返回延安的夫妻的作品。父亲看完信后感觉疑点很大，为慎重起见，决定先把信留下来研究。

没过几天，中社部又接连三次接到《解放日报》的退稿，全是类似的内容。什么重要稿件非要这样接二连三地反复投寄呢？这个反常情况进一步引起了父亲的警觉和重视，他立即布置沿着这对夫妻从沈阳到延安的路线进行调查。通过调查发现，他们每到一个地方，就要在报纸上发表一篇文章或一首短诗，就像是在通报自己的行程。中社部通过有关渠道向沈阳查询，得知这二人返回延安并未得到所在组织领导同意，属于擅自行动。父亲决定和陈龙叔叔一起找张某谈话，由王初负责记录。在谈话中张某神情紧张，回答问话前后矛盾，破绽较多，最后竟闭上嘴什么都不讲了。针对张某的可疑情况，父亲决定立即将夫妻两人隔离审查。他们单独找张的妻子田某谈话。这个女人是个工人，比较淳朴，对于组织上的问话照实回答，没有任何隐瞒。

原来，张、田两人参加苏军情报组训练班后，被派遣到沈阳潜伏，以开杂货店为掩护做情报工作。因他们未能掩饰好真实身份，在日常生活中露出明显破绽，引起日军特务机关的怀疑。在一次发报中，被日军电台监测车发现被捕后叛变。日本特务机关逆用两人返回延安长期潜伏，规定一般不联络，只采用在报纸上发表文章的方式通报情况。张某被逮捕关押，如实坦白交代问题的田某则被送到西北公学情报干部训练班学习，后来因为表现好还入了党。

特殊的任务

1940年8月初，父亲接受了中央交办的一项特殊任务，这是他在抗日战争期间，仅有的一次离开延安到外地“出差”。父亲奉命带中央教导大队一个排的兵力，到晋西北抗日根据地检查锄奸保卫工作，并协助中央财政部门的一名负责同志，到同浦铁路北段接收晋察冀根据地送交中央的一笔经费。

晋西北抗日根据地创建于1938年1月，位于同浦铁路以西，黄河以东，平绥铁路以南，汾离公路以北，是陕甘宁边区通向华北、华中各敌后根据地的重要通道，又是阻敌西进、保卫陕甘宁边区的重要屏障，具有十分重要的战略位置。

父亲带队渡过黄河，到达晋西北根据地。父亲首先来到了一二〇师锄奸保卫部门，听取了工作汇报，详细询问了有关情况。他还实地察看了保卫部门的工作环境和条件。结合晋西北根据地的实际情况，就进一步加强锄奸保卫工作，提出了具体的意见和要求，他严谨、细致的作风令在场的同志们难以忘怀。

为了确保这笔经费在接收、运送中的安全，父亲和一二〇师周士第参谋长一起分析研究同浦铁路北段沿线地区的敌情动态，周密地制定了保护接收经费安全的具体方案，对接收经费地点、运款路线、中途停留地点，掩护部队的兵力配备、知情人员范围等具体问题，以及应对紧急情况的措施，都逐一进行了反复推敲。当时保密纪律执行得很严格，知情范围很小，一二〇师保卫部科长刘生标（曾任国家物资储备局副局长）说到那段往事时，也只知道父亲是来检查锄奸保卫工作的。

当时正值“百团大战”第一阶段，在八路军总部的统一指挥下，一二〇师、一二九师和晋察冀军区部队向华北敌占区交通沿线和据点发动大规模的进攻，沉重打击了日寇的嚣张气焰，砸碎了其“囚笼”政策，振奋了全国军民争取抗战胜利的信心。日军不甘心失败，调集重兵随即向各根据地展开了大扫荡，并加强兵力严密防卫和封锁铁路、公路沿线。由于敌情发生急剧变化，晋察冀根据地的部队未能按约定时间将经费送到指定地点。经请示中央后，父亲于9月下旬返回延安。

在兴县李家湾村（一二〇师司令部驻地）的那些天里，父亲和周士第参谋长白天一起研究工作，晚上同住一个房间。父亲告诉我，当时一二〇师所属各部队按照统一部署，分别向同浦铁路沿线的日军车站、据点发动猛烈攻击。周士第参谋长十分辛苦，随时都要掌握战斗进展情况，晚上睡不了一个安稳觉，半夜里经常被叫醒处理紧急电报和军情，有时还要到作战室开会。周士第将军思维缜密，待人谦和的优良素质，给父亲留下了深刻的印象。

时隔三十年后，1978年初夏，在中国历史博物馆的一个文物展览会上，两位耄耋老人再次相逢，十分亲切，手拉手述说着那段往事。或许是生平头一次参观文物展览的缘故，我全神贯注地观赏展品，一时间竟忘了照顾父亲，等我发现后追出展览厅时，一眼望见父亲正拄着拐杖蹒跚地走下历史博物馆的台阶。我快步追赶，生怕体弱的父亲有个闪失。这个情景，恰巧被准备乘车离开的周士第将军无意间回头望见，他转过身来，着急地连连挥手，招呼警卫员赶紧跑上台阶搀扶父亲。待我赶到父亲身边后，老将军用手指点了点我，才放心地离去。不言而喻，这既包含着责备又是在提醒我要照顾好父亲啊！回想起那天的情景，我在内疚和懊悔的同时，也深深感受到了老一辈革命者之间那种诚挚的战友情谊，至今难以忘怀。

终身的伴侣

父亲与母亲相识于1940年年初，相知相依、患难与共了五十多年。十四岁的年龄差距、截然不同的性格差异，并没有影响父母的感情。在共同的理想和信念下，他们彼此之间相互理解、包容与帮助，并肩携手走过了漫漫的风雨人生路。

我的母亲海伦，原名金湖生，1921年8月出生于江西湖口（原籍江苏淮安）一个手工业者的家庭。曾外祖父、外祖父都是做厨师的，为谋生计，先后到过武汉、北京、郑州等地。1934年因生活所迫举家由郑州市迁到西安市。

少年时代，性格开朗的母亲就接受了进步思想的熏陶，追求真理和光明。在开封省立女中读初中时，她主动接触进步学生，如饥似渴地阅读《星期周刊》《妇女生活》等革命刊物，接受党组织的教育和领导。“一二·九”运动爆发后，母亲满怀激情投身抗日救亡的学生运动，勇敢地站在罢课、游行、卧轨等示威请愿活动的前列，抗议国民党政府的妥协退让政策。

1936年秋，母亲参加了中华民族解放先锋队（简称“民先”），秘密参加了撒传单、贴标语等抗日宣传活动。1937年夏季，母亲到北平市女二中读高一时，认识了租住公寓房东的女儿刘志兰（左权将军的夫人）。激情外向、个性坚强的刘阿姨是师大女附中高三年级甲班学生、学生会主席，担任“民先”西城区区队长。她经常把母亲叫到院子里悄声交谈，起初是问母亲的来历和有关情况，后来又问到母亲对抗战时局的看法。当得知母亲在河南就是“民先”队员后，刘阿姨也亮明了自己的身份，布置母亲在女二中的课余时间找机会多接触同学们，了解同学们的思想动态，宣传、发动她们参加抗日救亡的学生运动。就这样，在刘阿姨的带领下，母亲接上了组织关系，参加了北平市的“民先”活动。

“七七事变”爆发后，母亲随刘志兰和杨枫阿姨离开沦陷后的北平，返回开封省立女中学习。经樊淑俊介绍，母亲于1937年10月加入了中国共产党。当年12月，母亲响应党的号召告别了书斋，与王敬、闫韫、林方等同志经西安八路军办事处介绍，参加安吴堡“战时青年短期训练班”学习后，奔赴革命圣地延安。1938年7月，母亲在陕北公学、中央组织部训练班学习后，被组织选调参加陕甘宁边区保安处第一期特别训练班（位于延安七里铺）。

当时和母亲一起学习的还有卓琳、姜鹏、周越华、汪琦、邓涛等7位女同志。她们住在一间小平房里，同吃、同住、同学习、同劳动，彼此关系亲密无间，被同志们称为“八姐妹”。1938年12月，母亲从训练班结束后，被分配到位于延安棉土沟的陕甘宁边区保安处文书股工作，股长是她在训练班的同学邹瑜叔叔（曾任司法部部长）。

母亲与父亲相识相爱的经过，或许没有丝毫浪漫的色彩，却是朴实无华的。初次见面，父亲就给母亲留下了很好的印象，她觉得父亲是一个沉稳、淳厚的人，完全没有一点领导的架子，十分平易近人。那次见面，父亲话语不多。在随后的交往中，父亲坦诚地向母亲作了自我介绍，述说了自己的家庭身世和参加革命的经历，讲到了自己在赣东北苏区曾经有过的一次婚姻。交谈间，父亲言语中流露出了对祖母和姐姐的无限牵挂。

善良忠厚的母亲深深地同情父亲苦难的身世，更被父亲传奇般的斗争经历所感染。经过一段时间的观察了解，母亲感到父亲不仅是一位令人敬重的老红军，更是一个可以信赖、终身相依的人。经过组织的批准，二人于当年4月结成了伴侣。婚后不久，母亲在7月初调到中央社会部工作。

“抢救运动”的波浪

1942年，抗日战争处于最困难的相持阶段，中国共产党在全党范围内展开了一次整风运动。按照毛泽东同志的说法，就是“反对主观主义以整顿学风，反对宗派主义以整顿党风，反对党八股以整顿文风”。整风运动破除了党内把马克思主义教条化、把共产国际决议和苏联经验神圣化的错误倾向，实现了党内在思想上、政治上的统一和行动上的一致，同心同德战胜困难，夺取抗日战争的最后胜利。

父亲全身心地投入到整风学习中，他按照中央的部署和要求，带领同志们认真学习整风的有关文件。父亲精读了毛泽东、刘少奇等同志的著作和六大以来党的文件。在座谈讨论过程中，他以身作则，系统地回顾和反思了自己走过的革命道路，深刻地分析和检查了自己在赣东北苏区曾一度执行肃反扩大化的经验教训，将其作为“工作中的一面镜子”，时刻警示自己。父亲从理论和实践上批判了王明“左”倾路线的错误，对毛泽东思想和党的正确肃反路线有了更深刻的理解。父亲这种学以致用、联系实际、严于剖析自己的认真态度，在干部们中间引起了强烈反响，中央社会部机关掀起了学习高潮。

整风运动后期，中央直属机关和延安的一些机关、学校于1943年春天开始了审查干部的工作。这是党中央的决定，要求在整顿党的作风的同时，对全党干部进行一次认真的组织审查。这是在党的队伍迅速扩大，国民党加紧特务渗透破坏活动的情况下，纯洁和巩固党的组织的必要措施。

但是，身兼中央总学委副主任和中央社会部部长的康生，在代表中央领导审干工作中犯了“左”的严重错误。康生将其杜撰的“整风必然转入审干”、“审干必然转入肃反”，作为推行错误路线的“理论”依据。康生善于窥测风向、投机钻营，他抓住1942年年底基本查清的“汉中特训班”案件，即“戴案”，借机夸大敌情，向中央上报了“陕甘宁边区敌情十分严重”的报告。他大肆宣扬“特务像蚂蚁，站着看不到，蹲下一看满地都是”，即所谓特务如麻的“名言”。康生声色俱厉地批评各单位审干人员在对敌斗争中的“自由主义”态度，大搞逼供信的过火斗争，使审干工作出现了严重的偏差，造成了一大批冤假错案，致使许多好同志被诬陷为“叛徒”“特务”“反革命”，受到了不同程度的伤害。

“张克勤”案件就是诸多案件中，涉及面广、株连人员多、危害性大的典型案例。张克勤来自甘肃兰州，是从陕北公学选调到西北公学情报干部训练班的学员。他到延安一年后，当地下联络员的父亲被捕，父亲和妻子先后叛变，为中统特务机关所利用。由于陕甘两地音信隔绝，张克勤本人并不知情，更无任何牵涉。但在康生的直接策划下，对张克勤进行逼供。经过大会施加压力、小会围攻，再加上昼夜连轴转式的“个别谈话”，原本善良、生性怯懦的张克勤承受不了如此沉重的压力，便开始胡编起口供，还写了“坦白书”，以图“过关”。康生以张克勤在“坦白书”中说的，国民党对在其统治区内的共产党组织，实施了一个所谓的“红旗政策”为依据，主观臆断，竟无中生有地将河南、四川、甘肃、贵州等省的地下党污蔑是名为共产党，打的是“红旗”，实际上是在国民党特务机关控制下的“假党”、“伪党”。

1943年3月末的一天，康生将李克农、父亲和陈龙等人召集到他的窑洞，郑重其事地传达中央总学委的指示：胡宗南最近突然以“友军”的面目出现，提出要派胡公冕作为他的私人代表到延安。为防止延安内部的敌特与他们来往，一些身份比较明确的敌特分子应当抓起来。他拿出早已拟好的名单，要求按照名单在4月1日晚上抓捕进行审查。当时在场的父亲看到名单后，感到十分意外，他不禁微微侧身和陈龙叔叔对视了一眼，都从彼此忧郁的目光中看出了疑惑，延安怎么会一下子就冒出这么多特务、反革命呢？难道（我们的）工作上真出现了纰漏？想到这里，父亲努力抑制着自己：既然上级领导拿出了名单，就一定有他的依据，作为下级，按照组织纪律，还是应当遵照执行的。

从4月1日夜开始，中央社会部、边区保安处按照康生的部署，同时进行了抓捕。当天晚上没有抓完的，第二天继续抓，前后共抓捕了二百余名在审干运动中被怀疑有问题的人员，按所在单位的隶属关系，分别关押在中央社会部、边区保安处的看守所。延安机关、院校单位里的气氛骤然紧张了起来。

7月15日，康生在中央直属机关干部大会上作了《抢救失足者》的动员报告，他煞有其事地宣布：“从四月一日起到今天为止，已经有四百五十人向党坦白悔过了。”康生随之耸人听闻地罗列了一批未经核实的所谓“案例”，他将受审查人员称为“失足者”，还作了一个令人印象深刻的比喻：“一个小孩子失足河中，如果是平时还可以从容地去救，如果是涨大水就要抢救！”要求各机关学校追查特务，并把所谓“坦白、交代好”的张克勤等人作为示范典型，带到会场现身说法，由此搞起了“抢救失足者运动”（简称“抢救运动”）。

这次动员会后，各机关学校都开展了热火朝天的“抢救运动”，不分情况、不加区别地将从敌占区和国统区来到延安的干部、学生，一律当作“抢救运动”中受到怀疑的重点审查人员，采取了“人人过堂”、逼供信的审查方式。后来审查范围又扩大到从延安以外地区来的同志身上。短短十几天内，“抢救运动”的浊浪，席卷了延安及陕甘宁边区，甚至波及其他一些抗日根据地和国统区的地下党组织，造成了极为恶劣的影响和危害。

这些受到“抢救”的人员中，问题严重的都被关押审查，还有相当一部分人员虽被认为问题比较严重，但还没有到必须关押程度的，都被集中送到西北公学、行政学院，名为“学习”，实际上也是变相的隔离审查。

当时，父亲负责审查中央直属机关被关押的同志。随着审查的深入进行，父亲从初始就预感到的不安和困惑，很快就变成了令人忧虑的现实。父亲意识到并不是锄奸保卫工作有什么纰漏和隐患，而是在审查干部工作中出现了严重的偏差，存在着很大的问题。这些被关押的同志大部分都是在甄别工作中已经解除嫌疑的人员，这次审干中不但又被划了进来，而且问题的性质比以前“升格”，涉及的人员范围也比以前扩大了许多。这些人员在压力下被迫“坦白交代”的问题大多数是假的，经不起查证。特别是在“抢救运动”中交代出来的问题更加荒诞无稽。父亲白天参加讯问审查对象，到后沟看守所查看被关押人员的情况，耐心地听取他们陈述被关押审查的原因。晚上，父亲独自坐在煤油灯下一页页审阅着被关押审查人员的案卷；翻看着这些案卷，回想着这些满怀委屈的同志声泪俱下地辩白，他不由得锁紧了眉头，心里越发沉重起来。眼前的一切，不禁使他想起江西苏区肃反扩大化的惨痛教训，脑海中浮现出赣东北根据地吴先民、黄镇中等同志被诬陷杀害前，悲愤地高喊：“我是冤枉的，共产党万岁、苏维埃万岁！”那一幕幕令人想起来就隐隐作痛的情景。想到这里，父亲深切地感到这场“抢救运动”是在重蹈江西苏区肃反扩大化惨痛教训的覆辙！必须尽快扭转，否则将带来更为严重的后果。父亲感到康生的所作所为与曾洪易在赣东北苏区推行肃反扩大化的做法大同小异、如出一辙。他不由得联想起康生平时在中央社会部里，独断专行、“一人说了算”的家长作风。但在大是大非的原则问题上，父亲没有丝毫畏缩，果断地决定和陈龙叔叔一起去找康生反映情况。

在康生的窑洞里，父亲实事求是地汇报了审查干部的情况，他谈到很多审查人员坦白的材料，与事实出入很大，经不起查证。列举了一些单位挖特务，靠打人，靠不给水喝、不给饭吃、不让人家睡觉连轴转等手段逼迫审查人员交代问题，以致一个供十个，十个供百个，人人自危，甚至夫妻反目；有的人竟为了吃碗面条就去坦白自己是国民党特务……

说到这里，父亲语气平缓地提醒康生注意这些情况，并直截了当地提出了自己的怀疑：“延安局面这样稳定，能有这么多特务吗?这样搞行吗?”

康生不动声色地听完父亲的话，阴沉着脸不说一句话。

沉默了几分钟后，康生扶了扶眼镜架，深吟起他的“特务像蚂蚁，站着看不到，蹲下一看满地都是”的“名句”，接着又站起身，在窑洞里来回踱着步子，慢条斯理地举出河南、甘肃、汉中、贵州都有“红旗党”的例子，最后，他再次不厌其烦地重复了其“整风必然转入审干”、“审干必然转入肃反”的论调。

讲完这些“大道理”后，康生透过眼镜片居心叵测地盯着父亲和陈龙叔叔，加重语气一字一顿地说：“（抢救）运动是必要的，还要深入，（你们）要站稳立场。”看到这种情景，父亲知道再谈下去，也不会有什么效果，便和陈龙叔叔起身告辞。

在返回后沟的路上，父亲和陈龙叔叔沉默不语，但两人的内心很不平静，他们回味着康生这番漠然而阴冷的话，感到了阵阵刺骨的寒意，更对康生主观臆断、一意孤行、坚持错误立场的顽固态度，十分愤慨。此后，陈龙叔叔曾不止一次气愤地和父亲说：“我看这个人说话、办事没准头。”父亲总是悄悄地拉住陈龙叔叔的手，示意他别再说下去，多次叮嘱他要注意说话的场合，生怕这位心直口快的搭档惹出大的麻烦。当时，父亲虽没有公开表露什么，但在内心深处，早就暗暗抱定了“他（康生）说他的，我做我的，不管怎么样，我都要坚持实事求是，做好（审查）工作，决不能伤害无辜的同志，决不能葬送革命事业”的决心。

在“抢救运动”如火如荼、甚嚣尘上的大背景下，人数不多的中央社会部机关更显得异常紧张，每天忙碌不堪，既要对关押在后沟看守所的人员进行审查，又要抽调干部参加西北公学对“学习”人员的审查工作。在一般人看来，保卫机关在反奸反特工作中最为神气，似乎是风光无限，然而这仅仅是表象。殊不知，锄奸保卫机关本身同样受到了巨大的损失，“抢救运动”也在紧锣密鼓、一刻不停地进行着。中央社会部机关最先被抓出来的是于炳然同志，他长期在国民党上层从事隐蔽战线工作，功勋卓著，竟遭康生无中生有地污蔑为“国民党少将、军统特务”，被关押审查。随后，中社部机关里又陆续有一些同志因为所谓“河南红旗党”“四川红旗党”“甘肃红旗党”等问题，被通知到西北公学集中“学习”，陈龙叔叔的夫人余海宇阿姨也因涉嫌“河南红旗党”参加了“学习”，很长时间都没有回家。

据历史资料记载，前身为中央社会部干部训练班的西北公学，整风运动转入审查干部阶段后，陆续接收了中央直属机关各单位送来的“学习”人员，总数达到三百九十余人，其中二百零八人被列为“抢救”对象。这段时间里，二室也有几位同志接到了去“学习”的通知。作为负责人的父亲态度鲜明地提出了不同意见，表示这几位同志都是经过严格审查挑选来的，都做过一些有益的工作，在实际工作接触中也未发现他们有任何可疑的情况。在那个“敏感”的节点上，父亲和陈龙叔叔敢于担当，顶住压力，在职责范围内力所能及地保护了马敬铮、王初等同志。很多年后，一位老同志回首这段往事时，深有感触地告诉我，当时父亲虽然在康生的领导之下，但他负责的西北公学锄奸保卫干部训练班在整风审干工作中，始终坚持实事求是，没有搞“抢救”运动，没有搞逼供信，全班四十五名学员里没有一个人受到当时“左”的做法的打击。

在以后的时间里，“抢救运动”的“雪球”越滚越大，大批干部被打成“特务”“叛徒”“反革命”，一时间人心惶惶，自顾不暇，严重影响到锄奸保卫工作的正常开展。父亲心里十分焦虑和不安，他多次和陈龙叔叔商议办法。两个人思来想去，看来找不到别的解决办法，只有让中央领导了解到“抢救运动”的真实情况，才能解决问题。陈龙叔叔提出通过治安科每周上报整风运动情况简报的渠道，专门编报一份反映“抢救运动”存在各种问题的简报。这和父亲的考虑不谋而合，他高兴地舒展眉头，连声说“好啊，好啊”，并表示自己是二室的负责人，出了问题（有谁怪罪下来），由他来承担责任。未等父亲讲完话，性格直爽的陈龙叔叔就打断了话，连说“不行，不行，咱们一起担着”。两个老搭档相视而笑。在纠正审干工作的严重偏差中，父亲和陈龙叔叔赤诚相见、携手并肩、荣辱与共，彼此的心贴得更近了。就这样，在父亲和陈龙叔叔的密切配合下，一份有调查情况、有统计数字，全面准确地反映“抢救运动”以来存在各种严重问题的简报，分送给了中央政治局常委。为中央领导同志及时了解“抢救运动”情况，提供了翔实的书面材料。

中央政治局常委任弼时看到这份简报后，非常重视，亲自到“抢救失足者”大会会场和中社部后沟看守所，询问了许多被关押、被审查人员，详细调查核实他们被关押、被审查的原因，发现每个人的理由都相当荒谬。任弼时非常愤慨，深感问题的严重性，立即向毛泽东汇报了这些情况。其间，陈云、李克农等同志也向毛泽东作了汇报。毛泽东同志当即指示取消了原定召开十天的“抢救失足者”大会，并针对审干工作中出现“抢救运动”的严重偏差，严厉批评了康生。在当天夜间召开的政治局会议上，毛泽东同志及时提出了审查干部的九条方针：（1）首长负责；（2）自己动手；（3）领导骨干与广大群众相结合；（4）一般号召与个别指导相结合；（5）调查研究；（6）分清是非轻重；（7）争取失足者；（8）培养干部；（9）教育群众。

1943年8月15日，中共中央鉴于“抢救运动”所发生的偏差和恶果，正式作出《关于审查干部的决定》，重申了毛泽东同志关于审查干部的九条方针，并逐条作了具体说明。强调要调查研究，分清是非，重真凭实据，不搞逼供信的错误做法。

10月9日，毛泽东同志在绥德反奸大会的材料上批示“一个不杀，大部不抓，是此次反特务斗争必须坚持的政策”。

12月22日，党中央决定审干运动转向甄别阶段。

党中央的决定和一系列甄别工作指示，犹如拨云见日，驱散了父亲心中积郁的阴云，他担负起了这项消除“抢救运动”后遗症的领导工作。父亲与陈龙叔叔紧密合作，迅速调集人员，按照党中央指示，本着实事求是的方针，立即开始对关押在中社部看守所的受审查同志进行认真、负责的甄别。当第一份甄别报告上报康生后，他冷若冰霜地拒绝在甄别结论上签字，而且不许盖中央社会部的公章。

面对着这份被“大人物”退回来的甄别报告，父亲不由得紧锁眉头，考虑到康生拒不接受他和陈龙建议时的恶劣态度，他并没有感到意外，但始料不及的是，在党中央和毛主席已有明确指示的情况下，康生竟然还会这样阳奉阴违，推诿拖延。不管怎么样，贯彻中央指示，纠正审查干部偏差的事情刻不容缓，绝不能让甄别工作搁浅，拖延下去。想到那些遭受到不公正待遇的同志们，想到他们翘首期盼的目光，父亲毅然决然由自己承担责任，拿起笔在甄别结论上郑重地签上自己的名字。随后，陈龙、杨超也毫不犹豫地签上了名字，盖上敌区工作委员会甄别委员会的印章后报送党中央。这是当时整个延安的第一份甄别报告，得到毛泽东同志的称赞，作为典型经验予以转发，对于推动甄别平反工作的稳妥开展，纠正"抢救运动"的错误，贯彻落实毛泽东同志的"九条方针"发挥了很好的作用。

延安的"抢救运动"虽然只持续了两个多月，但由于方方面面的原因，中央社会部、边区保安处等单位进行的甄别工作却持续了两年时间，直到抗日战争胜利，父亲离开延安时还没有结束。针对各地急需干部的紧迫情况，根据毛泽东同志"让他们到前线去自己做结论吧。是共产党人，一定留在共产党内，是国民党人，让他们跑到国民党去，怕什么呀"的指示精神，相当一批尚未作出甄别结论的干部奔赴全国各解放战场，他们中间的绝大多数人在激烈残酷的对敌斗争中，勇往直前，经受住了血与火的考验，以实际行动证实了自己，洗刷了身上的污点。

面对审干工作中出现这样严重的失误，毛泽东同志心情沉痛，先后两次代表党中央在不同场合，以鞠躬、敬礼的方式向大家赔礼道歉。他大声说道："抢救运动搞错了，抢救到你们头上更不对了。大水冲了龙王庙，自家人不认自家人，党中央相信大家都是好同志。我请大家原谅，如果不原谅，我的手就不放下。"掌声、欢呼声、哭声，"共产党万岁"的口号声，瞬间响彻一片，人们心中的困惑和委屈雪化冰消。

而"抢救运动"的始作俑者康生，却态度消极，在整风审干运动结束作总结报告时避重就轻，拒不承认错误，只是含糊其词地说了一句“自己没有接受正确建议”，根本未作认真的自我批评。父亲在审干运动中坚持原则，抵制和纠正康生的错误做法，使康生十分恼火，始终记恨在心。时隔二十多年后，康生在“文化大革命”中担任中央“文革”小组顾问，与林彪、江青两个反党集团沆瀣一气，随意点名，捏造罪名，打击、诬陷、迫害大批党政军领导干部，造成了大量的冤假错案。在这股倒行逆施的狂流中，父亲成为了康生处心积虑报复的重点对象之一。

在这场“抢救运动”期间，延安还曾发生过一起政治事件。记得1978年夏季的一天，我陪伴父亲去北京医院看病时，遇到一对老年夫妇。他们看到父亲后，马上走过来热情问候，和父亲亲热地交谈起来。回到家后，父亲仍意犹未尽，主动谈起了那两位老人，他告诉我，那位男同志叫金茂岳，是妇产科专家（齐鲁医学院的医学博士），抗战初期带领红十字医疗队到了延安。金茂岳在延安中央医院（时任妇产科主任兼外科主任）给王明看病时，因尿中发现问题（药物副作用发生慢性中毒），王明凭空诬陷金茂岳是国民党“特务”，有人指使他下毒，王明之妻孟庆树也到处“告状”。其实这对夫妻是在借机大造舆论向中央发难，意在暗示党中央和毛泽东要整死王明。金茂岳因此被扣上“国民党特务”的帽子送到中央社会部审查，经过审讯和调查取证，父亲认为没有证据表明金茂岳企图暗害王明，且他与王明关系融洽（没有作案动机），属于医疗技术事故。金茂岳唯一的过错是没有及时发现护士执行医嘱的差错，致使甘汞的服用时间过长；他作为高级知识分子、医学专家不应当被长期关押，但考虑在当时的复杂情况下又不能马上释放金茂岳，就请示李克农副部长同意后，先将金茂岳从看守所放出来，让他住在后沟中社部工作区的一间窑洞里。此后，金茂岳就与中社部的干部一起吃住在枣园后沟，白天做些医疗科研工作。父亲还准许金茂岳的妻子黎平同志每个周六来“探亲”。在那段时间里，金茂岳和二室的同志们朝夕相处，结下了深厚的友情。大家经常找他看病，都非常亲切地称呼他为“金大夫”。父亲晚年重病住院后，金茂岳夫妇闻讯后专程到医院看望，并热心地帮忙联系朝阳医院，请治疗肺心病的专家翁心植教授为父亲会诊。

1944 年 10 月，李克农副部长和父亲研究后，决定采取由陕甘宁边区法院按医疗技术事故，判处金茂岳有期徒刑五年、缓刑五年的方式，平息王明夫妇的无理取闹，送金茂岳回中央医院工作。李克农还专门到中央医院宣布金茂岳没有政治问题，是个好同志，继续担任中央医院的工作。金茂岳同志不愧为一位杰出的医务工作者，他医术精湛，品德高尚，不计个人恩怨，兢兢业业地从事党的医疗卫生事业。新中国成立后，他曾先后担任北京医院副院长、平安医院院长、宁夏回族自治区卫生厅副厅长、北京市卫生局副局长等职务。

大生产运动

抗日战争进入相持阶段后，延安军民曾经度过了一段最艰苦的岁月。1941 年国民党政府掀起第二次反共高潮，继发动“皖南事变”后，对陕甘宁边区及各抗日根据地进行严密封锁。国民党政府不仅悍然撕毁了国共两党达成的各项协议，停发了对八路军、新四军的一切供给，无理扣押了海外华侨捐赠的一切物资，而且严格禁止外界把布匹、粮食、食盐和医疗药品运入延安，企图“困死”、“饿死”中国共产党领导的革命力量。

在将近两年的时间里，延安的机关、学校、部队没有发衣服和生活用品。地处西北高原的陕甘宁边区土壤贫瘠，可耕种土地不多，粮食主要靠别的地区输入，在国民党军队的重重封锁下，仅有的粮食储备消耗殆尽，数万延安军民陷入了前所未有的艰苦境地。中央社会部的很多干部因长期营养不良身体水肿，面色苍白。卫之民叔叔（曾任黑龙江省副省长兼公安厅长）告诉我，那时候，父亲主管西北公学锄奸保卫训练班的工作，对从敌后根据地来的同志们政治上、生活上无微不至地关心，给了他们很大的鼓励。当时延安的生活非常困难，父亲虽然和他们同甘共苦，但对训练班同志们过着艰苦的生活，看在眼里，急在心上，曾多次到训练班驻地察看学员的伙食、住宿等生活情况，召开座谈会征求意见。父亲在认真听取学员们的意见后，能够解决的就当场"拍板"给予解决，事后抓落实；一时难以解决的问题，就做耐心的思想教育工作，鼓励同志们要不怕艰苦，克服困难。父亲关心同志、平易近人的作风，给全班学员留下了深刻的印象。

1939年2月2日，党中央在延安召开大生产动员大会，毛泽东同志在会上号召边区党政军各方面"自己动手"，开展一个"伟大的经济战线上的斗争"，以此来解决陕甘宁边区全体军民的生活困难问题，并且以实际行动作为全国各抗日根据地的榜样。

1941年2月，八路军三五九旅按照党中央的命令，开进南泥湾开荒种地，使到处是荒山、没有人烟的南泥湾，变成了"陕北的好江南"。与此同时，在延安的部队、机关、学校，数万名党政军学各方面人员都投入到大生产的热潮中。中央社会部根据机关干部的不同工作情况、体力强弱，组织一部分男同志上山开荒种地，女同志纺线织毛衣，留在工作岗位上的同志也要一面坚持工作、一面参加生产劳动。

父亲以身作则带领同志们积极投入大生产运动。父亲参加革命前在家乡放过牛、种过地、学过木匠，在机关生产中干起纺线的劳动，笨手笨脚干细活，其难度可想而知！可是他却以坚韧的毅力，抓住工作空隙，把纺车摆在窑洞前勤学苦练，很快就纺出了又白又细的线。父亲以自己的模范行为鼓舞和激励大家，以旺盛的革命斗志去战胜敌人封锁造成的困难，给机关工作人员树立了榜样。这一年，中社部机关评选劳动模范时，父亲被评为“特等劳动模范”，在中央社会部的大生产运动中起到了很好的表率作用。

由于敌人的封锁，延安物资匮乏，市场上买不到肥皂，同志们洗衣服、女同志洗头发都成了难题。父亲和陈龙叔叔自己动手，分别在沟口和沟里建起了“化工厂”，组织二室的“能工巧匠”们砌好灶台、支起两口大锅，动脑筋、想办法，你追我赶，开展热火朝天的劳动竞赛，相继研制出了质量不错的肥皂，分别命名为“胜利牌”和“利生牌”。这些肥皂除供应机关的同志们使用外，还有一部分剩余产品拿到延安城南门外小市场出售，所得的收入用来补充中社部机关伙食经费。

参加党的七大

1945 年，世界人民反法西斯斗争形势发生了决定性变化，德国法西斯面临彻底覆灭，中国人民抗日战争接近最后胜利的前夜。4 月 23 日至 6 月 21 日，党的第七次全国代表大会在延安杨家岭中央大礼堂隆重举行。出席大会的正式代表共五百四十七人，候补代表二百零八人，共计七百五十五人，代表着全党一百二十一万党员。父亲被选为正式代表，编入以陈毅为团长的华中代表团。毛泽东在会上作《论联合政府》的政治报告，刘少奇作《关于修改党章的报告》，朱德作《论解放区战场》，周恩来作《论统一战线》的讲话，任弼时、陈云等中央领导同志也在大会上发了言。

这是党在民主革命时期召开的一次极其重要的全国代表大会。它在中国革命面临新的重大转变的关键时刻，对全党给予及时正确的指导，为争取抗战的胜利和新民主主义革命在全国的胜利奠定了政治和思想基础。大会使全党特别是党的高级干部对于中国革命的发展规律有了比较明确的认识，使我们党内达到了空前的团结统一。

会议期间，毛泽东同志召集刘俊秀（江西省永新县人，时任中共晋绥分局组织部部长）等同志座谈时说："江西是老根据地，群众基础很好，现在抗日大反攻的时刻即将来临，你们应该打回老家去，收复失地。"父亲和邵式平伯伯听到毛泽东的谈话后，心情十分激动，振奋不已。

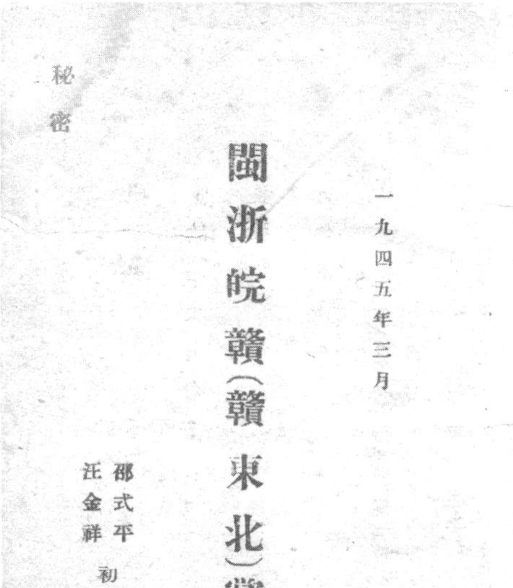

闽浙皖赣（赣东北）党史

在七大会议召开前，1945年1月19日至3月27日，为完成党中央的委托，父亲协助邵式平伯伯召集曾在赣东北根据地工作过的胡德兰、徐连娇、缪敏、毛彪、聂显书、陈禅元、范式人、张建勋、林辉山、刘先、许威、江天辉等同志，一起座谈回顾了赣东北根据地党组织的历史。在此基础上，由邵伯伯主持编写了《闽浙皖赣（赣东北）党史》初稿（以下简称《赣东北党史》）

和一百二十四位烈士的传略。2月上旬，邵式平伯伯来到枣园后沟，在父亲的窑洞里，他们两人怀着高度责任感和使命感对《赣东北党史》初稿的内容和文字，反复斟酌、再三推敲，经过三个不眠之夜完成了修改补充。报送中央组织部，作为向“七大”会议的献礼。

《赣东北党史》分为八个部分，全面、系统地回顾总结了在方志敏、黄道等同志领导下，赣东北党组织和根据地创建、发展、壮大的光辉历程和经验教训。其中尤为重要的是，《赣东北党史》深刻分析和揭示了曾洪易作为中央代表强行贯彻王明“左”倾机会主义路线和“国际路线”，排除异己，打击抵制错误路线的党、政、军领导同志，在闽浙皖赣根据地推行肃反扩大化造成的惨痛恶果。这部《赣东北党史》对于党的高级领导干部以史为鉴，统一思想，深刻认识“左”倾机会主义路线的严重危害；继往开来，迎接新的历史时期，具有深远的意义。父亲在回忆座谈会情况时，深有感触地告诉我，他们在回顾当年赣东北苏区肃反扩大化的情景时，大家深切地怀念那些被诬陷杀害的同志。这些前辈表现了至死忠诚于党、忠诚于共产主义事业的崇高革命精神，永远值得党和人民尊重和怀念。

这部在延安的窑洞里，经过十余次座谈会，历时七十余天编写的《赣东北党史》，倾注了邵式平、父亲和其他同志们的心血。它是迄今研究土地革命时期闽浙皖赣苏区历史，也是党史、军史等有关领域研究最为翔实的资料和依据。其重要内容多次被国内有关学术研究专著引用。

依依难舍离延安

党的七大闭幕后不久，中央组织部调派父亲参加邵式平伯伯（时任新四军南下干部办事处主任）负责的南方干部大队。南方干部大队下分三个队，其中第一队的任务是到赣东北、浙西一带，恢复和建立闽浙赣根据地。当时参加干部队的成员多数是南方人，有些是在江西、福建苏区参加过土地革命和两万五千里长征的老红军战士，有些是在“七七事变”后从浙江、江苏、山东等地到延安的部队干部和革命知识分子，其中有一些是锄奸保卫干部。中央社会部的干部王鉴、黄宣文、程强、王初、汪吉等同志和母亲参加了南下干部大队。

1945 年 8 月 10 日，在世界反法西斯战争的胜利声中，在中国军民的反攻和苏联红军的参战下，日本侵略者的战线全面崩溃，不得不发出乞降照会。当月 15 日，日本正式接受波茨坦协议，宣布无条件投降。

喜讯传来，顷刻之间，延安变成了一片沸腾的海洋。凤凰山下、清凉山腰、宝塔山下、杨家岭、新市场，红旗飘扬，到处响起鞭炮声和锣鼓声，秧歌队上街了，五光十色的亮光，辉映着延河和山野，远远近近的欢呼雀跃声、锣鼓声和鞭炮声连成一片，组成了欢庆胜利的狂欢曲。

在这个举国欢庆胜利的夜晚，枣园中央社会部里，也是一幅热闹非凡的景象。父亲舒展眉头，满脸笑容地站在窑洞外边，看着陈龙叔叔兴高采烈地带领着一群欣喜若狂的年轻人，踏着铿锵的锣鼓声，扭起了欢快的陕北秧歌，融入了火炬游行队伍，尽情唱着，跳着，呼喊着……

夜色渐渐深沉，这片欢乐喧嚣的黄土高原又恢复了往日的寂静，但父亲依然思绪如潮涌，他想到了抗日战争胜利后，中国革命即将迎来的大好形势；想到了即将重返熟悉的地域，开展恢复和建立闽浙赣根据地的工作；脑海中闪现出十二年前离开枫树坞村，方志敏含笑与他握别时的情景；浮现出祖母当年送他离开店上村时的情景，十多年来音信隔绝，也不知她们怎么样了。此时此刻，父亲真想第二天就回到魂牵梦萦的家乡。在那个不眠之夜，父亲还不知道一个多月后，随着斗争形势的发展变化，他的足迹将历史性地折向东北方向，跨越万里长城，撒向那片广阔富饶、一望无垠的黑土地。

五天后，当人们还沉浸在欢庆抗日胜利的喜悦中，南方干部大队第一队就按照党中央的部署，背起行装提前出发了。在枣园中社部欢送的人群中，父亲和陈龙叔叔这对长期并肩战斗的老搭档互道珍重、依依难舍。热心的李克农副部长见此情景，亲自端起相机为他们照了一张珍贵的合影。父亲离开延安后，陈龙叔叔接任中央社会部二室主任。时隔三个月后，他大智大勇地圆满完成保卫毛主席赴重庆谈判的任务后，也与陈刚、肖里等同志一起率队历经周折，回到了阔别多年的东北老家。

南下干部队离开延安时，一向沉稳、言语不多的父亲，默默地走在行进的队伍中，不时回头眺望渐渐远离视线的宝塔山，心情是不平静的。从 1937 年 10 月到 1945 年 8 月，父亲在这块黄土高原上工作和学习了八个春秋。

延安岁月令父亲铭心刻骨，终生难忘，这是他革命斗争经历中一个非常重要的节点。经过延安这座大学堂的熔炼，父亲的马列主义理论和政策思想水平有了很大提高。他系统地学习马列主义理论和对敌斗争的路线、方针、政策，后来又在整风运动中学习了党的两条路线斗争历史。这一切，都为父亲和同志们贯彻落实党的“七大”决议精神，披荆斩棘，战胜艰难险阻，开拓东北根据地公安保卫工作局面，打下了坚实雄厚的基础。

千里挺进东北

党中央依据抗日战争后迅猛发展的形势，及时调整战略布局，制定了“向北发展，向南防御”的战略方针，这一方针的核心是控制东北。1945 年 9 月 15 日，党中央决定建立以彭真、陈云、程子华、林枫、伍修权为委员，彭真为书记的东北局，立即奔赴东北。同时从延安总部和山东、晋冀鲁豫、晋察冀等根据地，抽调了包括 20 名中央委员和候补委员在内的两万名干部、十一万人的部队，分路从陆地和海上迅速挺进东北，夺取战略先机。

1945 年 8 月 17 日，父亲和叶长庚等同志率南下干部第一队 180 多人，从延安出发渡过黄河。9 月中旬，他们经过晋西北，来到晋东南桐梓镇（八路军前方总部驻地），准备在那里稍作休整后，转道豫皖苏边区南下赴闽浙赣老区。就在到达桐梓镇的第二天，八路军野战政治部保卫部部长杨奇清飞骑赶来，传达中央紧急电报指示：“昼夜兼程，一个不留，限二十天赶出山海关。”他同时讲解了当时东北的形势，指出急速进军东北是一场夺取革命全局主动权的严重斗争，激励大家以革命精神奔赴东北。

党中央的指示就是动员令，就是战斗的号角，他们毫不迟疑地服从党的决定，奔赴了新的战场。就这样，经过短暂动员后，全体同志整理行装立刻出发，顶风冒雨，昼夜兼程转赴东北。从桐梓镇出发前，杨奇清部长看到母亲背着刚出生不久的哥哥长途行军，实在不方便，特意“雪中送炭”，拨给父亲一匹马，并配备了一个言语不多的老马夫。从此，哥哥坐进驮在马背上的箩筐里，成为了南下干部队挺进东北征途中的一员。

一路上，南下干部队在沿途根据地部队的“接力”护送下，徒步行军，下太行，入河北，连续跨越了同蒲路、平汉路和平津路三道封锁线。10 月下旬，他们到达距离山海关不远的冀东海阳镇时，获悉国民党的十三军、五十二军已经搭乘美国军舰从秦皇岛登陆，气势汹汹地冲向山海关一带，正在与我军进行激烈的争夺战，远处不时传来隆隆的炮声，国民党军的飞机也不时掠过天空。

面对敌情的陡然变化，几个带队领导紧急研究，决定立即调整行军路线，绕道山海关西面十五公里远的九门口出关。出关后，南下干部第一队在辽南前所车站搭乘火车到达锦州，在热河军区司令部休息了一个晚上，次日换乘火车，于当年 11 月初到达沈阳市西北郊的马三家子村。父亲和同志们历时近三个月时间，先后跨过了四个省，行程近两千公里。

对于这段艰辛的长途跋涉，父亲没有过多地讲述细节，只是谈到了当时沿途交通要道的封锁线仍由日伪军盘踞，他们在等待国民党军收编，不肯向我军缴械投降。南下干部队只能在夜间“悄悄”穿过封锁线。父亲要求全体同志做好准备，捆扎好行李，途中不能掉队。他逐个检查同志们的行装，叮嘱大家要把身上的饭碗、水杯、饭匙等分开用布包好，不能发出一点响声。但是他和母亲却遇到了一个难题，就是尚在襁褓中的哥哥汪瑞如果途中啼哭怎么办？母亲想在过封锁线时用毛巾捂住哥哥的嘴，但又有些担心捂得时间长了容易导致孩子窒息。此前，有的根据地部队过封锁线时，就曾发生过这种令人悲痛欲绝的惨痛事情。父亲看出了母亲的迟疑，他何尝不清楚这其中的利害呢，这毕竟是他们抚养的第一个孩子，但为了顺利完成挺进东北的任务，为了南下干部队一百八十名同志的安全，即使个人付出再大的牺牲和代价，也是值得的。正当父亲劝说母亲痛下决心时，那位平时少言寡语的老马夫，一语惊人，想出了往小米粥里掺点白酒，喂哥哥吃后醉睡过去就不会啼哭的好办法，使这个难题迎刃而解，保证了南下干部第一队安然无恙地穿过了敌人的封锁线。

那位来自晋东南根据地的老马夫，后来留在热河军区部队工作。新中国成立后，父母依然惦记着老马夫，曾多次查找他的下落。但令人遗憾的是，由于时间久远，战争年代组织机构、人员屡经变动的缘故，这位可敬老人的名字和踪迹，已经湮没在历史尘埃里了。

第三篇　转战白山黑水

国民党蒋介石集团在美国的支持下，为抢占东北这一战略要地，从海陆空大举向东北突击运兵，在东北境内发动了全面进攻。同时，派遣大量特务潜入东北，收编和网罗日伪特务残余，大肆发展反动党团、特务组织，建立各种各样的“地下军”，妄图夺取政权，攫取东北。我方面临着敌强我弱、情况不熟、缺乏群众基础，而斗争形势又非常错综复杂的严峻局面。

针对错综复杂的敌我斗争形势，刚成立不久的中共中央东北局（简称东北局）在召开的第一次会议上就作出决定，要求立即收缴敌伪武器，加紧剿匪工作，严厉镇压汉奸和敌特分子，摧毁日伪政权，建立民主政府，安定社会秩序，迅速恢复生产。东北各级公安保卫部门以保卫东北根据地，保卫新生政权，支援前线军事斗争为中心任务，同国民党和日伪反动势力的破坏活动展开了激烈的斗争。

初进沈阳

1945 年 11 月 3 日，南方干部第一队搭乘马车从马三家子村出发，驶过白雪覆盖的广阔田野，进入苏军军管下的沈阳市内。第二天上午，父亲和叶长庚等几个带队领导，来到位于和平区三经路的东北局机关报到。东北局书记彭真和组织部部长林枫热情地接见了他们，彭真同志对父亲一行到达东北表示欢迎，他十分高兴地说，你们是延安来的第一支干部队，很及时啊，现在开展工作，正缺干部呢。彭真具体讲述了东北面临的斗争形势，交代了政策和任务。第二天，彭真同志又亲自到南下干部队的驻地看望大家，并作了关于开辟东北根据地的动员报告。

几天后，父亲被分配到东北局社会部（1945 年 9 月东北局成立社会部）工作，兼任沈阳市委锄奸委员会主任、沈阳市公安总局秘书长。东北局交给父亲的任务是：暂时带领一批（社会部）干部到沈阳市公安总局坐镇领导，尽快整顿沈阳市极度混乱的治安秩序，力求稳定社会局势。

父亲带领同志们到任当天，就投入到紧张的工作中。王鉴任市局调查科科长，黄宣文任父亲的秘书兼市局办公室负责人，程强任和平区公安分局局长，其他同志也都分配了独当一面的工作岗位。当时，摆在父亲面前的工作可谓千头万绪、纷乱繁杂。父亲一方面要迅速贯彻落实东北局的指示，打碎日伪警察机构，建立人民的公安机关，尽快整顿沈阳市极度混乱的治安秩序；另一方面，要尽快与时任东北局情报部部长邹大鹏接头，商议组建和充实东北局社会部机构，以便在东北境内积极开展对敌斗争，适应斗争形势的需要。父亲很快与两个月前来到东北的邹大鹏同志见了面，邹大鹏介绍了情报工作的开展情况，两人具体商议了尽快调配人员组建东北局社会部、锄奸保卫与情报工作的紧密结合等重大问题。由此，父亲和邹大鹏协手共事，翻开了东北公安史的第一页。

沈阳市公安总局旧址

沈阳，日伪时期曾起用清代旧称奉天，是东北地区最大的城市，“九一八”日本侵略中国的炮声就是首先从这里响起的。沈阳市公安总局原为伪满奉天警察厅，是一个庞大的日伪法西斯警察机构，共有三千余名警员。我冀东根据地部队进入沈阳市后，接管了市政府，同时接管了旧警察局机关，并于当年10月10日任命赵濯华为局长，张化东为副局长，成立了沈阳特别市公安总局，下设十一个分局，调配了解放区来的同志为骨干，但是由于数量少，只能安排在领导岗位和侦察、逮捕、审讯等关键岗位上，原日伪警察局的机构和人员仍未受到大的触动。这个日伪警察机构实质上还是被国民党控制的，许多留用的旧警察在政治上另有打算，他们充当国民党的奸细，对我接管人员阳奉阴违，伪装积极，假报情况，企图骗取信任；或者照样对人民群众作威作福，欺压残害；或者拉拢、腐蚀我方干部下水。父亲到任后的一天，一名年轻的我方总务干部来找他，要求组织另行分配工作。父亲询问后才知道，原来是一些留用的旧警察像苍蝇一样终日追逐他，并教给他贪污的办法，引诱他一起干坏事。这位干部感觉这样下去很危险，才要求调换工作。还曾有一个留用的旧警察急匆匆地跑来报告，说沈阳铁西区有一伙国民党匪徒要组织暴动，父亲派人前去捕捉时，那伙匪徒早已逃之夭夭，事后查明是这个留用警察假心向我，真心向敌，故意设的圈套。这些事情使父亲深刻地体会到：东北局第一次会议作出的摧毁伪政权，建立民主政府的决定是完全正确的。经过几天对沈阳市公安总局机构和人员情况的考察后，父亲明确表示坚决反对全盘使用旧警察的倾向，他和赵濯华、张化东等同志研究讨论后，达成共识：坚决、彻底地摧毁旧的警察机构，建立人民的公安机关。在对旧警察的处理上，区别首恶和胁从、骨干和一般，捕办少数，清洗大部，暂时留用一些交通、消防警察。同时尽快物色调配干部充实加强人民公安机关，掌握领导权。由于敌我斗争形势的急剧变化，父亲和同志们在沈阳只有短暂的二十多天时间，这些方针、政策未能完全得以实施，以后在进驻本溪、解放长春时才得以将这些经验变成了现实。

此时，沈阳的日伪残余组织“治安维持会”，国民党党棍纷纷出笼。以罗大愚为首组成国民党“东北党务专员办事处”，以李光忱为首组成国民党“辽宁省党部”，以张宝慈为首组成国民党“沈阳市党部”。他们以所谓的“正统”相标榜，一面欺骗群众，一面招降纳叛，大肆网罗伪满军官、警察、特务、恶霸、土匪、地痞流氓、会道门头子等大小汉奸和社会渣滓，到处扩张势力，组成所谓“先遣军”、“光复军”、“反共救国军”等特务组织和地下土匪武装。后来，为适应对敌斗争的需要，及时判明性质，东北地区锄奸保卫部门将这些国民党反动势力冠以“军”字的各类特务组织、土匪武装统称为“建军”。据有关资料统计，解放战争时期，东北地区“建军”武装名目杂多，共有三十七种，军长、师长、参谋长、总司令、总指挥、特派员名称的头目二百三十余名，分属国民党十八个系统。

敌人疯狂地进行反革命破坏活动。他们采取暗杀、暴动等手段，妄图与我方争夺政权。一些反革命暴徒公然在马路上、市场内、街头巷角，袭击我方单独活动的干部、战士，后来竟发展到从临街楼房往下投掷集束手榴弹，就连公安总局局长赵濯华等同志乘坐的汽车，也在行驶中被炸坏了轮胎。沈阳市内，打黑枪、投手榴弹的枪声和爆炸声，白天黑夜都可以听到。敌人狂妄地叫嚣“专杀穿灰军衣的老八路，要让共产党血流沈阳”。这种暗杀恐怖活动，使我方伤亡三四十人。

面对着极其严峻复杂的斗争形势，父亲沉着果敢地带领同志们与敌人展开了顽强的斗争。在敌我力量对比悬殊的情况下，父亲决定首先要壮大公安队伍的力量。市公安总局迅速调配人员，组建了一个公安大队（营）。同时从刚组建的工人纠察旅中，吸收一些工人骨干和政治上进步的青年学生成立了侦缉队。这两支力量在打击反革命破坏活动，稳定沈阳市社会治安的斗争中，发挥了重要作用。

沈阳市公安总局重拳出击，立即开展了整顿治安秩序的集中行动。公安大队配合苏军警备部队、工人纠察旅，采取控制市区制高点和主要街道路口，加强巡逻纠察，盘查可疑人员，严厉打击暗杀、恐怖活动等强有力的措施，先后抓获和镇压了一批反革命暴徒。在我方的迎头痛击下，敌人的嚣张气焰有所收敛。

在严厉打击暗杀恐怖活动的同时，父亲将斗争矛头指向了日伪残余势力与国民党相互勾结纠集起来的各类反动组织。公安总局在我方情报系统的密切配合下，公秘结合，很快就发现和摧毁了一批反革命暗杀、暴乱组织，初步掌握了对敌斗争的主动权。坚定机警的情报人员，深入敌人内部，贴近要害部位，及时掌握敌情动态，提供重要情报。通过情报侦察，公安机关首先发现了由伪满警察学校教官齐觉生建立的“铁血锄奸团”，他们专搞暗杀活动。接着又发现了“三青团行动委员会”，为首分子是伪满军官王书麟，他在沈阳市国民党党部书记长张宝慈的指使下，成立武装行动队，专搞暗杀暴乱活动。我方立即对这两个组织进行搜捕，抓获一批匪徒，缴获一批枪支。国民党辽宁省党部书记长李光忱，也四处拼凑人马，图谋暴乱。当他们正在召开骨干成员会议时，我方先发制敌，当场抓获了 20 多名暴徒，李光忱侥幸漏网。兵痞土匪孔宪荣，曾混进抗联队伍，不久叛变投敌。日本投降后，他收罗日伪军官、宪兵、特务等残渣余孽，得到国民党东北行营主任熊式辉的委任，建立起“反共地下军”，被我方发现后，立即派兵予以围歼。被我军收编的由一部分伪满陆军组成的保安二旅，在李光忱、罗大愚的策动下，企图武装暴乱夺取沈阳。获悉他们要召开团长以上军官会议的情报后，父亲立即派王鉴率侦缉队火速赶到现场，一举抓获参加会议的五十八名军官，缴获全部武器，制止了这次叛变阴谋。

经过几个回合的较量，沈阳市治安形势有所好转，然而这只不过是表面的平静。父亲敏锐地洞察到敌人虽然遭到了公安机关的沉重打击，但他们绝不会甘心失败的，反革命组织和大量日伪残余势力赖以生存的社会基础尚未被摧毁。种种迹象表明，在国民党军队大举向北推进，内战即将爆发的情况下，它们正在暗中勾结，频繁活动，进一步策划酝酿着更大的阴谋。父亲要求同志们保持高度警惕，严密注视敌情变化，并作了相应的工作部署。

不久，一场大规模反革命暴乱果然发生了。

1945 年 11 月 20 日夜 11 时，沈阳市和平区突然响起了密集的枪声。一千多名反革命暴徒（其中夹杂着不少日军溃散的官兵）分几路围攻公安分局。程强分局长带领几名干部和公安小分队战士，与驻在楼里的苏联宪兵班配合，迅速关紧铁门、落下铁窗，依托坚固的楼房建筑，居高临下坚决抗击，打退了暴徒们的疯狂冲击。午夜后，公安总局接到程强的电话报告。面对着这起突发事件，父亲冷静地分析了情况。他考虑从和平分局的角度看，是敌众我寡，处在敌人包围中；但从全局看，则是我强敌弱，我们有能力平暴解围。但我军远在郊区，一时难以很快调来，只能坚守待援，不能贸然出击。想到这里，父亲在电话里果断地指示程强：一定要和苏军紧密配合，坚决守住，力争击溃，千万不要出击，落入敌人圈套；一定要高度警惕，控制住内部危险分子，防止有人与敌人策应。放下电话后，父亲立即向市委报告暴乱的情况，并通知苏军司令部。他派市局警备科科长夏经典带领公安大队，马上出发支援和平分局。

程强立即传达了父亲的指示，告诉大家：市局已经派来援兵，要坚守阵地勇敢迎敌，不要惊慌、急躁。但苏军宪兵班班长却按捺不住焦躁的情绪，粗暴地命令他的宪兵班从前门出击。他们刚冲出大门，就遭到了暴徒们的机枪扫射，一个苏军宪兵当场中弹牺牲。在付出了血的代价后，苏军宪兵班班长才冷静下来。程强与那位宪兵班班长商量后，进一步严密了防御部署。同时派人将两名有内应活动嫌疑的留用警察控制起来。分局的干部、战士和苏军宪兵班连续组织了三次密集的火力射击，先后压制住了暴徒们架在分局门前的三挺机枪。失去火力支持后，暴徒们的攻势顿时减弱下来。经过半夜的激战，暴徒们看到和平分局防守严密，火力强，硬攻不进去，伤亡又多，更怕天亮后我方援军赶到，内外夹击遭到围歼，开始陆续逃散。清晨，夏经典带领公安大队赶到时，现场除了被击毙的暴徒，已荡然无敌。这天夜里，铁西、大东等几个区的公安分局也都遭到了少数暴徒的袭击骚扰，显然这是一次有计划的配合行动，无一不被我方击退。

紧挨着和平区公安分局后身的一条街道上，住着东北民主联军保卫部的一些干部。当夜，这些同志也打来电话请示怎么办，父亲指示他们：一面做好战斗准备，顶住暴徒们的袭击；一面加强隐蔽，注意不要被敌人发现；并叮嘱：援军不到，绝对不要出击。由于这是一个保密的地点，暴徒们误认为是一栋普通住宅，没有前来围攻。这些同志安然度过了险关。

在这个不眠之夜，父亲一直守在电话机旁，密切注视着事态的变化，指挥反击暴乱的战斗。第二天早晨，我方在清理和平区分局门前的现场时，抓获了几名受伤未死的暴徒。经过审讯查出了一些线索，父亲立即组织力量进行全市性搜捕，连续查抄了两个国民党的指挥机构，抓获了十几名为首的骨干成员。审讯后，我方查清了幕后真相，这起暴乱还是李光忱勾结日本关东军大佐中川成作共同策划的，他们纠集了日军溃散官兵、建军土匪和社会流氓，企图先夺取公安分局，再攻占市公安总局，然后袭击我军驻地，进而夺取全市政权。

从1945年11月3日到11月26日，在仅仅二十三天的时间里，父亲和同志们经受了接收与反接收、暴乱与反暴乱斗争的初次洗礼，在开展对敌斗争和建设公安保卫队伍方面获取了有益的经验。他们深刻地体会到，战争结束入城后，要坚决摧毁旧的警察机构，建立自己的公安机关；对反动势力必须采取坚决打击、严厉镇压的方针，才能稳定社会局势，保卫和巩固新生的红色政权。

在沈阳期间，市公安总局逮捕了两百多名罪大恶极的日伪战犯、汉奸特务、国民党特务骨干和地下建军匪首，关押在苏军监狱里。从沈阳撤退前，我方从苏军监狱里要出来一批重要犯人。对于这些案犯如何处置？当时有的同志单纯从甩掉包袱考虑，主张一律拉出去枪毙。父亲不赞成这种意见，他立足于长远斗争的考虑指出：这些人虽然是罪不容诛的案犯，但又都是一个个未被打开的大大小小的“材料库”，一本本查实其他反革命分子罪行的活字典。如果能把他们装在脑子里的材料挖出来，对于今后深入开展对敌斗争还是大有用场的。这也是一笔反面的财富，千万不能浪费。对这些犯人还是要深入审讯，然后再分别予以处理。父亲具有远见的一席话，说得大家心悦诚服。于是这批重要案犯被押解到了东北根据地的大后方佳木斯。

转移本溪

1945 年 11 月中旬，国民党军队攻占山海关，继而夺取锦州后，沿着北宁铁路线向沈阳进犯。11 月 20 日后，党中央连续发出指示，要求东北局“速从城市及铁路沿线退出，让开大路，占领两厢”。12 月 28 日，党中央发出了“建立巩固东北根据地”的指示。11 月底，父亲率队随东北局一起由沈阳转移到了本溪。

本溪是一座群山环绕，一水中流，宝藏丰富，工厂林立的煤炭钢铁（简称“煤铁”）城市。当时全市十二万人口中，煤铁工人和技术人员就有七万多人。在工人中，有一些是被俘的八路军战士和从关内抓来的群众，日本侵略者称他们为“特殊工人”。日本投降后，“特殊工人”中的共产党员立即建立党支部，组织“特殊工人”砸开了日本军用仓库，继而又缴了伪满铁路警察、日本守备队和市警察大队的枪支，组成了一千多人的工人武装。他们保护工厂，维护治安，同国民党党部和日伪残余组织“维持会”进行斗争。9 月 18 日，我军进驻本溪，11 月成立了公安机关，但干部少、力量弱。根据接管沈阳警察厅的经验，父亲即派赵濯华担任本溪市公安局局长。本溪市公安局以关内来的老干部为骨干，并吸收了一部分思想进步的青年学生和工人，特别是从“特殊工人”中挑选了一百多人调进公安大队，进一步充实和加强了力量。

11 月下旬，东北局社会部完成了组建工作，由父亲和邹大鹏共同负责。随后，东北局决定父亲担任社会部部长，邹大鹏为第二部长。

邹大鹏是辽宁省辽阳县人，1926年加入党组织，历任晋绥军区情报处处长、胶东区委联络部部长、东北局情报部部长、东北局社会部第二部长、长春市市长。新中国成立后，任中央军委联络部部长、政务院情报总署署长、中央调查部副部长，在“文革”中惨遭康生诬陷迫害不幸去世。父亲曾深情地回忆说：“1945年11月至1948年秋，我和邹大鹏同志一起在东北局社会部工作。我主管公安（锄奸保卫）工作，邹大鹏同志主管蒋占区情报工作。我认为邹大鹏同志领导的情报工作是有成绩的，对东北的解放事业是有贡献的。”

邹大鹏

东北局社会部是以从关内来的锄奸保卫干部和从其他部门新调入的老干部为主要基础，同时选拔一批从事情报工作的优秀骨干，组建并逐步健全和充实起来的。在此期间，父亲觉察到撤离沈阳在少数干部中产生了一些思想波动，暴露出了留恋大城市生活、厌倦做群众工作的消极埋怨情绪。父亲深感在严峻的斗争形势下，首先要提高干部队伍的思想认识，增强必胜的信念。他和邹大鹏一起组织全体干部认真学习，深刻领会党中央“让开中间，站立两厢”的指示精神，父亲在讨论中指出，国民党在东北不会长久，不要看敌人来势汹汹，但是因为国民党腐败无能，没有群众基础，他们的倒行逆施只会葬送他们自己。对国民党抱有“正统观念”错误认识的人，他们的幻想很快就会破灭。父亲这些充满必胜信心的话，使大家坚定了信念，增强了克服困难的勇气。通过这次学习，全体同志提高了对东北斗争形势的认识，决心迎难而上，贯彻落实党中央建立东北根据地的战略决策，努力开拓工作局面。

父亲召集同志们全面分析敌我双方的斗争态势，针对社会部的工作状况，周密研究了下一步工作。鉴于东北局社会部刚刚组建，与各地区锄奸保卫机构还没有全面建立联系，一切尚处于初创阶段。父亲决定从这个实际情况出发，贯彻落实东北局的指示精神，采取就地开展斗争与着手积累斗争经验相结合的工作方针。要通过斗争实践，熟悉了解东北地区的敌情社情，积累斗争经验，培养锻炼干部，为指导和全面推动锄奸保卫工作做好准备。这种工作状态，一直持续到东北局社会部由长春转移至哈尔滨为止。

国民党军队进占沈阳后，公开和隐蔽的敌人气焰嚣张，活动更为猖狂。李光忱、罗大愚派出爪牙，窜到本溪组建国民党党部，建立地下土匪武装；日本法西斯分子也蠢蠢欲动，妄图组织暴乱。根据对敌斗争形势的需要，父亲决定召开会议统一思想，明确要求，部署工作。12 月 12 日，东北局社会部在本溪市公安局召开了锄奸保卫工作联席会议，父亲在会议讲话中透彻地分析了斗争形势，明确提出了工作任务。据历史资料记载，这是东北地区召开的第一次锄奸保卫工作会议，东北民主联军保卫部、辽宁省委、本溪市委锄奸保卫等部门负责人参加了会议。这次会议作出《关于本溪市目前锄奸保卫工作决定》，明确城市锄奸保卫工作的任务是：保卫和巩固新生的人民民主政权；中心工作是清查日伪战犯、汉奸、国民党特务，发动群众进行锄奸反霸斗争。要求加强公安组织建设，整顿社会治安，建立新的革命秩序。提出要贯彻群众路线与专门工作相结合的公安工作方针，要执行“少杀”和“首恶必办”的原则，只杀少数罪大恶极、不杀不足以平民愤的汉奸、特务。这是父亲和同志们根据东北局指示精神和两个多月来的斗争实践，初次提出的指导工作的依据。也是当时东北城市锄奸保卫工作的基本方针。

为了落实这次会议精神，东北局社会部决定具体指导和协助本溪市和海龙县（梅河口）公安局，充分依靠群众，从侦察调查入手，坚决打击日伪残余和国民党的破坏活动。

针对国民党本溪县党部书记长苗可沛大肆扩充组织，网罗日伪军官、警察、特务、把头，积极拼凑人马枪支，建立地下建军武装，叫嚣"消灭八路军、强化国民党、迎接中央军"的猖狂活动，父亲和同志们分析研究了本溪国民党组织的活动和成员情况，决定采取"上打下化"的斗争策略，坚决打击国民党地下建军武装的反革命活动。"上打"就是逮捕县党部的骨干、建军匪首和隐藏在其中的日伪汉奸，摧毁他们的指挥系统。"下化"就是分化下层，利用动摇者，教育争取受国民党反动派欺骗宣传而失足的青年学生，包括一些教师和职员，瓦解敌人赖以活动的社会基础。

本溪市公安局组织力量彻底查抄了国民党本溪县党部，逮捕了以苗可沛为首的十余名反革命骨干分子，查获了全部党员名单和档案材料。对于那些受"正统观念"支配的青年学生和一般成员，一律教育释放，不予查处。经过教育分化，很多青年学生幡然悔悟，纷纷参加了我方的工作，有力地瓦解了国民党本溪党部的组织系统，这个"摊子"从此灰飞烟灭。在此期间，公安机关又连续破获了反共地下先遣军、光复军、暗杀团等案件十余起，缴获一批枪支弹药，彻底摧毁了地下建军武装的组织体系，使国民党在本溪未能组织起一次反革命暴乱。

本溪市是日本人聚居时间久、人数较多、情况复杂的城市。这个群体中既有日伪军政要员、工商企业老板、警察官吏、技术人员，也有一般的市民和工人。日本战败后，又从沈阳、丹东、通化等地逃来一些残兵败将，总数有六七千人。由于日本军国主义长期的法西斯教育和熏陶，很多人不甘心战败。他们是国民党反动派急欲勾结利用的对象，先前沈阳和平区发生的反革命暴乱就夹杂着不少日军的溃散官兵。因此，掌握日寇残余势力的情况和动向，是我方对敌斗争必须重视的一个方面。

东北局社会部一进入本溪，父亲就派薛焰同志协助本溪市公安局开展了调查研究工作，尽快将这方面情况和动向掌握起来，以便主动发现和及时扑灭日本法西斯的余烬。经过调查，发现在日本人上中层群体中，弥漫着拥蒋反共的阴风浊浪，他们暗地里酝酿成立所谓“自卫自立组织”，妄图借此建立武装，与国民党反动派勾结，借尸还魂，东山再起。而大多数生活在下层的日本人中间，气氛却截然不同，他们更担忧的是自己的生计和安全问题，期盼着局势的和平、生活的安定和尽早回国。

上述情况表明日本人群体并不是铁板一块，他们是可以分化的，对待这个群体同样要坚持区别对待的政策。父亲决定采取“打击孤立上层、分化中层、争取下层”的方针。首先从安定日本人生活和稳定其情绪入手，开展争取下层日本人的工作。在“日本反战大同盟”几位盟员的配合下，本溪市公安局在日本侨民中进行了深入的政策宣传，引导他们成立大众生产合作社、难民救济委员会等组织，对少数流离失所和确无能力维持生活的人员给予适当补助和救济，并采取措施保护他们的生命财产安全。

我方的这些措施很快就取得了成效，日本人群体内部开始发生分化，一些日本人揭发了战犯、汉奸的活动情况。其中有一位贫苦的日本年轻姑娘，在我方政策的感召下，主动向公安机关侦察员反映了一个日本法西斯分子阴谋组织暴乱，恐吓威逼其叔父参加的重大情况。本溪市公安局马上报告东北局社会部，父亲听取汇报后，认为这个姑娘和她的叔父都是日本下层人民，要进一步争取和巩固他们思想上的进步，相机加以掌握，关键是要做好她叔父的思想教育工作，使他服从我们的指挥。经过研究，我方采取了“顺藤摸瓜”的方法进行侦察，由“日本反战大同盟”的盟员和这个日本姑娘，做好她叔父的思想教育工作，促其叔父打入阴谋组织内部进行侦察，很快就查明案情，拿到了证据材料。这个阴谋组织叫“血樱团”，团长是一个叫石井修三的原日本关东军少将。在国民党“地下工作团”的指使策划下，他纠集一批溃散的日本军官，建立了庞大的组织，并在沈阳、辽阳设立了分团，具体任务是调查我军的全面情况和为我军做事的日本人的情况，预谋 1946 年 1 月 8 日组织武装暴乱，配合“中央军”抢占本溪，妄图达到使日本侵略者“重返满洲”、再振“大东亚共荣圈”的目的。1 月 6 日夜，本溪市公安局将正在策划暴乱的以石井修三为首的三十八名骨干分子，一网打尽。并缴获他们的枪支和活动经费，提前粉碎了这次反革命暴乱阴谋。

与此同时，本溪市公安局在一些下层日本人的协助下，通过各种渠道，发现和搜捕隐藏在日本人中间的战犯和特务，先后抓获了三十多人。应广大群众的强烈要求，本溪市公安局召开全市公审大会，当场处决了罪行累累的本溪市日本宪兵队中佐队长岳村茂和石田、彦崎，以及被称为“庄阎王”、“郑剥皮”的汉奸。这是公安机关在东北地区召开的第一个公审大会，当时会场人山人海，群情振奋，掌声惊天动地，很多群众当场控诉了日伪战犯和汉奸的滔天罪行，“拥护中国共产党”、“一定要让日本法西斯偿还血债”的口号声此起彼伏，响彻云霄。通过这次公审大会，许多工人和市民开始看到在对待日伪罪犯的问题上，共产党与国民党本质的不同。许多群众主动接近公安机关，积极提供各种敌特活动的线索。

东北局社会部撤离后，本溪市公安局又在“反战大同盟”和进步日籍人员的协助下，连续破获了与国民党特务勾结，密谋暴乱的

“大和团”“日乃丸”“中日便衣统帅部”等日本法西斯组织。从而有力地打击了蒋日合流的疯狂气焰。

粉碎通化暴乱

1946年2月初，东北局社会部由本溪经抚顺转移到吉林海龙县（现称为梅河口市），指导海龙县公安局拔掉了当地的国民党县党部，搜捕了一批汉奸特务，公审处决了一个外号叫“丁豆鼠子”的日伪警察署署长。正在这时，一场更大的反革命暴乱悄然袭来。2月3日（农历除夕）晚上，通化发生一起蒋日伪合流的大规模反革命暴乱。这是一次十分严重的反革命暴乱，有日本关东军残余和被裹挟的日本人共三千八百多人参加，我方个别单位和公安机关遭到袭击，造成一些人员伤亡。

1946年汪金祥在东北

父亲获悉通化暴乱情况后立即报告东北局，并派干部科科长薛焰带领一些同志赶赴通化协助处理。临行前，父亲嘱咐薛焰一定要在当地党委领导下，协同公安机关迅即清理案犯，查明其中底细，一定要认真执行党的政策，打准、打稳、打狠。凡是主谋、首恶、要犯，一定要捉拿归案，从严惩处；凡是被裹挟参加的一般日本人，一定要经过训诫从宽处理。打击目标要集中，做到不枉不纵。紧接着，父亲又决定将捕获的暴乱主犯押解到海龙，亲自带领高宇民等同志进行审讯，尽快查清这起暴乱的内幕。

经查明，这起暴乱又是国民党辽宁省党部书记长李光忱，在国民党东北行营主任熊式辉的指使下一手策划的。李光忱于 1945 年 11 月派遣日本特务近藤和阿部，携带活动经费二十万元，到通化联络国民党县党部书记长、原伪满王道书院院长孙耕晓，同原日本关东军一二五师团参谋长藤田实彦勾结在一起，密谋策划。李光忱委任孙耕晓为国民党暂编东边道地区军政委员会主任，任命藤田实彦为这个委员会的军事部部长，并许诺暴乱成功后，再给藤田实彦一千万元巨款，以资奖励。他们组成三个暴乱指挥部，把所有溃散在通化的日军骨干全部发展为国民党员，命令所有日本人“不分男女，一律参加，不得违令不前”，还秘密联络通化市外的一股国民党土匪武装和混入我军政机关内部的奸细，作为暴乱的内应。

他们在暴乱实施计划中规定了暴乱的日期、主攻目标、兵力部署和武器装备，并规定当晚电灯两明两暗为发起市内暴乱的信号，由佐藤、寺田、小林、中山等原关东军军官带队分别占领市党政机关及炮校、航校、电业、电话和广播电台等七处要害部位。

正当敌人暗地里加紧进行暴乱部署时，一个被胁迫参加的青年学生向公安机关揭发了他们的暴乱阴谋，并提供了孙耕晓、藤田实彦的活动地点。2 月 2 日，一个隐藏在我通化县大队的奸细害怕身败名裂，坦白自首，交代了暴乱预谋。我方也在通化航校、炮校等单位发现了异常情况，留用的日军飞行员已上了飞机、坦克驾驶员正在往坦克里灌油，大炮前也有人在忙碌着，形势极为严重。在这千钧一发的时刻，通化地委书记吴溉之立即召开紧急会议，决定马上催调援军，整顿内部，动员一切力量做好战斗部署。会后，军分区参谋长茹夫一立即带兵逮捕了孙耕晓、藤田实彦等几十名匪首和骨干成员，搜获了暴乱的命令、计划、印信、名册等全部罪证。与此同时，我方迅速清理内部，加强了要害部位的保卫力量，严密控制留用的日军人员，并封存了飞机、坦克、大炮等重型武器。但由于事出仓促，时间紧迫，还来不及彻底摧毁其指挥系统和组织网络，加上防范措施存在疏漏，以致次日凌晨四时电灯仍然两明两暗，反革命暴乱还是发生了。我方干部、战士沉着应战，以一当十，奋勇还击，有力地击退了敌人对通化军分区、通化行政公署、市公安局、市电报电话局、红十字医院等重点、要害单位的疯狂进攻，其中市公安局的战斗尤为激烈，暴徒们虽然占据了两层楼房，但在我公安战士的顽强阻击下，死伤累累，始终未能冲上三层。次日拂晓，我军增援部队红光支队赶到，枪声大作、杀声震天，坚守在机关里的战士们跃身冲出阵地，发起勇猛的攻击，内外夹击，势不可当，猖狂一时的匪徒顷刻瓦解，纷纷抱头鼠窜，在大楼下、山坡下、马路上留下大量的尸体。战斗不到两小时，毙敌五百余人，俘敌近三千人，缴获了一批枪支、弹药，取得了平息暴乱的彻底胜利。

为了充分利用这次平息暴乱宣传党的对敌斗争政策，震慑和分化敌人，根据党中央和东北局的指示，东北局社会部马上进行了工作部署，配合通化地区党委、政府打好这场政治仗。2 月 17 日，通化民主政府在行政公署前的广场，隆重召开了全市庆祝反暴乱胜利大会，声讨国民党反动派与日伪残余勾结发动暴乱的罪行。2 月 19 日又召开释放大会，向经过感化教育已坦白认罪的一般暴徒进一步宣传党的宽大政策，指明今后的出路。这些人极受感动，表示今后一定要走日中友好的道路，绝不再与中国人民为敌。2 月 20 日，通化民主政府按照“首恶必办”的政策，将佐藤、阿部元、柴田等十余名主犯（藤田已在狱中病死，孙耕晓也在暴动当夜被处决）押赴市内丁字大街公审，展出他们的全部罪证，揭露他们的暴乱罪行后，将他们依法处决，并惩处了其他重要罪犯。

新华社于 3 月 9 日在《解放日报》上刊发了专题报道，揭露蒋介石集团勾结日伪残余势力策划发动通化暴动的罪恶活动。全国各民主党派、爱国团体纷纷抗议。当军调小组到通化后，我方代表依据大量的证据进行了控诉和质问，搞得美蒋代表窘状毕露，狼狈不堪。敌人在政治上陷入了极其被动的局面。

这次反击暴乱斗争的胜利，严厉打击了蒋日勾结的阴谋，分化了敌人，教育发动了广大群众，提高了共产党的威信，为巩固通化根据地确保连接南北满战略枢纽的安全奠定了基石。

据有关资料统计，除“通化反革命暴乱案件”外，东北各地公安机关还先后平息了沈阳“反革命暴乱案”、牡丹江“五一五暴动案”、鞍山“邓国庆反动武装暴乱案”、兴安省“纳文慕仁及通辽县暴动案”、安东省“三股流暴乱案”等重大案件，共计四十余起，抓获一大批重要案犯。此外，还有三十余起预谋暴乱的案件被公安机关及时侦破。

北上长春

1946年3月下旬，国民党军队继续进犯南满各地重要城市，东北局社会部奉命从海龙县出发，经磐石县到吉林市作短暂停留，等待我军解放长春市。此时，父亲已兼任东北民主联军保卫部部长，他与副部长佟磊商议，决定利用国民党特派员漫天飞、真假难辨的空隙，派遣侦察员尚钦凯化装为蒋经国的"特派员"，接近当地政治背景复杂的日本留学生王家兴兄弟，获取了国民党吉林省先遣军的重要线索。父亲抓住战机循踪追击，派尚钦凯随攻城部队先期潜入长春，抓获了藏匿在城中的国民党吉林省先遣军少将联络官李树林。根据李树林的交代，我方一举捕获建军头目和特务骨干八十多名，彻底摧毁了这支分布在长春、吉林市和九台、敦化、蛟河等县的反革命地下军武装，查获吉林省国民党党部系统的全部名单及各种委任状，还缴获了一百多匹日本军马和数百箱药品。

4月18日，我军攻克长春后，根据东北局的指示，社会部兵分两路，一路由父亲和邹大鹏率领随东北局一起进驻长春，另一路由部分情报和行政后勤人员组成，北上双城待命。父亲兼任长春市公安总局局长，带领王鉴、黄宣文、薛焰、程强等社会部的同志和来自其他地区的一些同志，共计三十余人，于4月23日进驻原国民党警察局后，立即开始了接管城市后的紧张战斗。

长春（旧称"宽城子"）位于东北平原的中心，是中长铁路的枢纽，联结南北满地区的咽喉。日本侵占东北以后，将长春定为伪满洲国首都，称新京特别市，日本关东军本部就驻扎在这里，伪满皇帝溥仪及其傀儡政府也设在这里。日伪反动势力在长春有广泛而深厚的政治力量和社会基础。日本侵略者宣布投降后，许多日伪大战犯、大汉奸未来得及逃跑，都销声匿迹隐藏在市内，妄图借国民党的军事力量东山再起。国民党特务为配合军事进攻，纷纷纠合日伪军残余，利用反动封建会道门，收编地主、土匪武装，大肆组建各式各样的地下武装。国民党东北事务办事处主任委员罗大愚、石坚等人秘密来到长春，在吉林、四平、哈尔滨、佳木斯、齐齐哈尔等大中城市及周边各县，建立"党务专员办事处"和国民党党部，发展组织，进行各种破坏活动。

面对一个旧警察机构、十分严峻的敌情和极度混乱的治安局面，父亲和同志们首先运用在沈阳、本溪的经验，立即对日伪警察机构进行了清理改造。我方对其中少数罪恶重大、继续为非作歹的人员，坚决进行镇压；对旧警察局的交通、消防警察和技术人员经过整顿教育后加以留用，恢复和建立了交通秩序管理、消防工作。

为了应对复杂的敌情，解决公安民警数量不足的困难，父亲从实际出发，决定在熟悉长春市情况、思想进步的青年学生中选拔一批新鲜血液。长春市公安机关从学校和社会上，经过考察了解和谈话教育，挑选了四十多名青年，经过短期培训后，充实到公安队伍。这些青年在老同志的带领下发挥了很大作用，经过实际斗争的锻炼，后来都成为了公安战线的骨干。

当时长春市社会治安严重混乱，经常发生坏人捣乱、闹事和抢劫案（事）件，一些敌伪物资被抢、被盗。国民党党徒勾结伪满残余势力，趁抗战胜利后市政管理失控的空当，私开了不少妓院、舞厅，几十万人口的城市竟有四五十家妓院、舞厅。一个当了中统特务的日本留学生，还廉价雇用一些生活陷入困境的日本年轻妇女从事卖淫活动。日蒋特务就在这些灯红酒绿的场所中进行联络接头、搜集情报和传播谣言的反革命活动。

整顿社会治安、稳定社会秩序是长春市公安机关的紧迫任务。父亲决定由张化东副局长负责，协同市卫戍司令部组建了一支有三个连兵力的纠察队，昼夜巡逻，严厉打击盗窃、抢劫犯罪分子，收容散兵游勇。同时严格禁止军政人员随便开枪，防范敌特分子趁机制造混乱。市公安总局所属各分局也相继组建了公安队，整顿维护社会治安，打击处理盗匪和捣乱的破坏分子，从而维护了全市的社会秩序稳定，保卫了东北局、市民主政府等首脑要害部位的安全。长春市公安总局发布公告，明令收缴枪支弹药及一切敌伪物资；解散妓院、舞厅，关闭大烟馆。通过大力整顿社会治安，公安机关挖出了八名潜伏在妓院和烟馆的日伪特务、国民党骨干成员，还抓获了近百名各类违法犯罪人员。

在整顿社会治安秩序的同时，长春市公安总局组织力量深入工厂、企业、学校，广泛发动群众揭发控诉敌特汉奸的罪行。在掌握大量证据材料的基础上，在父亲的部署和指挥下，由王鉴和薛焰分别带队，迅即开展了搜捕战犯、汉奸的集中行动。在短短几天内，公安机关就逮捕了二百多名重大战犯和汉奸，其中简任官（少将）以上的要犯就有六十多名。公安机关对三名罪大恶极的首要分子予以公审处决，其余的罪犯都被押送到哈尔滨，转往大后方佳木斯关押。

在搜捕行动中，我方还起获了日本关东军特务机关、伪满首都日本宪兵队和警察厅特高科、军法处档案三十余箱。这批敌伪档案，为锄奸保卫斗争提供了重要的材料依据。有一对夫妇，由中央社会部派到长春做地下工作，不久就向日本宪兵队自首叛变，并接受任务潜回延安。我方获得他们的档案后，立即报告中央社会部，随后又将档案转去，进一步证实他们的叛变问题，消除了隐藏在内部的隐患。

长春市公安总局旧址

撤离长春

1946年5月18日，国民党军队占领四平后，迅速进逼长春，四天后，敌军先头部队已迫近长春郊区。东北局作出“让出长春，实行北撤”的决定后，父亲连夜召开紧急会议，传达了这一决定，部署了北撤方案和开展隐蔽斗争的工作。他要求公安机关的同志们坚守岗位，严防敌特借机捣乱破坏，在市内各机关单位撤出后再撤离。5月23日早上，东北局机关和东北民主联军部队开始渐次、有序地撤出长春市区。夜色降临后，各公安分局的撤退人员按照规定时间，陆续到火车站集合。当晚10时，父亲率领东北局社会部、市公安总局机关三十余名干部、战士押解六名敌特最后到达车站，于次日凌晨搭乘火车撤离长春。

在向北缓慢行驶的火车上，除担任看押犯人、负责警戒值班的干部、战士外，一直处于紧张忙碌状态的同志们随着车厢晃动，渐渐合上疲惫的眼睛，进入梦乡。重任在肩的父亲没有丝毫睡意，在巡视车厢后，披着大衣静静地靠在座椅上。他的思绪进入了对转战东北近半年来的工作回顾之中，通过接管沈阳、本溪和长春等城市，通过指挥平息反革命暴乱、搜捕战犯汉奸、破获地下建军案件一系列的战斗，基本掌握了东北地区敌我斗争形势和特点，初步摸索出一些成功的经验和做法，但也遇到了一些需要高度关注、认真探索的新情况、新问题。父亲不由得想起在整顿长春社会治安工作中，公安机关虽对妓院、舞厅和大烟馆采取了监控、限令停业等硬性管理措施，但事后了解，这些措施只收到了一些浅表性和暂时性的效果，并没有从根本上解决问题。妓院被查封关闭后，一些妓女流散到社会上，由于没有出路，很快又重操旧业，由原来的集体卖淫转为个体卖淫，更不利于治安管理。对于这些社会复杂场所、阴暗角落的管理，无论是从对敌斗争还是从社会治安管理的角度看，都是不容忽视的重要方面。显然再继续沿用在江西苏区、延安曾屡屡见效的做法和手段，已不能适应新的斗争环境和工作条件。父亲开始深入思索人民政权接管大中城市后，公安机关如何整顿社会秩序，加强治安管理，消除丑恶现象的问题。

锄奸保卫的新阶段

哈尔滨位于松花江北岸，背靠广阔富饶的松嫩平原，东北境内两条铁路干线——中长线、中东线在此交汇，形成了出入北满、东满和通往苏联的重要门户，战略位置十分重要。父亲带队经德惠到双城，与另一部分同志会合后，北上过松花江，于1946年6月2日到达哈尔滨。在此之前，陈龙叔叔已经带领一批干部长途跋涉，先期到达哈尔滨。陈龙叔叔任中共北满分局社会部部长、吉黑军区保卫部部长。不久，东北局为了加强社会部的领导力量，调陈龙叔叔任社会部副部长，邹大鹏同志仍为第二部长。自延安分别，时隔不到一年时间，父亲和陈龙这对老战友再次搭档，共同开创东北公安保卫工作的新局面。

8 月 6 日，东北各省代表联席会议在哈尔滨市召开，成立了东北行政联合办事处，后改为东北行政委员会。9 月 3 日，作为东北行政委员会直属机构的东北公安总处成立，父亲任处长，陈龙任副处长（后又任命邹大鹏为公安总处副处长）。东北公安总处与东北局社会部，实际上是“两个牌子、一套人马”。

当时，东北解放区各地都建立了锄奸保卫机构，但组织形式各异，名称也不统一。省一级机构，有的叫公安处，有的叫公安局，有的叫公安厅。在激烈、尖锐的斗争环境下，各个地区相互分割、各自为战，难以实现集中、统一的领导。父亲感到这种状况不能适应对敌斗争形势的需要，必须尽快扭转。他和同志们研究后，决定东北局社会部一方面派出精干人员分赴东、西、北满各根据地了解情况，帮助工作；另一方面，要在总结过去工作、交流情况的基础上，抓紧研究起草《东北各级公安机关组织暂行条例》（以下简称《条例》），明确公安机关的性质、任务、组织、纪律作风等问题。9 月 16 日，东北行政委员会批准并颁布了《条例》，要求各地区贯彻执行。这个条例认真吸取历史的经验教训，明确规定：“各级公安机关为各该级政府的组成部分，受政府直接领导，不是超越政府的独立系统”，各级公安机关为锄奸、治安之执法机关。并规定：“省设公安处（后改为公安厅），专署设公安处，市、县设公安局，区设公安助理。”9 月 19 日，东北社会部再次报请东北行政委员会，发出了《对建立改造公安机关的指示》，要求：“各地凡与《条例》相抵触的各种各样性质的公安机关及组织形式，一律取消，以求统一；对原有公安局人员加以审查，宁缺毋滥。”

在此期间，东北公安总处还报请东北行政委员会批准，在东北铁路管理总局设立公安处，任命严佑民为处长。铁路管理分局设立公安分处。通过这些有力措施，东北解放区各地和铁路公安机关的组织设置逐步健全起来，自上而下的领导关系得到了加强。

根据东北局的指示，东北社会部领导进行了分工，父亲负责全面领导锄奸保卫工作，邹大鹏负责敌区情报工作，陈龙负责哈尔滨的治安（锄奸保卫）工作。

此时，东北局社会部的干部战士已经充实到一百多人，组建了情报、治安（侦察）、秘书、政策指导等业务科室，分别由陈钟、王鉴、黄宣文、薛焰等同志负责。东北局社会部机关分别在哈尔滨市大直街21号和邮政街131号（原北满分局社会部办公地址）两处办公，并配置了电台与各地区社会部联系。这标志着东北局社会部由就地开展工作、摸索经验，转向全面领导东北地区的锄奸保卫工作。随着东北公安总处的建立，东北地区公安保卫工作进入了新的阶段。

剿匪歼特出重拳

哈尔滨是全国解放最早的大城市，东北根据地的政治、经济、文化中心，也是国民党土匪特务活动集中的地方，一些国民党建军指挥机构和匪首大都潜伏在这里。为了配合国民党军队攻取哈尔滨，实现里应外合，进而占领北满地区，他们纷纷指挥散布在北满、东满、西满各地的土匪特务组织穷凶极恶地进行暗杀、破坏活动。东北抗日民主联军著名将领李兆麟就是在哈尔滨被军统特务杀害的。

当时的哈尔滨已经成为敌我斗争关注的焦点。

面对极其严峻、复杂的形势，父亲和同志们分析研究敌情后，审时度势地提出了斗争方针和策略：要集中打击日特、战犯、汉奸和土匪、恶霸。对蒋日伪合流的地下建军，采取“军事进剿和侦察破案紧密结合”的方针，对于已经暴动的，以部队清剿为主，公安机关予以配合；对于尚未暴动的，以公安机关侦破和公安武装清剿为主，部队予以配合。

东北局社会部在领导全区锄奸保卫工作中，确定以哈尔滨为重点，同时调整了哈尔滨市公安总局主要领导，由陈龙副部长兼任哈尔滨市委社会部部长、市公安总局局长，注意摸索和积累经验，用于指导和带动各地的工作。父亲决定从东北社会部抽调一批干部，充实加强哈尔滨市公安总局的骨干力量。

在东北局社会部进驻哈尔滨之前，北满分局社会部、哈尔滨市公安总局已给予建军土匪严厉的打击，消灭建军土匪四十余股，抓获国民党中央先遣军第五战区总指挥曹兴武、军长白久泰等三十余名骨干分子。此后又在陈龙叔叔具体指挥部署下，发现了伪满汉奸姜鹏飞、日本特务李明信组织的庞大土匪武装策划暴乱，配合国民党军队进攻的阴谋活动。姜鹏飞原系伪满第七军管区少将参谋长，1940 年被派到华北任伪绥靖司令部部副、唐山行营主任和冀东特别区行政长官等职，曾屡次指挥对冀东抗日根据地的大扫荡。日寇投降后，他又勾结国民党，接受杜聿明的指令，担当“扰乱后方，占领哈尔滨”的任务。姜鹏飞潜入哈尔滨后，任新编第二十七军军长，并制定了“接受东北要纲”，收编日伪残部和土匪，号称组成十六个师，还搜罗了三千多名日寇残军。姜鹏飞急欲在我内部扩大力量，企图策反我军后勤部干部。这名干部立即报告了上级组织。父亲和陈龙叔叔研究后，决定将计就计，乘机打入敌人内部进行侦察，从而摸清了敌人的组织情况，查明了姜鹏飞的活动内幕和举行暴动的时间。正当匪首姜鹏飞“调兵遣将”，在哈尔滨周围部署兵力，配合国民党军队进攻之际，哈尔滨市公安机关提前于8月26日将他们一网打尽，彻底摧毁了这个建军土匪最大的指挥机构。

破案后获悉，日本特务李明信，在日本投降后又当上军统特务，被委任为“东北复兴救国军”少将军事委员。他潜入哈尔滨，以“活佛”降世为名，欺骗并组织三千余名匪徒准备发动暴乱时，被我军和公安武装全歼。随后，哈尔滨市公安机关乘胜追击，一举破获了东北救国军第六路军案件，逮捕了军长崔大刚、副官长倪信生等罪犯五十三名。姜鹏飞在北满地区收编的各股土匪，在我军和公安部队的追剿下，也在当年冬天陆续被歼灭。肃特剿匪斗争有力地配合东北民主联军三下江南，四保临江战斗的胜利，保卫了北满根据地。

东北局对破获这起案件的重大胜利非常重视，彭真、陈云等领导同志亲自到哈尔滨市公安总局祝贺。中央社会部也通电嘉奖，评价破获这一系列案件“给了蒋日特务机关以重大打击，有力地揭露了国民党勾结敌伪反对人民的罪行，对争取东北自卫战争的胜利，巩固东北解放区的建设，教育东北人民群众，起了重大作用”。

在此期间，东北解放区各地公安机关集中力量，加强了对建军案件的侦破工作。据有关资料记载，到沈阳解放前，公安机关共破获国民党地下建军案件六百三十多起，捕获匪首和骨干六千八百多名。各地公安部队直接出动剿匪一百七十多次，歼灭地下武装土匪二万一千四百多名，收降土匪两千多名，缴获各种枪支两万多支，基本上消灭了全境的建军土匪。

在我方的严厉打击下，国民党特务机关调整强化领导机构，国防部保密局（军统）、国防部二厅等系统，在沈阳、长春先后设立沈阳、长春站和督导室，整顿各特务组织，改变了破坏活动方式，加强了情报派遣活动。他们向哈尔滨、牡丹江、佳木斯、北安等城市连续派遣特务，搜集情报，妄图配合国民党军队对解放区的进攻。

东北局于1946年10月10日发出了《关于锄奸工作的指示》，这一指示分析了敌我斗争形势，提出了斗争任务。明确指出：美蒋特务经我打击，改变了组织形式和活动方式，我们决不可以轻视和低估他们破坏活动和客观社会基础的严重性。要求“各级党委必须加强对保卫工作的领导，健全各级保卫机关本身系统的经常工作”。

为了贯彻落实东北局《关于锄奸保卫工作的指示》，父亲决定召开东北各省市社会部长、公安处长会议（史称第一次锄奸保卫工作会议）。会前，彭真同志亲自到东北局社会部听取汇报，对当时的对敌斗争形势作出了十分精辟的分析，指出了锄奸保卫工作的重点和任务。

经过周密的筹备，会议于1947年1月10日至20日在哈尔滨召开。父亲在会上作了《关于东北反奸斗争与当前任务》的报告，明确指出：敌人的活动已由公开转向秘密，由暴露转向隐蔽，由地上转入地下，由农村转向城市。针对敌情的这个新变化，父亲提出要重点加强大中城市、铁路沿线的公安保卫工作和加强隐蔽斗争的方针。他强调指出：公安保卫工作，必须在党委统一领导下，实行专门工作与群众路线相结合，公开管理与秘密侦察相结合的原则。工作上要系统开展敌情调查，清理敌伪档案，挖

1947年夏，汪金祥（右）与陈龙在哈尔滨

掘敌情线索，建立起秘密侦察耳目。父亲的报告中对公安队伍的正规化建设提出了明确要求，要求各地加强组织建设、业务建设、制度建设，使各项工作步入规范化的轨道。从这次会议后，东北局社会部与各省市建立了紧密联系，开始实行统一集中的领导。

陈龙叔叔也在会上作了《关于加强侦察工作问题》的报告。他针对一些干部缺乏在大中城市同隐蔽敌人斗争的经验，工作上往往出现露头就抓、零敲碎打、以审代侦、打不中敌人要害的实际情况，详尽地阐述了长期内线侦察的重要意义和作用，强调了侦察工作需要把握的具体原则。

这次会议进一步推动了东北公安战线的对敌斗争，以大中城市和铁路沿线为重点，向纵深开展，查获一批潜伏电台，清除了我内部的反革命分子，有力地打击了敌人的破坏阴谋，保卫了东北解放区人民政权。据不完全统计，到辽沈战役前夕，各地公安机关共摧毁县以上反动党团组织一百九十多个，捕获党团骨干分子两千多名，破获间谍特务案件三百多起，捕获派遣、潜伏特务一千六百多名。哈尔滨市公安总局破获潜伏特务组织八十二个，如军统特务头子戴笠派遣到哈尔滨的滨江组及其在大连、吉林、齐齐哈尔、牡丹江的分组，保密局北满站的“哈一组”、“哈二组”、“哈三组”，国防部二厅长春站派遣的“二五一组”，等等。东北局副书记、东北民主联军政委罗荣桓赞扬说：“这是带有战略意义的胜利。”

1947 年 7 月，齐齐哈尔市公安局破获一起外籍宗教人员与美蒋勾结的天主教总教堂案件，逮捕了主教胡干普、事务主任博施德、神父魏佑民、修道院院长陆化行等主要罪犯十四名，搜出电台、美制雷管、手枪、子弹、情报底稿，禁止教徒参加土改、参加解放军的通令等罪证。这是东北解放区侦破的第一起披着宗教外衣进行间谍活动的案件。父亲密切注视这起案件侦破工作的进展情况。为了稳、准、狠地打击敌人，及时摸索总结经验，父亲决定将四名外籍主犯押到哈尔滨，由王鉴、李钊同志再次进行审讯核实。在审讯中，胡干普、博施德等外籍罪犯辩称他们是“办教”的，从来不干预中国政治。后来在一件件确凿的罪证面前，这些外籍罪犯理屈词穷，不得不如实供认了所犯的特务间谍罪行。东北公安总处向东北最高法院起诉，法院审理后判处胡干普、博施德等十二名罪犯三年到十二年有期徒刑。

为了彻底揭露敌人利用宗教进行间谍特务活动，《东北日报》《嫩江日报》和人民广播电台，披露了案件的侦破经过，用大量确凿的证据，戳穿了敌人披着宗教外衣进行反革命活动的罪恶行径，宣传了党的宗教政策，使广大群众擦亮眼睛，提高了革命警惕性。尤其是争取了信教群众纷纷向人民政府靠拢，积极提供侦察线索。东北公安机关也在侦破这起案件中，获取了有益的经验，此后又连续破获了诸如泰来县天主教堂神父高甫满等多起类似的间谍特务案件，充分揭露了美国支持国民党打内战的阴谋活动。

保卫土地改革

1946年7月初，东北局在哈尔滨召开扩大会议，通过了《东北局关于形势与任务的决议》（即《七七决议》），明确提出把创建根据地作为第一位的任务，把发动农民群众作为创建根据地的主要内容。会后，东北局组织动员一万二千名干部下乡，掀起了轰轰烈烈的土地改革运动。东北局社会部决定本着“参加土改、保卫土改”的指导思想，指示全区各地公安机关组织大批干部下乡，帮助农民斗争地主恶霸，分配土地，学会做群众工作的本领；同时深入调查，发现和打击破坏土改的封建势力和反革命势力，保卫土改的胜利果实。社会部机关也抽调干部，组建了一支二十多人的土改工作队，深入农村发动群众，开展土地改革。这期间，母亲任中共佳木斯二区区委工作组组长，她走家串户，访贫问苦，调查情况，发动群众开展反霸斗争。

当时在有些地区，大部分村屯的土地虽然已经分配给农民，但封建势力、汉奸特务、建军分子、党团残余相互勾结，大肆反抗破坏，妄图反攻复辟。农民群众没有真正发动起来，土地明分暗不分，开会假批判假斗争。针对上述情况，有些地方公安机关发动了“挖坏根”斗争，就是发动农民群众，对汉奸、地主恶霸、建军土匪再进行一次大清除。延寿县公安局行动最早，集中力量，紧密结合党委的中心任务，参加土改，保卫土改。公安干部训练班的三十多名学员，分别派往各区参加群众工作队。县局的干部负责组织城关区的“挖坏根”斗争。全县自下而上地形成了一支与锄奸保卫工作相适应的力量。县公安局工作队依靠土改积极分子，经过调查，逮捕和镇压了窃据县农民联合会主任，猖狂破坏土改运动的才郁亭等五十六名地下军师长、团长、特派员，起获了三百多支枪。广大农民打消了顾虑，纷纷起来揭发检举，失去后台的地主不得不低头认罪，交出土地浮财，从而保证了土改成果落到实处。父亲认为这个做法很典型，具有示范作用，指示要跟踪掌握情况，及时总结提炼了延寿县锄奸工作与群众“挖坏根”运动相结合的经验做法，印发各地公安机关，进一步推动了参加土改、保卫土改工作的深入发展。

随着土改运动的深入发展，一些地区农会组织自发派人进城抓捕地主兼工商业主。根据东北局关于保护和发展城市工商业的指示，东北局社会部及时制定下发文件，要求严格把握审批关，规定对于他们在农村的土地除按政策由农民分配外，不得以“挖浮财”为名逮捕和斗争本人，侵犯工商业主及其资产。需要搜捕的逃亡地主、汉奸恶霸、建军匪首之类的斗争对象，必须持当地政府的介绍信和罪证材料，并须经这些人员所在地的市公安机关审核批准，方可抓人。这些规定有力地保证了城市社会秩序的安定，保护了城市工商业的发展，使党的城市工作政策得到了进一步落实。卫之民叔叔时任龙东县（现为龙江县）公安局局长，就遇到过这个问题，当时农村群众发动起来以后，热情十分高涨，纷纷要求平分城镇房产主的房子。究竟怎么办？他心里没底，写信请示父亲。父亲接到信后很快就答复，明确指出，城市的工商业、房产主的房子是要受到保护的，不能平分，要说服群众，不要采取过火的行动。他把父亲的信给县委领导同志看后，县委领导一致赞成父亲的答复。

土地改革运动以雷霆万钧之势，基本消灭了封建土地制度，打碎了套在农民身上的封建枷锁，使东北根据地广大农民在政治、经济上获得了解放，并由此迸发出极大的革命热情。为了保卫胜利果实，翻身的农民踊跃参军，担负巨大的战争勤务，以粮草、被服支援自己的子弟兵，为辽沈战役的胜利奠定了雄厚的基础。东北公安机关通过参加土改，保卫土改，锻炼提高了做群众工作的能力和水平，建立了农村地区各级锄奸保卫基层组织，推动了锄奸保卫工作的深入发展。

整顿城市治安

随着我军在东北战场上的节节胜利，解放区不断扩大，由相互分割状态连成一片。东北解放区已经拥有了以哈尔滨为中心的一批大小城市。进入这些城市初期，公安机关在镇压国民党反动组织、特务和日伪残余势力的暗杀、暴乱、破坏的同时，对社会治安进行了初步整顿。随着时间的推移，加强旧城市的改造，全面整顿社会治安，维护社会稳定，保护人民的利益，不仅是人民群众的迫切需要，也是建立和巩固根据地的重要任务。

为了贯彻党中央和东北局关于改造旧城市和整顿社会治安的指示，父亲在探索和建立城市治安管理工作方面，倾注了很大精力。1947年2月，他和陈龙叔叔一起研究制定了“专门工作、群众路线和（治安）行政管理相结合”的公安保卫工作方针。这是在全国第一次把治安行政管理提到公安工作方针的高度，成为我国公安保卫工作不可缺少的重要组成部分，防止和纠正了治安管理脱离对敌斗争和专门管人、治人脱离群众的两种错误倾向，使之沿着依靠群众，积极治安的正确轨道前进。

当时面临的主要困难是缺乏可以借鉴的经验。对于农村的治安工作，随着土改运动的展开，依靠和发动群众，进行清匪反霸、“挖坏根”的斗争，进而结合整改，建立村、屯公安员和区（乡）公安助理员，迅速建立了稳固的治安秩序，摸索总结出一些成功的经验。但面对城市，究竟应当抓住哪些关键环节，才能改变治安面貌，建立起良好的社会秩序，一些同志感到难以把握、无从下手。父亲坚持从实际出发，决定以哈尔滨为重点，进行探索，尽快取得经验，以点带面，推动工作。从1946年10月开始，到1948年春，东北公安总处总结推广了哈尔滨等城市的经验和做法，提出了全面、系统地加强城市治安管理的具体措施，并在当年夏天上报中央社会部，中央社会部充分肯定了这些做法，并通报全国各解放区参考借鉴。

哈尔滨等城市的具体措施，首先是清查户口，建立户口管理制度。公安机关从搜集核对旧有的户口登记开始，经过编订、制定门牌号码，弄清房屋周边环境和地形，动员群众，集中力量、集中时间，以市为单位，统一进行逐门逐户的户口申报登记，调查核实，并在此基础上，建立起户口迁移变动的管理制度。在此期间，哈尔滨市集中了公安干校两百多名学员进行短期培训，又从各方面抽调了干部、学生、工人、店员五千多人，组成工作队，分派到每条街道，挨门挨户进行清查登记。通过户口登记，公安机关不仅基本弄清了城市居民的人口构成、阶级状况，查出了许多复杂情况和潜藏逃亡的地主富农、日伪残余及各种政治嫌疑人员，而且发现了大批群众积极分子，为及时了解掌握敌社情，维护治安提供了有利条件和基础，也为城市管理、发展生产、支援前线，提供了准确翔实的数据和材料。1948 年 6 月，父亲又指示李石生、罗之光、李平心等同志进一步汇总研究各地的户口管理经验，制定了东北地区统一的《城市户口管理暂行办法》，并要求各地在建立起比较正规的户口管理之后，逐步实行居民证制度，以利于人民群众在解放区自由通行，促进生产建设，限制敌特的潜入和流窜犯罪分子的活动。公安机关加强了对居住在北满地区城市的三十多个国家侨民的管理，规定必须进行户口申报登记；外侨除猎枪（须办理枪证）外，不得保留任何军用枪支。对于外侨的社会组织，不经人民政府审查批准，一经发现即予以取缔。这样既促使各国侨民遵守政府法令，又有利于公安机关发现和打击潜伏在其中的敌特活动。

根据敌特和刑事犯罪活动的规律特点，公安机关对易于被敌人利用的旅店、客栈、商贸代理行、铸字、刻章、印刷和电料等行业，实行严格的管理制度。一方面责成这些企业的主管人员，将来往旅客和可以用于装修无线电器材的使用情况，如实向公安机关登记申报。明确规定未经批准不许私自铸刻、印刷政府机关、部队、企事业单位的公章、文件和负责人的印章；另一方面发动职工店员进行监督，培养治安保卫积极分子，及时发现各种可疑情况，配合专门工作打击违法犯罪活动。齐齐哈尔市公安局通过对全市二十四家刻字、印刷业和五十四家旅店、十二家电料修理业经常性的检查，及时发现处理了一些违法犯罪问题，惩处了一些潜藏在其中的坏人。以曙光无线电修理所经理身份为掩护的国民党军统特务，就是经过调查，获取证据后被逮捕法办的。

对于大烟馆、赌场、妓院、舞厅等敌特、盗匪经常出入的复杂场所，在摸清情况后，由政府明令取缔，重点打击了那些作恶多端的“窑霸”、毒贩、赌头，并将妓女们集中起来，进行思想教育，为其指明前途出路，把她们送到鹤岗、鸡西等矿区，帮助她们治病成家。公安机关还协同有关部门对流散在城市街道上的流氓、乞丐、游民进行收容改造。这些标本兼治、重在治本的措施，对于荡涤旧社会城市的污泥浊水，堵塞敌人可资利用的漏洞、缝隙，建立良好的社会秩序起到了显著作用，得到了人民群众的拥护和赞扬。

交通管理是维护城市社会秩序的一个重要方面。随着我军反攻的连续胜利，城市交通流量日益增多，许多单位和部分军民缺乏遵守交通秩序的意识和知识，司机们也大多缺乏严格的训练，以致一些新解放的城市经常发生交通堵塞，恶性事故增多。父亲要求各地公安机关迅速组建交通警察队，制定交通规则，加强宣传教育，同时整顿占道经营的摊贩，清除路障，设立交通标志和围栏等设施，疏导交通，取得了明显成效。

针对敌特在遭受沉重打击后转入分散、隐蔽状态，城市和城乡接合部的盗匪流氓活动日益成为危害人民安全，影响城市治安的突出问题。父亲及时指出要建设强有力的治安（刑事）侦查工作，严厉打击盗匪、毒贩、流氓犯罪活动。1948 年年初，东北公安总处专门下发文件，要求各省市公安机关设立司法科，专门进行刑事侦查工作。到沈阳解放前夕，据不完全统计，各省市共逮捕和惩处各种抢劫盗窃的刑事犯罪分子两万八千多名。

哈尔滨、齐齐哈尔、佳木斯、牡丹江等城市经过一系列的社会治安整顿，改变了旧城市的面貌，社会秩序和治安环境显著好转，城市管理走上了正规发展的轨道。就像当时有人形容哈尔滨的变化时说的那样："好像洗了一次澡，消了一次毒，面目焕然一新了。"公安机关也在实际斗争中摸索总结出一些改造旧城市、维护和管理社会治安的经验和做法。

决战前的会议

1947 年夏，我军在东北解放战场上转入大规模的战略反攻。到 1948 年春，冬季攻势结束，我军已收复南满、西满、东满一百四十多个县，解放人口近两千多万，占东北总人口的 86%；扩大解放区面积三十多万平方公里，形成了与北满解放区连成一片的新局面。东北野战军经过休整补充，到 1948 年 8 月，已拥有约七十万人，另有地方部队三十三万人，并拥有一支颇具规模的炮兵部队。国民党军队虽仍有五十五万人，但被分割在长春、沈阳、锦州等孤立的地域内，首尾不能相顾，补给全靠空运，物资供应不能满足需要，处于十分困难的境地。在全国各战场上，东北战场的形势对人民解放军最为有利，已经具备进行战略决战的基本条件。辽沈战役即将开始，东北地区正处于全境解放的前夜。

随着东北战局的胜利发展，锄奸保卫战线的敌我斗争形势也发生了新变化。美蒋特务机关为了挽救败局，不断向解放区和敌我边沿地域派遣特务，刺探军事情报，在城市、铁路、桥梁、电力企业、军工企业和军用仓库等重点地区和要害部位，进行爆炸、纵火等破坏活动。情报与反情报、破坏与反破坏，成为当时的主要斗争形式。

根据敌我斗争形势的变化和存在的问题，东北局社会部于 1948 年 1 月 27 日至 3 月 7 日，在哈尔滨召开各省市社会部长（公安处长）联席会议（即第二次锄奸保卫工作会议）。这次会议的指导思想和中心任务是“一切为了前线胜利”。会议回顾总结了前期工作，围绕全力配合辽沈战役，做好下一步工作进行了研究部署。

2 月 16 日，父亲在会议上作了《关于东北各省市锄奸保卫工作总结报告》。他指出：当前的锄奸保卫工作方针，仍应“坚持以城市、铁路沿线、军工仓库、矿山、敌我边沿地区以及我之内部为重点，以保卫我之要害，打击敌之主力”。他强调要进一步打击潜伏在城市点线的敌特指挥据点，保护后方军事建设，开展新区锄奸工作，在农村结合群众运动挖出残余敌特土匪，防止封建地主复辟“翻把”。同时，加紧向长春、沈阳、锦州三大城市的情报派遣，力争在敌人军政首脑机关内部布下力量，掌握敌人的行动，配合辽沈战役。

3 月 7 日会议结束前，在《最后对几个问题的说明和补充》的讲话中，父亲详尽阐述了重点保卫方针的重要性、必要性，他说：“保卫重点是根据敌人的锋芒所向和双方的力量对比关系而决定的。我们在对敌斗争中所要打击的主要对象是隐蔽的敌人。”这些敌人“主要在城市点线，而不在农村。因为城市有铁路，有机关，有工矿企业，是我们的政治、军事、经济、文化中心，加上情况复杂，便于隐蔽活动，因而敌人的破坏锋芒主要是指向这里”。父亲精辟地指出：“在我们力量还不足的情况下，尤其不能分兵把守、面面照顾，而应紧紧抓住自己的保卫重点。不这样做，就不能消灭敌人的有生力量，这就叫不懂得保卫自己的要害，没有树立保卫工作的战略思想。”他还强调：“重点保卫是点面结合的方针，不是片面化的方针。各地应当从实际出发，确定自己的重点，不能死搬硬套，搞脱离实际的模式化。”

陈龙叔叔在《侦察工作报告》中，着重就长期内线侦察方针和侦察工作问题作了进一步的说明和阐述。邹大鹏和李钊同志也在会上分别作了《情报工作报告》《户口工作报告》。

这次会议后，东北解放区各级公安机关按照“一切为了前线胜利”的指导方针，立即行动起来，全力以赴完成各项既定任务，为夺取东北地区全境的解放，做好了组织准备和思想准备。

全力支援决战前线

1948 年 2 月 7 日，中央军委综观东北战局，提出了以主力转至北宁线，截断敌军由陆上撤退的通路，封闭敌军在东北加以各个歼灭的战略设想。9 月 7 日，中央军委进而确定东北野战军南下后的攻击重点指向锦州，“而置长春、沈阳于不顾，并准备在打锦州时歼灭可能由长、沈援锦之敌”，确立了打“前所未有的大歼灭战”的决心。至此，在中国革命史上具有战略决战性质的辽沈战役即将拉开序幕。

在这一胜利形势下，东北局社会部要求各地公安机关，特别是接敌地区和铁路公安机关，必须进一步坚定树立“一切为了前线胜利”的指导思想，大力加强侦察破案，严厉打击那些敢于破坏的各种暗藏的敌人，切实保障后方秩序的安定。在军运铁路线上，必须进行严密检查，消除各种危险因素，严守军事秘密，确保军运畅通。

为了配合我军的战略反攻，及时调动和调整了在敌占区的情报工作力量。东北局社会部对原有的情报站进行了补充、调整和加强。在沈阳外围，除了原铁路站保留外，开原、清原两站合并，强化了开原站。在长春周边，设立了四平站和九台站，加强了干部配备，邹大鹏同志亲自到长春前线指挥开展情报工作。

这里要大书一笔的是，东北局社会部通过逆用电台为国民党军提供假情报，在辽沈战役中发挥特殊作用的幕后故事。

辽沈战役发起前的一天晚上，父亲和陈龙叔叔接待东北野战军刘亚楼参谋长到访。刘亚楼向他们传达了党中央和中央军委关于辽沈战役的作战方针和意图，用铅笔在地图上勾画了东北野战军司令部的作战决心，指出：这是一场“关门打狗”的空前规模的大歼灭战，是解放全东北乃至全中国的第一个决定性的战役，必须动员东北各路大军南下锦州，才能赢得这个胜利的开端。

1948 年汪金祥在东北

父亲当即表态说：“我们正在深入部署敌区的情报工作，需要我们做什么，我们义不容辞，一定全力配合。”

刘亚楼满意地点点头，指着作战地图说：我们目前在辽西走廊的兵力还不适应作战的需要，必须从北满、东满往那里（锦州方向）大量调兵。但几十万大军调动不是件简单的事情。而且，这样大的作战行动绝不能让敌人察觉，摸清我们要打锦州，否则的话，蒋军一旦识破这步棋，在辽中一带阻击，我军将无法靠近锦州。这样一来，辽西会战的设想就无法实现了，也将无法完成中央的部署。因此最好有一部电台，发假情报迷惑敌人，造成他们判断和指挥上的失误，掩护我军顺利开进。

父亲和陈龙叔叔研究后提出，逆用哈尔滨市公安局破获的国民党国防部二厅长春站派遣的代号 257 组的电台，发出假情报，迷惑蒋军视线，掩护东北野战军主力沿北宁线铁路南下，攻克锦州。

刘亚楼参谋长当即表示赞同。他们一起研究到深夜，反复推敲、再三斟酌，周密设计了具体方案。东北野战军司令部完全同意这个方案，并调出四个师（地方部队）的兵力向南开进，大张旗鼓地作出佯攻沈阳的假象，将敌人的注意力吸引到东线上来。我军主力则趁机偃旗息鼓、暗度陈仓，沿四平、郑家屯、阜新西线迅速南下，出其不意开进到锦州地区。

我方逆用的代号257组电台，在父亲的总体协调、陈龙叔叔的具体指挥下，连续编发了几份假情报。我军佯动开始后，电台立即报告“共军有四个师正在白城子至四平、吉林至沈阳向南运动”，随后又报告了我军的出发时间、行军路线和宿营地点。敌方多次询问我军意图，逆用电台又复电“围困沈阳”。敌军虽多次进行空中和地面侦察，但由于我方严密防范，也未能发现任何迹象。最终使敌方高级指挥机构作出了我军先攻沈阳后取长春、锦州的错误判断，慌忙下令收缩防区，集中力量控制沈阳周边各市县，应对“共军”进攻。后来，当敌人发觉郑家屯、彰武、阜新这条铁路线上有我军行动迹象时，急令257组电台核查，复电又说“奉命进关配合华北野战军进攻承德、赤峰”。就这样在空中电波的往来周旋中，为掩护我军大兵团的顺利调动，赢得了宝贵的时间。直至东北野战军主力悄然出现在锦州城下，敌军才如梦方醒。

在这场无线电波“周旋”战中，东北局社会部的一部电台也发挥了重要作用。根据东北野战军政治部副主任（兼联络部部长）周桓向蒋军发出假情报，扰乱其军事部署的要求，父亲和王鉴叔叔认真研究后，决定通过此前为策应某情报干部深入敌人核心部位，而假设的一部敌特潜伏电台，连续发出假情报，配合我军在辽沈前线的作战。我军攻克锦州后，这部电台又在围歼残敌中发挥了重大作用，向敌特机关发出了“共军有大量骑兵由辽阳、海城向营口开去”的假情报，迷惑牵制国民党军队，使其迟疑不决、动作迟缓，为东北野战军粉碎敌军经海路逃跑的图谋，赢得了宝贵时间，进而为全歼东北地区的残敌作出了贡献。在我军解放沈阳前夕，父亲决定通过这部电台，以东北公安总处的名义，命令东北剿总司令部二处处长不要逃跑，待我军进驻后，如实交代他的特务组织活动，我方保证其生命安全。此人听从我方的指令，果然没有逃跑，一五一十地交代了其掌握的全部情况，并交出十二部电台和潜伏特务组织的名单和地址。

东北局社会部卓有成效的情报侦察工作，逆用电台巧妙实施“瞒天过海”的谋略，为我军取得辽沈战役的决定性胜利作出了重要贡献。沈阳解放后，东北野战军刘亚楼参谋长对父亲说：“你们的情报工作很出色，在辽沈战役中发挥了不小作用。”

深挖潜伏特务组织，保障战役后方安全。四平位于北满，是通向沈阳、锦州方面的重要城市和交通枢纽，是后方支援前线的咽喉要道。1948 年 3 月，东北野战军解放四平后，公安机关侦察发现，这里潜伏着一个名为“兴安站”的庞大特务组织。这个组织被列为军统特务系统的甲等站，少将站长冯贤年被派到四平后，不仅在四平设了四平组、第一潜伏组、第二潜伏组以及学运、工运等组，还以四平为轴心，先后在热察绥边区，在北满、西满、东满的嫩江、索伦、满洲里、王爷庙、通辽、辽源、海龙等广阔区域内建立情报站、组。敌人的主要目的，一方面是广泛搜集我军事、政治情报；另一方面是在解放区猖狂进行造谣、骚扰、爆炸、暗杀等破坏活动，妄图制造混乱，牵制我军的进攻。除兴安站以外，还有中统的四平站、军统长春站的四平组、军统沈阳站的四平组、国防部绥靖总队第二大队的四平组等特务组织。

在东北局社会部的统一指挥和部署下，辽北省公安处和四平市公安局经过缜密侦察，于当年 3 月 19 日将四平的潜伏特务组织全部破获，逮捕了少将副站长袁士举等九十三名特务，缴获电台十一部，并迅即向东满、西满、内蒙古等有关地区公安机关侦破兴安站下属的各潜伏特务组织提供了破案线索材料。不久，我方又在四平连续破获了敌特机关新派来的四个军统特务小组。这一连串案件的侦破，有力地打击和震慑了国民党特务派遣活动的嚣张气焰。沈阳解放前不久，有几个从沈阳派遣来搜集军事情报的特务，畏惧我方的严密侦察防范，不敢在四平落脚，吓得丢下电台，逃回沈阳。在我方严厉打击下，彻底堵塞了沈阳敌军获取情报的渠道，铲除了这个重要交通枢纽上的隐患，为我军战役行动的安全畅通提供了有力保障。

未雨绸缪，做好接收大城市的干部准备工作。1948 年 5 月，为了保证我军解放长春、锦州和沈阳等大城市后公安机关能够有条不紊地进行锄奸保卫工作和城市治安管理工作，东北局社会部在哈尔滨举办城市干部训练班，选调一百名干部进行培训，并部署关东行署公安总局培训三百名干部，其他各省公安处分别安排五十名干部待命，同时要求辽南分局社会部撤销后大部分干部原地待命。父亲在城市干部训练班上作了《关于新收复城市的锄奸保卫工作》报告。他形象地将接管城市工作中出现的问题归结为一个“乱”字，进而列举和分析了“乱”的种种表象及原因。父亲在阐明接管城市工作的具体任务后特别强调，根据以往的经验，进城之后，用极大的力量打击公开和隐蔽的敌人，搜捕残敌、挖掘潜伏特务是十分必要的，这样可以最大限度地减少敌人的最后挣扎和疯狂破坏；同时必须迅速加强城市的治安、交通、消防，复杂场所、复杂地区的（治安）行政管理；只有既抓打击公开和隐蔽的敌人，又抓治安行政管理，才能迅速地稳定治安局势，安定民心，才有利于恢复生产和商业流通，便利群众的生活，使城市管理可以较快地走上正常轨道。父亲的讲话立足于东北的实际情况，总结提炼以往接管大中城市工作中的经验教训，简明扼要地高度概括了公安机关接管城市后的主要任务及应当注意的问题。

当年10月26日晚，父亲参加了东北局在哈尔滨召开的紧急会议，研究接收沈阳的方针、办法和注意事项。这次会议宣布陈云为沈阳市特别军事管制委员会主任，负责接管工作。会后，父亲即刻向陈龙叔叔传达会议精神，他们商议了沈阳市公安局领导力量的配备等有关问题，决定立即从东北局社会部和哈尔滨市公安局抽调精兵强将，组成先头部队由陈龙叔叔带队，同时电令辽东社会部、嫩江公安处，由何侠和厉男分别率领培训过的干部，赶赴沈阳参加接管警察局工作。父亲暂留哈尔滨，负责全面工作。11月2日，陈龙叔叔率队先期进入了沈阳。这支队伍在接收沈阳市旧警察机构、肃清残余敌特、整顿社会治安等方面发挥了重要作用。

确保军运铁路的畅通无阻，是东北解放区公安机关支援辽沈战役的另一项艰巨任务。在东北局社会部的部署和指挥下，各省市公安机关和铁路公安机关全面加强了铁路沿线的安全保卫。辽北省公安处受命负责辽北至锦州铁路沿线的安全保卫工作，公安处迅速在铁路沿线二十个市、县的几百个站、段和村、镇开展了侦察破案和治安管理，先后破获三十七个敌特潜伏组织，抓获了国民党党政警特重要人物四百四十二名。齐齐哈尔铁路公安处和郑家屯铁路分局分别派出执法大队，负责军事物资的押运和车站、桥梁的守卫。在军运高峰期和战役发起后，大力强化户口管理，规定来客必须报告登记，外出必须请求批准，进一步限制、压缩和堵塞敌人的活动空间。同时实行交通管制和邮电检查，严防军运行动信息外泄。为了确保东北野战军主力向锦州前线的顺利开进，父亲派出了由乔庄带领的工作组，深入到郑家屯、彰武、西阜新这条军运干线，专门部署和检查安全保卫工作。工作组依靠地方党委、政府，协同军队保卫部门和铁路公安机关，发动沿线铁路职工和地方群众，监视铁路内外的敌情动态，控制铁路电话专用线，严密封锁我军行动的消息。在高度保密和严密防范下，从9月12日军运正式开始到9月21日为止的九天时间里，我东北野战军顺利完成了大兵团跨域调动和军需物资的运输任务。

横扫沈阳残敌

经过三年多浴血奋战，东北野战军歼灭国民党军队四十七万余人，为争取全国解放战争的胜利作出了重大贡献。随着锦州、长春、沈阳等大中城市的解放，东北全境重新回到人民的手中。在此期间，东北公安机关完成了保卫红色政权、稳固后方、支援前线的历史性任务，彻底摧毁了日伪的残余势力，捕获了大批日本战犯、汉奸，基本剿灭了国民党地下土匪武装，破获了大量的潜伏特务间谍案件，缴获特务电台数百部，彻底粉碎了美蒋勾结妄图侵占东北的美梦。东北解放战争的伟大胜利，实现了党的第七次全国代表大会提出的“争取东北”的目标。从此，东北公安保卫工作进入一个崭新的时期，面临着保卫东北地区社会主义建设的新任务。

1948年12月下旬，父亲率领东北局社会部机关全体干部重返沈阳，与陈龙叔叔带领的先头部队会合，将办公地点设在沈阳市八纬路张作相公馆。时隔三年，父亲又重新回到了这座东北地区最大的城市。他环顾沈阳街道，百业凋敝，市面萧条，秩序混乱，处处留下敌人践踏蹂躏的痕迹。想到今后的斗争依然是十分艰巨和复杂的，父亲深切地感到在胜利面前不能有丝毫懈怠。他顾不上旅途劳累，稍作安顿后，就坐下来和陈龙叔叔交流情况，分析斗争形势和敌情动向，研究下一步的工作部署。

当时的沈阳，社会上流散着大批散兵游勇和国民党的党政官吏，匪盗四处抢劫，社会治安严重混乱。从辽西一带溃散的国民党军官兵和警察、特务大量涌进沈阳，到处躲藏。国民党在沈阳的十几个大小特务系统，按照他们预先制订的"应变"计划，隐藏了大批潜伏特务，伺机进行情报、暗杀、爆炸破坏活动，企图配合蒋介石集团卷土重来。但东北对敌斗争形势已经发生了根本性的变化。由于军事斗争的全面胜利，彻底改变了敌强我弱的态势。广大人民群众通过切身感受，已经彻底消除了对国民党的所谓"正统"观念，与党心心相印。党和政府在群众中已经有了广泛的基础。我们公安机关经过与公开和隐蔽敌人的反复较量，发展壮大，已经掌握了敌人的活动规律，特别是各级领导干部，已经熟悉了东北地区、熟悉了城市，有了丰富的斗争经验。在这些有利的前提条件下，父亲和陈龙叔叔一致认为应当趁残敌惊魂未定之际，先发制敌，来一个彻底的扫除。

按照东北局社会部的统一部署，沈阳市公安局迅速在市区周边布置了检查堵截关卡，并发动政治攻势，号召国民党团特务和军政官吏自动投案。同时，在全市范围内开展了大规模搜捕行动，不给敌人喘息时间。十多天内，公安机关相继破获一批重大特务案件，包括破获保密局东北特别组，逮捕了少将组长吕思慜、副组长刘濂泉、电台台长钟仁文；破获东北督察室兼沈阳站，逮捕站长楮大光、副站长秦士贤、组长李冠群、支台长刘殿庚；破获保密局东北支台的四个潜伏台、一个独立台、两个预备台；逮捕励志社少将主任李中奇、剿总少将监察组长马德良等人，共捕获特务三百二十名，其中中校到中将官衔的特务头子二十七名；缴获电台八十多部，发现新的侦察线索八十多条。国民党军第八兵团司令周福成、沈阳市党部书记长张宝慈、绥靖第二大队队长陈振山及参谋室中校主任姜载仁等，企图逃出沈阳，均在郊区被群众和检查关卡截获。策划制造“通化暴乱事件”的元凶——辽宁省党部书记长李光忱、保密局东北工作督察室副主任滕勉等人，也在风声鹤唳中走投无路，不得不从藏身之处爬出来投案自首。与此同时，长春、锦州、营口等新解放城市的公安机关也都迅即开展了集中大搜捕，取得可喜的战果。

在此期间，沈阳、长春、锦州等市公安机关全面加强城市治安的恢复和整顿工作，收容散兵游勇，取缔妓院，恢复交通管理，组织武装巡逻，大力缉拿盗匪。仅沈阳市公安局就收容国民党军散兵游勇两千多人，捕获盗匪三百多人，起获赃款赃物十亿多元，实现了稳定、恢复城市治安的目标。

随后，为了更好地指导和深化肃清国民党残余特务的斗争，使各地公安机关有章可循，父亲和陈龙叔叔研究后，决定由社会部起草《关于对国民党特务的处理指示》（以下简称《指示》），报经东北局同意后下发各地党委、政府和公安机关。这项《指示》进一步明确斗争方针和政策界限是“坚决摧毁特务组织，肃清一切敌探奸细。但在处理时必须区别对待：对停止活动的一般特务，应号召登记自首，可不逮捕；自动投案者，准予将功折罪；潜逃的干探应缉捕追审；进行各种破坏活动者，一律严惩；混入军队内部的，一律清除。逮捕处理应重证据，不轻信口供。判处敌特，须报经有关机关批准（由省、特别市批准）。严禁机关、部队擅自处理人犯”。党中央批示：“同意东北局对国民党特务分子的处理指示。东北已完全解放，一切措施对全国作用很大。对敌特分子处理，除继续隐蔽进行阴谋破坏者应予严惩外，一般可采取宽大方针，以分化瓦解敌人营垒，扩大我方政治影响。”

随着国民党潜伏特务指挥机构被摧毁，土匪流寇和敢于破坏的散兵游勇基本上被惩治，如何对待散布在社会上和单位内部的反动党团特务人员，就提上了工作日程。1949 年 2 月，根据党中央的指示，东北行政委员会颁布了《关于反动党团登记的命令》，东北局社会部随后发出指示，要求公安机关在大中城市普遍展开登记工作，号召这些人员从速坦白登记，悔过自新，人民政府将给予出路。由于政策交代清楚，许多人员看到国民党政权大势已去，纷纷前来登记，很快形成了弃暗投明的高潮。沈阳市在不到一个月的时间里，就有一万一千多人坦白登记，到 6 月底，加上东北各地登记的总数已达十三万六千多人。其中国民党区分部委员、三青团分队长以上骨干和各种特务、谍报人员约占十分之一，交出电台五十三部、密码十本，各种枪支四百六十多支，各种证件、文书一万多件。

在登记过程中，公安机关捕获了一批抗拒登记和专搞破坏活动的反动党团特务。沈阳市逮捕这类分子两百多名。辽东省八个县发现敌特行动小组十三个。有的已经混入我机关企业内部，有的企图组织地下军密谋暴乱。但都在其他反动党团人员的检举揭发后，被我公安机关及时破获。

通过这次登记，公安机关进一步掌握了反动党团特务组织的情况，在很大程度上掌握了我单位内部留用人员的政治面目，基本上摧毁了国民党在东北地区的反动社会基础。沈阳市揭露出各种党团特务组织三百七十多个，新发现的线索涉及四千多人。东北铁路局也从已登记的两千多名反动党团员中，发现军统、中统特务五十多人，并获取了六百九十多名中统特务名单。

1949 年 8 月 9 日，党中央和中央军委在给各中央局的电报中指出：“为了分工，以便更好地建设我们的保卫与情报工作，决定取消中央社会部，另成立情报、公安两部（中央政府成立时，为政府的情报、公安两部）。”根据党中央的指示，东北局社会部和公安总处同时撤销，作为政府机构改为东北公安部。父亲任部长（同时任东北军区公安军司令员兼政委），陈龙任副部长（当年11月陈龙调任南京市公安局局长后，陈钟接任副部长）。随后，东北行政委员会命令：各省公安处改为公安厅。

深挖美国潜伏间谍

1948年11月2日，沈阳解放后，东北局社会部根据情报获悉，国民党剿总二处秘密电台译电员佐佐木弘经（日籍）与其他特务不同，有美国特务机关的背景。同时，沈阳卫戍区司令部保卫部也送来有关佐佐木弘经报送美军联络分团的各种情报、活动计划、特务履历的情报资料。

父亲和陈龙、陈钟、王鉴等同志对案情进行了分析研究，判断佐佐木弘经是美蒋双料间谍，他既然留在沈阳，就绝非一人，很可能存在一个美军联络分团的潜伏特务组织。为彻底侦破这个特务组织，父亲决定由东北局社会部具体指挥沈阳市公安局开展深入侦察工作。经侦察发现，这个双料间谍经常在和平区的亚利餐厅、洛阳春饭店活动，并与织布厂老板肖耀庭、内蒙古伪德王府秘书曹承德、亚利餐厅经理刘天祯和在鞍山钢铁公司工作的日本人坂下喜一频繁接头。公安机关随即对这两个地点进行了搜查，起获了大量证据材料。

在确凿的证据面前，佐佐木弘经供认，他在美军联络分团特务西田指挥下进行活动，先后吸收中国人肖耀庭、内蒙伪德王府秘书曹承德、留在鞍钢工作的日本人坂下喜一、谷户通滋以及白俄尼古莱山道维奇等中、日、朝、俄不同国籍的特务三十多人，他们以经商为名，频繁出入解放区和中苏、中蒙边境地区，搜集我方和苏联的政治、经济、军事情报，深受美国间谍机关器重。1948 年 1 月，西田按照美军联络分团的决定，将“第三势力”沈阳支部与佐佐木弘经的组织合并，在沈阳、北平设两个支部，在长春、哈尔滨、齐齐哈尔、牡丹江、图们设五个办事处，在海拉尔、满洲里、珲春、海参崴、伯力设六个联络站，发展组织成员或派出特务，准备进行更大规模的情报活动。

同年 10 月，沈阳临近解放前夕，美军联络分团拟订了潜伏计划，决定佐佐木弘经隐藏下来负责指挥。其总部设在北平无量大人胡同乙 39 号；沈阳设总站，由坂下喜一负责，长春、锦州、四平、王爷庙、郑家屯各设联络站。所有潜伏特务，都发给从内蒙古贸易局骗来的身份证，以经商掩护情报活动。还决定佐佐木弘经去北平进行隐蔽指挥，并与上海美军联络团本部联系，如联系不上，再派人与设在日本的美军麦克阿瑟总部“涉外局”接头。至此，这个潜伏特务组织被我公安机关一网打尽。我方根据佐佐木弘经的交代，跟踪追击，又连续破获了与他联系的另外两个美军联络分团的潜伏特务组织。一个是以美国特务伯彦仓为首，与蒙奸陶克陶合谋，企图在郑家屯等地阴谋策动内蒙古政变。另一个组织以在沈阳美国领事馆任职的吴人杰为首。公安机关抓获主犯十五人，缴获收发报机六部、发电机三部、美国间谍密码十六本以及工作计划和其他信件、“TS”间谍组织情况、情报底稿、军用地图及各种图表等。

这起美特潜伏组织案件的破获，充分揭露了美国不仅公开支持国民党军队侵占东北，还暗地部署特务组织隐藏在东北各地，企图策动内蒙古政变分裂中国的阴谋活动。种种证据表明，沈阳解放后，一直赖着不走的美国领事馆与这些潜伏特务组织有着密切联系，直接操纵和指挥了潜伏特务组织活动。父亲和陈龙叔叔研究后，报经党中央批准后，抓住美国领事瓦尔德纠集四名官员，将讨要“工资保留金”的中国工人姬玉衡打成重伤的事件，依法传讯并起诉瓦尔德等人，经沈阳市人民法院审判作出判决，同时宣布他为“不受欢迎的人”，并将他及领事馆其他官员押解至天津驱逐出境。这是东北全境解放后，公安机关处置的第一起涉外刑事案件。

参加开国大典

1949 年 9 月中旬，父亲作为东北解放区代表团成员，参加了 9 月 21 日在北京开幕的中国人民政治协商会议第一届全体会议。父亲亲耳聆听了毛主席致开幕词，毛主席在简要回顾中国人民浴血奋斗的光辉历程后，充满豪情地宣布“中国人民从此站起来了”时，全场顿时响起雷鸣般的掌声，经久不息。这次会议讨论通过了《中国人民政治协商会议共同纲领》《中华人民共和国中央人民政府组织法》《中国人民政治协商会议组织法》。会议决定中华人民共和国的国都定于北平，将北平改为北京，采用公元纪年，以《义勇军进行曲》为代国歌；国旗为五星红旗。选举产生中央人民政府委员会。

10 月 1 日下午，父亲和全体代表怀着十分激动的心情，来到天安门观礼台参加开国大典。14 点 55 分，开国大典正式开始，毛主席庄严宣告：“中华人民共和国中央人民政府在今天成立了！”仰望着在雄壮的国歌和震耳的礼炮声中冉冉升起的五星红旗，一向沉稳、内向的父亲眼眶湿润了。从 1928 年开始，他为之奋斗了二十一年的理想终于变成了眼前的现实。此时此刻的父亲，完全融入了这万众欢腾的海洋。当天晚上，父亲回到北京饭店后，一个人坐在房间里仍心潮澎湃、思绪万千，许久不愿入睡。他抚今追昔，欢快的心情又骤然沉重起来。父亲的脑海里浮现出方志敏等烈士们的身影，那些在赣粤交界地区突围和游击作战中倒下的战友们历历在目。回想起在党的指引下，披荆斩棘，历经艰难险阻，一步步走过的革命历程。他感慨这来之不易的胜利，更珍惜无数革命先烈流血牺牲建立起来的属于人民的新生政权，一种发自肺腑的要誓死捍卫她的激情油然而生。许多年后，每当我和步入晚年的父亲谈论起他一生中参加过的重大活动时，他依然对开国大典的盛况记忆犹新，仿佛又置身于那个激动人心的时刻。父亲多次深有感慨地说，（人民的）政权来得不容易，要珍惜啊！

第二天中午，邵式平伯伯的警卫员彭方俊打电话告诉父亲，祖母和姐姐已经从江西到了北京，现在前门火车站等候。原来在会议期间，父亲和参加华中解放区代表团的邵式平伯伯相遇，谈起他已经十五年没有见到祖母，老人家为自己受了很多苦难，现在全国解放了，又没有时间回家乡去看望亲人的矛盾心情。说者无心听者有意，为人豪爽、热情的“邵大哥”非常理解父亲的感受，他特意安排回南昌办事的彭方俊专程去弋阳将祖母和姐姐一起接到北京。父亲喜出望外，三步并作两步带着警卫员何景林叔叔赶到前门火车站候车大厅。据姐姐汪毅回忆，当时父亲在彭方俊的指引下，急匆匆走在前面，何景林叔叔紧跟其后。他快步走到祖母面前，紧紧地握着她的手，仔细地端详，沉默片刻叫了一声“姆（妈）”。这一声呼唤，包含着多少思念、多少母子深情，悲喜交加的祖母流下了眼泪……

父亲搀扶着祖母走出车站。他下午还要继续参加会议，就叫何景林叔叔先带着祖母和姐姐去西单商场添置几件御寒的衣服。当他们乘车路过天安门广场时，何叔叔指着广场告诉姐姐，这里昨天刚举行了开国大典。几天后，父亲要参加中央公安部召开的全国公安高级干部会议（后称“第一次全国公安会议”），就让何景林叔叔先把奶奶和姐姐送回沈阳。

父亲原想把祖母接到身边，陪伴老人家安度晚年，但终生劳作的祖母不习惯待在家里无所事事，加之不适应东北地区寒冷干燥的气候，没过多长时间就执意要回江西老家。父亲和母亲几经劝说，实在拗不过固执的祖母，只好在第二年5月份让来沈阳探亲的舅舅回西安时，先从武汉转道江西九江，将祖母送回弋阳老家。

第四篇　保卫新东北

推翻半殖民地半封建旧中国的反动统治，建立人民民主专政的新中国，是一场翻天覆地的社会变革，必然遭到国际上敌对势力的敌视和反对，也必然会遭到国内反动残余势力的疯狂反抗和破坏。1950 年 10 月，美帝国主义悍然发动侵略朝鲜的战争，把战火燃烧到中国东北边境，国内反革命分子以为第三次世界大战将要爆发，台湾蒋介石集团也认为反攻大陆的时机已到，破坏活动更加猖獗。东北地区公安机关担负着非常艰巨、繁重的任务，既要开展镇压反革命运动、保卫经济建设的恢复和发展、巩固东北地区人民政权，又要加强隐蔽战线斗争，严密防范和打击美蒋特务的渗透破坏活动，确保抗美援朝战略后方的安全。

镇反运动的怒潮

1950 年 3 月 18 日和 10 月 10 日，党中央针对敌人的破坏活动，连续发出镇压反革命活动的指示，指出：在镇反问题上，许多地方发生“宽大无边”的右的偏向，要求各地必须大张旗鼓地发动和依靠群众，严厉镇压反革命活动，彻底肃清反革命残余，以保证土地改革和经济建设的顺利进行，巩固和发展中国人民的胜利。1951 年 2 月，中央人民政府发布《惩治反革命条例》，为镇压反革命制定了法律依据。

在东北地区，镇压反革命的斗争经过捕捉战犯汉奸、清匪反霸、搜捕国民党潜伏特务、登记反动党团、取缔反动会道门等阶段，取得了明显成果，严厉打击了敌人，但同样也发生了宽大多于镇压的偏差。全国解放后，不少有罪恶、民愤的国民党军、政、警、宪、特人员溃散还乡，有的已乔装打扮混进了基层政权和经济组织内部，有的潜伏在当地活动。在取缔反动会道门时，由于缺乏经验，对一批有重大罪行的道首，只是经过短期管训就释放回家了，没有依法予以应有的惩处。在有八百万人口的新解放区，对恶霸地主、建军土匪、国民党特务等反革命残余势力打击得很不够。美国悍然发动侵朝战争后，一些反革命分子纷纷露头进行破坏活动，其中尤以新解放区最为严重。他们有的篡夺基层政权，杀害干部，作威作福，欺压群众；有的竭力破坏土改，向农民反攻倒算，暗害土改积极分子；有的反动会道门与国民党特务勾结，制造谣言，进行抢劫，个别的甚至企图组织暴乱；有的破坏工矿企业，破坏铁路运输，制造事故；有的刺探军事情报，破坏军用物资，阻挠抗美援朝战争。敌人的破坏活动，严重威胁了抗美援朝的后方和东北经济建设的安全。

东北局多次召开会议研究镇压反革命问题，父亲在会上详尽地通报了土匪、恶霸、特务、反动党团骨干和反动封建会道门五个方面的活动情况和动向，提出了贯彻党中央指示，在东北地区开展镇反运动的具体实施方案。经过讨论，与会同志一致认为，党中央关于大张旗鼓地开展镇反运动的指示完全符合东北的实际情况，东北同样需要进行彻底镇压反革命运动。东北局完全同意父亲提出的方案，决定首先在各大中城市实行集中逮捕的办法，深入解决隐藏在城市的残余反革命问题。随后在一般城市和农村地区，以新解放区为重点开展镇反运动。与此同时，在中层和内层，以首脑要害部位、军工、动力、铁路、厂矿等单位为重点，实行全面清理。最后清理积案，进行镇反判定，改造和强化基层政权，建立群众治安保卫组织，巩固镇反成果；强调这次运动要在党委统一领导下，实行全党动员、群众动员，广泛吸收民主党派和各界爱国人士参加，自始至终走好群众路线，以便达到镇压敌人、发动群众、锻炼干部和促进生产建设的目的。

东北公安部根据东北局的决定，做了周密的部署和准备工作，依靠各地党委的直接领导，动员和组织了两万多名党政干部参加这次镇反运动。在材料准备上，各地公安机关按照统一部署，把长期积累起来的档案材料整理出来，又经多方面调查核实无误，请社会各界代表人士参与讨论，最后由党委逐一审查批准，确定需要抓捕的案犯名单。一切准备就绪后，东北公安机关于当年 4 月 26 日晚 10 点开始逮捕行动。一声令下，全地区二十六个大中城市统一行动，以迅雷不及掩耳之势，六个小时内就逮捕各类反革命分子六千多人，干净利落地完成了镇反运动的第一个战役。

在老解放区镇反运动基本结束后，辽东、辽西、吉林、热河等新解放区的镇反运动相继展开。这类地区刚刚经过和平土改，许多残余反革命分子没有被触及，在执行政策上失之偏宽，群众对此非常不满，反映“天不怕、地不怕，就怕共产党讲宽大”，因而在这类地区发动群众较为容易。正当镇反运动紧张进行时，当年夏季，辽宁的铁岭、新民、营口、盘山等地，因连降暴雨发生了历史上最大的水灾。父亲在公路交通已被洪水阻断的情况下，坐铁路轧道车顶风冒雨来到铁岭县。到达铁岭县后，父亲顾不上休息，就踏着泥泞不平的道路，深入到受灾重点地区查看救灾和治安情况，晚上又听取汇报、研究工作。父亲要求公安机关全力投入救灾，维护好社会治安，保护灾区群众生命财产安全。夜深了，父亲婉言谢绝县里党政领导的安排，坚持在县公安局值班室里住宿。父亲盖了一件大衣躺在临时用两个长条椅子拼接的“床上”，听着窗外哗哗不停的雨声，久久难以入睡，他在考虑面对这样严重的灾情，如何调整镇反工作部署。父亲回到沈阳后，东北公安部向东北局和中央公安部详细报告了灾区情况，提出暂缓上述地区的镇反运动，全力投入救灾工作的建议。根据党中央的指示，有关灾区暂停镇反运动，发动群众全力投入抗灾，开展生产自救。

1951 年初冬，辽宁有关市县的救灾工作结束后，按照既定部署相继开展了镇反补课运动。为了掌握运动进展情况，摸索经验，父亲来到东北所谓的“龙盘虎卧”之地——辽阳县，蹲点调研，实地考察镇反运动发展情况。辽阳县的敌情十分严重，仅伪满大臣就出了八个，还有省长、省参议长、军区司令官和厅长、县长、宪兵团团长、警察局局长等省县级简任官三百二十多名。他们既是达官要宦，又是大地主、大恶霸。在国民党县党部下，设立了四十八个区党部，发展土匪武装五十四股，仅据一百二十八名罪犯供认，就杀害干部、群众五百三十多人。辽阳解放后，许多反革命分子混进区村政权，全县四百五十九个村庄基层政权中，初步查实被反革命分子直接篡夺和间接操纵的就有八十八个。他们疯狂地破坏镇反运动，制造恐怖气氛，有的群众揭发反革命分子后，被活活勒死挂在树上示众；有的群众刚走出会场没几步，就被隐藏在暗处的敌人用棒子打死。镇反运动在全县展开后，公安机关逮捕了一大批反革命分子，公开处决了一些恶霸、匪首和民愤极大的反革命分子。广大群众扬眉吐气，充分发动起来，建立健全了各种群众组织，基层政权得到了巩固和加强。

父亲到辽阳县蹲点调研，轻车简从，只带了东北公安部办公室研究科科长杨之槐。一个月时间内，他们走遍了全县敌情严重的区村，通过听取工作汇报，与工作队成员、积极分子座谈，深入到田间地头、老乡家里，嘘寒问暖、聊家常，广泛了解镇反运动的开展情况、征求意见、听取社会各界反映，查看县公安局的档案材料、审查镇反对象案卷材料，从不同层面对辽阳县镇反运动进行了全方位的深入考察。父亲从辽阳县的斗争实践中，总结提炼出发动群众、开展镇反运动带有规律性的经验。他在报告中指出：镇反运动一般经过准备、发动、深入、巩固四个各有内容又互有联系的阶段。大张旗鼓地向敌人发动总攻的镇反斗争过程，就是放手发动群众让他们起来自己解放自己的过程，就是着意培养积极分子为基层干部队伍准备后备力量的过程，就是实行杀、缓、关、管、放以全面体现党的政策的过程。做到这一切，关键是要有一个善于分析情况、善于做群众工作、善于掌握政策的镇反领导班子。东北局和中央公安部极为重视，充分肯定了辽阳县的镇反经验，并加以推广。《东北日报》全文发表了父亲的考察报告。1951年12月，中央公安部罗瑞卿部长在父亲的考察报告上作了批示并转发各地。罗部长在批示中写道："汪金祥同志关于考察辽阳县镇反工作的报告，写得很好。其中关于情况分析、政策思想、工作经验的总结等，我认为很好，请你们务必抽时间读一遍。并望你们像汪金祥同志一样，将你们的考察所得，写一份有分析的总结报告给我们。"全国其他地区从自己的实际情况出发，参照和运用辽阳县的镇反经验，相继将运动推向既轰轰烈烈又扎扎实实的深入阶段。那些被群众称为"小重庆"、"小台湾"的村庄，一个一个被改造过来。由于镇反工作的政策得到积极贯彻和全面落实，少数地方发生的斗争面过宽、刑讯逼供、捕了一些可捕可不捕的人员等错误现象，都得到了及时的纠正。

事实证明，这次镇压反革命运动，的确是一次大扫除、大整顿。查出了一大批历史积案的元凶主犯，其中有围剿屠杀大批抗日战士的伪满少将陈仁，配制毒药暗杀李兆麟将军的军统特务南守善，企图暗杀张学思同志后又杀害我五十多名地下工作者的“铁血锄奸团”特务刘文春，屠杀三百多名革命干部和进步人士的原新疆警察局局长张文昌，组织策动通辽暴乱杀害我二十多名干部的建军头子朱文治，都被抓获归案。一些漏网多年的日伪战犯、汉奸，制造皇姑屯张作霖被炸事件的主要执行者日本特务山之口，日本细菌战犯岩下光之、安达城太郎，伪满首都高等法院院长王梦令，杀害我西满军区副司令员张平洋的元凶日伪泰来县警务科长胡郁文、警尉博国石，等等，也都从他们的藏身匿迹处抓获。最令人欣慰的是一举破获杀害赵一曼烈士的历史大案，伪满哈尔滨警察厅的付质言、周质彬、张虎臣等六名特务凶手也都被捕获归案，还在珠河县发现了赵一曼烈士被捕受审的主要档案材料。

通过镇反运动，公安机关彻底摧毁了遍及东北各地的反动会道门组织。据调查，当时有各种各样的会道门五十多种，其中组织庞大的有“大同佛教会”、“一贯道”、“夫妇道”等，它们先后被日伪残余势力和国民党特务利用，进行暴乱、暗杀等反革命破坏活动。沈阳解放后，东北局曾发出指示，要求各地公安机关坚决取缔反动封建会道门。公安机关结合镇反运动，采取“摧毁组织，打击头子，争取道徒，教育群众”的方针，广泛发动取缔会道门的群众运动，先后在辽东、辽西、热河、吉林、黑龙江、沈阳、抚顺、鞍山、大连等省、市普遍展开。在群众运动的强大压力下，通过广泛深入的政策宣传，前来登记参加过反动会道门组织的人员有一百一十四万多人，反动会道门头子坦白登记的有八千多人，逮捕有严重罪行的道首和参加反革命活动的首要分子两千八百多人，解散会坛六千六百四十多处。在斗争中，经过道徒的揭发控诉和受骗道徒的现身说法，极大地教育了群众，彻底摧毁了组织，依法惩办了道首，给予反动会道门组织以毁灭性打击。

清理中内层（清查隐藏在党内和机关团体内部的反革命分子）是与社会上的镇反相辅相成的另一条重要战线。由于单位内部审查清理出来的人员情况很复杂，既有反革命问题，又有政治历史问题，如果不认真加以区别，笼而统之，一概而论很容易犯打击面过宽的错误。父亲十分严肃、审慎地对待内部人员中反革命分子的处理问题。他反复强调要调查研究、实事求是，重证据，不轻信口供，严格执行党的政策，做到不枉不纵。父亲还根据东北地区的实际情况，就贯彻执行“可杀可不杀的不杀、可捕可不捕的不捕、可管可不管的不管”等相关政策，提出了具体明确、便于操作的规定，保证了清理中内层工作的健康发展，受到中央公安部的重视和肯定。

大规模镇压反革命运动，比较彻底地肃清了中央指示中确定的土匪、恶霸、特务、反动党团骨干和反动封建会道门五个方面的反革命分子，严厉镇压了一批罪行累累、怙恶不悛的犯罪分子以及杀害革命先烈、爱国将士的刽子手，进一步巩固和加强了人民政权，保卫了抗美援朝战争的后方安全，保卫了经济建设。1953 年 6 月，罗瑞卿部长率工作组到东北，实地考察公安工作后，充分肯定了东北的镇反运动。他在向党中央的报告中评述道：“东北的镇反是彻底的，农村尤为彻底。”

在镇反运动中，一大批反革命分子被捕关押，一时间监所拥挤，大量的犯人坐吃闲饭。为贯彻落实毛主席“通过劳动将罪犯改造成为新人”的指示，父亲和同志们商议后，于 1952 年正式设立了劳改处，由李石生任处长。各省市公安厅局也组建了相应机构。公安机关在 1951 年组织一批小型劳改队的基础上，克服困难，先后建立了七十多个大中型劳改农场、六十余家劳改工矿企业，不仅解决了东北地区监狱紧张，不利于犯人监督改造的问题，还接收了华东沿海地区的五万多名犯人。到 1954 年，劳改单位除做到粮食自给外，还通过劳改生产积累了固定资产和劳动资金，减轻了国家的财政负担。

千里护卫毛主席

1949 年 12 月 6 日至 1950 年 3 月 4 日，毛主席率随行人员乘火车赴苏联访问，就中苏两党关心的问题交换意见，商讨、签订了《中苏友好同盟互助条约》等有关条约、协定。这是新中国成立后第一次重大的外事活动。保卫毛主席访苏安全，是摆在公安机关面前重中之重的工作。中央领导高度重视毛主席访苏安全问题，公安部部长罗瑞卿专门召开会议部署警卫工作，强调要“不惜一切代价保证毛主席绝对安全”。东北局和中央公安部决定毛主席访问苏联期间途经东北境内的警卫工作，由父亲负责统一指挥部署。

面对这一光荣而艰巨的任务，父亲深知责任重大，毛主席的安全关系到新中国的安危和稳定。东北境内的警卫任务相当繁重、艰巨，从山海关至满洲里的铁路线长达一千八百多公里，涉及区域广阔，又值寒冬季节（室外温度零下 40℃）。东北地区虽已全境解放，但国民党残余势力、潜伏特务尚未完全肃清，敌情仍相当复杂。回顾历史，1926 年曾发生过日本关东军在沈阳附近的铁路上埋设炸药，炸毁奉系军阀张作霖乘坐专列，使张作霖不治身亡的“皇姑屯事件”。有情报显示，敌特机关企图制造第二个“皇姑屯事件”，暗杀毛主席。想到这里，父亲暗自下定决心，一定要排除万难，不惜牺牲自己的生命，也要确保毛主席的绝对安全。

父亲夜以继日地投入到这项艰巨的警卫任务中，他多次召集东北铁路公安局、东北军区公安部队、有关省市公安厅局的负责人开会，研究制定警卫方案。他和同志们认真推敲每一个细节，进一步修改完善了方案。父亲反复强调：警卫任务的前提是做好保密工作，要严格控制知情面。他和东北公安部的几位领导同志分工负责，统一指挥协调各省市公安机关、铁路公安机关和公安部队严密注意敌情变化，周密布置警卫力量。父亲率领有关同志深入到专列途经铁路沿线及周边区域的城镇，实地勘察地形，逐点、逐段地反复检查警卫措施落实情况。父亲要求各地公安机关提高警惕，加强情报信息搜集，抓紧对有关案件线索的侦察，把敌人的阴谋破坏活动消灭在密谋阶段。为了确保毛主席乘坐专列的安全，东北公安军司令部调动了两个师的公安部队（不包括各省的公安总队），实行在铁路沿线站点、道口、桥梁、涵洞、制高点固定守卫，与铁路沿线区段巡逻守护紧密结合的警卫部署；考虑到大兴安岭地区土匪尚未完全肃清，为预防不测，铁路线两侧每百米设立一个哨位。东北铁路公安机关也加强了对内部人员的审查，对专列通过的车站和区段及设施进行严格检查，在铁路沿线各车站的信号、道岔、调度室等重点部位逐一落实了专人负责，专列通过的大站，从道岔到打信号旗以及调度员都换上了党员。各级公安机关加强情报信息搜集，进一步深化了有关案件线索的侦察工作；同时，动员组织了大批民警，深入到铁路沿线情况复杂的大小村庄，会同基层党政组织严密监控重点人员。根据统一部署，有关省市党委、政府也做了大量的工作，很多地方的县委书记、县长亲自带队护路护桥。1949 年 12 月 5 日下午，父亲专程到山海关火车站迎接，并随同毛主席专列护送到满洲里。

毛泽东访问苏联的消息，后期是公开的。苏方为了表示对中国领导人来访的重视，毛主席每到一个地方，新闻媒体都及时报道各地欢迎的情况，更增加了警卫工作的难度，敌特机关可以依据苏方报道的时间从容地推测出毛主席回国日期，实施暗杀破坏阴谋。针对这一情况，1950 年 1 月上旬，父亲再次召集会议，分析研究情况，进一步强化了毛主席访苏回国，从满洲里入境和在东北地区活动的警卫措施。随后，父亲带领东北公安部政保处副处长李正南等一批警卫人员，提前到达满洲里车站。2 月 25 日夜间，父亲召集有关单位负责人开会，布置警卫工作，明确了次日毛主席从苏联入境后，在满洲里车站内外的警卫分工和责任。他亲自负责毛主席下车后，从苏方站台走到中方站台一段通道的警卫工作。2 月 26 日上午，毛主席、周总理抵达满洲里后，父亲和东北局主要领导高岗与李富春、滕代远、杨奇清等同志在车站迎候。父亲始终警惕地紧随在毛主席

1950 年 2 月，毛泽东从苏联回国，在满洲里火车站。高岗（左一）、周恩来（左二）、汪金祥（左三）、毛泽东（中）、滕代远（右一）、孙维世（右二）

的身边，悉心观察周围情况，做好警卫工作。当天傍晚，毛主席、周总理从满洲里登上专列前往哈尔滨。2 月 28 日上午，专列由哈尔滨到达长春，毛主席、周总理参观了银行大楼和地质宫。为确保毛主席的绝对安全，长春市委决定在斯大林大街及相关区域实行了临时戒严。毛主席发觉市区街道上行人稀少，每个路口上都有全副武装的战士守卫，很不高兴，严厉批评了有关同志："搞得那么紧张，把老百姓都堵在胡同里，不让出来，想让我脱离群众吗?"从保卫工作角度看，当时的敌情相当严峻、复杂，就在毛主席专列抵达的几天前，长春市公安局刚刚破获了一个阴谋暗杀毛主席的敌特潜伏组织。在特殊情况下，采取严密的防范措施是可以理解的。但在警卫工作中，也的确需要在保证中央首长绝对安全的前提下，进一步调整和完善现场和路线警卫的方式、方法。

毛泽东（中）在海拉尔火车站散步，滕代远（左）、汪金祥（右）。

3 月 1 日凌晨，专列抵达沈阳，毛主席、周总理先后参观了沈阳橡胶一厂、中国医科大学（前身是中革军委卫生学校），看望了援华的苏联专家，出席东北高级干部会议并讲话，游览了北陵公园。根据父亲的指示，东北公安部政保处和沈阳市公安局按照“表松实严”的要求，进一步调整完善了警卫工作方案，在保持着装警卫人员适量的同时，增加了便衣警戒力量；在毛主席参观的几个企事业单位，公安机关充分依靠单位党政领导发动骨干力量做好保卫工作，取得了较好的效果。我熟识的一位叔叔当年就曾身着辽宁宾馆服务员的服装，在欢迎晚会上专门负责给毛主席和其他中央领导端茶倒水，既保证了中央首长的安全又很贴切自然。3 月 3 日下午，毛主席、周总理从沈阳启程回京，父亲又随专列护送到山海关。至此，圆满结束了毛主席访苏途经东北地区境内的警卫工作。在历时半年多的时间里，父亲与杨奇清、汪东兴等同志紧密配合，出色地完成了保卫毛主席首次出访在东北境内安全的重大任务。

1950 年 3 月，汪金祥（左）在沈阳铁道宾馆与汪东兴（中）、叶子龙（右）合影

在这段时间里，东北地区公安机关、公安部队高度警惕、全力以赴、夜以继日地做好警卫工作。长春市公安局经过缜密的侦察，提前掌握了国民党中统局潜伏特务于子洋与混入铁路系统内部的特务刘金鹏等人，密谋于毛主席回国途中，在四平区段以火柴盒为伪装投放炸药、拔掉路钉、在道岔上放置石块等手段，制造颠覆毛主席专列事件。为了实施阴谋暗杀计划，刘金鹏还在铁路系统内部发展了苗延年、南云海、赵忠文等人，企图在执行所谓“计划”时协同行动。长春市公安机关果断出击，一举抓获了该组织十九名成员。其他地区也相继发现和挫败了国民党特务在大兴安岭隧道的铁路上放置巨石、白俄籍铁路员工在准备给专列换乘的机车头上挂放手榴弹等阴谋破坏活动，排除了一批安全隐患。通过这次重大警卫任务的圆满完成，东北地区公安机关广大干警经受了前所未有的实战锻炼，也摸索总结出了“表松实严”、隐蔽力量与公开武装（警卫）有机结合等一些成功的经验。

抗美援朝的硝烟

1950 年 10 月，美国不顾中国政府的多次严正警告，打着“联合国军”的旗号发动侵朝战争，执意将战火迅速引向中朝边境，直接威胁中国的国家安全。应朝鲜民主主义共和国政府的请求，党中央和毛泽东主席审视全局，毅然决策，派出中国人民志愿军跨过鸭绿江赴朝作战，开始了伟大的抗美援朝战争。

东北地区紧邻朝鲜，是抗美援朝战争前线的战略后方基地。战略后方的安全与稳定，直接关系到前线战斗的胜利。转入战时状态下的东北公安机关，担负着十分繁重而艰巨的任务。溃逃到台湾的蒋介石集团妄图配合美国发动的侵朝战争，卷土重来，又从陆地、海上、空中三方面向东北加紧派遣特务，刺探我军事、政治、经济情报，组织地下武装，进行骚扰破坏活动。针对敌情的新变化、新特点，父亲多次主持会议分析研究敌情，做了严密的部署。东北公安机关在边境城镇、港口建立侦察据点，加强情报搜集工作；在沿江、沿海地区建立公安边防保卫机构，配合边防部队，加强边防保卫工作；辽宁省沿海地区还建立起水上公安武装，协同民兵进行巡逻护航，有力地防范和打击美韩特务的谍报活动，保障渔民的海上生产安全；各省市公安机关加强了重点单位、要害目标的保卫工作，严防潜伏敌特分子渗透破坏，确保通信、电力等命脉的畅通，保障抗美援朝战争前线急需物资装备的顺利生产。与此同时，父亲报经东北军区同意后，调整了公安部队的兵力部署，加强大城市的武装巡逻力量，在重点铁路沿线和情况复杂的交通要道，驻守机动力量；在吉林神武城设立了长白山防务指挥部，统一指挥公安边防部队与地方公安机关密切协同，发动群众，组织民兵联防，加强巡逻，定期搜山，以利于及时发现和打击空降敌人。

美国侵略者凭借着空中优势，出动大量的军用飞机对朝鲜肆无忌惮地狂轰滥炸，大量的难民为躲避战火，纷纷携家带口涌入中国境内，给我方边境口岸管理带来了很大压力。父亲多次到丹东、通化、延吉等边境口岸城市，实地观察了解涌入境内的朝鲜难民情况，督促检查出入境管理、治安和交通管理工作。他要求各口岸城市公安机关严格执行出入境管理规定，加强与有关部门的沟通联系，既要有利于及时疏导朝鲜难民，缓解边境口岸的压力；又要保持高度警惕，严密防范敌特以朝鲜难民身份为掩护趁机潜入境内，进行渗透破坏活动。

抗美援朝战争初期，沈阳和中朝边境的丹东、通化、延吉等城市交通拥挤，运输军用物资的车辆行速过快，曾发生了不少重大交通事故。父亲强调：一定要保证交通畅通无阻，他亲自协调并责成东北公安部治安处商同东北军区及有关部门联合下发指令，要求各地大力整顿交通秩序，发动组织群众疏通道路拥堵、严格维护交通秩序，很快就恢复了正常秩序，既保证了抗美援朝军事运输畅通，又保护了城市公共安全。通过这次整顿，公安机关也摸索积累了战时交通管理的宝贵经验。

引蛇出洞歼残敌

美国发动侵略朝鲜战争后，一面将战火逼向鸭绿江边，一面通过各种渠道煽动在东北各地的国民党伪满残余匪特人员重新纠集起来，企图建立反动武装，开展所谓“敌后游击”活动。1950 年秋天，长春、吉林两市及周边的九台、永吉、德惠等县，连续发生十余起针对区政府抢夺枪支、抢劫供销社现金和物资的重大案件。辽东、辽西、热河等省也相继发生了这类案件。

在应对这类案件的侦破工作中，当时一些地方公安机关缺乏总体的谋略考虑和全面部署，往往露头就打、见头就抓、零敲碎打，难以取得大的战果，其结果不但没有彻底铲除毒瘤，反而增加了侦破的难度，使我方疲于应付，工作被动。

父亲敏锐地注意到了侦破工作中存在的问题，他和同志们认真分析这些案件的规律和特征，决定要变被动应付为主动进攻，在加强侦察和周密控制的前提下，采取“引蛇出洞”的斗争策略，即确立总体谋划、全面部署的作战思路，待敌人的阴谋活动全部暴露出来后，聚而全歼。随后，东北公安部在省市公安厅局长工作会议上进行了具体部署，提出明确的要求：在形式上，我方要不动声色，麻痹敌人，待其暴露；在工作上，则在统一指挥下，布置力量，撒下渔网，积极进攻；引敌人入网后，不动则已，动则一网打尽。同时，又要根据可能和必要的原则，留下“根子”，以便继续发现和打击新的敌人。

这是一个主动进攻、彻底消灭敌人的斗争策略，与盲目纵敌的做法截然不同。为了进一步明确指导思想，统一认识，父亲特别强调：计划步骤确定后，必须沉住气，坚决贯彻。一方面不要被敌人猖狂活动的某些现象所激怒而手忙脚乱，乱抓一阵，惊动敌人；另一方面也不要怕某些（领导）干部看到敌人活动，责备公安机关不声不响，而迎合他们的要求，动摇自己的步骤。要在准确掌握敌人基本情况的基础上，选择适当时机予以全歼，以给敌人又狠又准的打击。

为了摸索总结斗争经验，东北公安部派治安处科长徐壁人带领工作组，到吉林省具体参与和指导案件侦破工作。吉林省公安厅根据会议的部署，及时改变了各县公安机关分头破案的做法，成立了侦破领导小组，统一指挥协调破案工作。经过侦察，很快在九台县发现了案情线索。一个叫陈刚的伪满警佐，国民党统治时期组建过地下军，还加入过青洪帮。他与一个叫赵富田的建军土匪相勾结，在美国侵朝战争的炮声中纠集了一伙国民党、伪满残渣余孽，从事抢劫破坏活动。为彻底摸清这个组织的背景和全部情况，我公安机关进一步开展了内线侦察工作，通过物建秘密力量，接近赵富田，取得信任后“入伙”，并被委任为小头目，进而摸清这个土匪组织的全部情况。这个组织叫“吉林敌后游击大队”，成员有惯匪、国民党军溃散官兵、被斗地主富农六十余人，在长春、吉林、九台、德惠等市县建立了十余处联络据点。这伙匪徒抢劫农村供销社的现金、物资是为了筹集活动经费，企图尽快搞到枪支，开展“敌后游击活动”，策应美军侵占东北地区，配合台湾国民党集团反攻大陆。

我公安机关抓住敌人急于取得枪支的心理，设计了“以给枪合伙干”为诱饵，采取调虎离山的办法，诱歼敌人的作战方案。于“交货”那天，在长春市郊的一家大车店，我方侦察人员一举将匪首赵福田和十余名匪徒当场抓获。紧接着根据事先掌握的材料和被捕敌人提供的线索，有关市县公安机关同时展开搜捕行动，将另一名匪首陈刚及其他同伙一网打尽，彻底摧毁了这个有六十多名匪徒的“敌后游击大队”。

在此期间，辽东、辽西、热河等省公安机关也相继破获一批这类案件，摧毁了“敌后暂进军”“东北志愿军”“党政救国军”“天一统自成军”等各种名称的匪帮三十多股，抓获匪徒八百多人。斗争实践证明，父亲和同志们采取“引蛇出洞、聚而全歼”的策略方针是正确的，取得了显著的效果。抗美援朝战争期间，作为大后方的东北地区没有发生一起反革命暴乱，都被我公安机关消灭在预谋阶段。东北地区全境社会秩序井然，生产稳步发展，为支援战争前线、促进经济建设提供了良好的环境和条件。

智歼美国间谍飞机

1952 年 7 月，美国为摆脱在朝鲜战争中的不利局面，单方面宣布朝鲜停战谈判无限期休会，在战场上连续发动夏季攻势和秋季攻势，想借此获取谈判桌上得不到的东西。与此同时，美国中央情报局不断向我国东北地区空投特务，企图配合朝鲜战场美军的攻势，建立“敌后游击区域”和“敌后军事基地”，扩大侵朝战争。由此，东北公安机关与美国间谍机关展开了一场斗智斗勇的博弈。

1952年7月13日，美国驻日本厚木基地的间谍机关向吉林安图县老岭山区（长白山地区）空投了第一批特务。这批特务有组长张载文（化名文世杰）、电台台长牛松林等五人（简称“文队”），任务是建立“敌后武装游击中心”，搜集东北地区的军事、政治、气象情报。文世杰组空降到长白山区后，架设电台与美特机关通联。7月中旬，吉林省公安厅急电报告：长白山区的群众夜间听到飞机盘旋的声音。9月初，再次电告：安图县老岭山区五名居民进山采参，遇到五个身着志愿军服装的人，向他们购买小米、烟叶、豆油等物品，还约他们改日再带物品来卖。但他们如期上山，几个“志愿军”却杳无踪影了。此时，中央公安部也侦悉到这一带山区有电台呼叫声，通报东北要求速查。父亲接报后感到事关重大，立即召开紧急会议，分析研究这些重要情况，父亲决定由他和陈钟、王鉴组成领导小组，迅即抽调东北公安部、吉林省公安厅干部和公安部队，组织民兵严密封锁进出山区的通道，拉开大网全面展开搜查行动。

就在我方组织力量进山搜索，准备剿灭空降特务的时候，9月21日，美国中央情报局“自由中国运动总部”又向安图县老岭山区空投一名骨干特务李军英，其任务是以巡视员的身份视察，检查7月13日空投下来的“文队”建立游击基地的进展情况。李军英降落后向“文队”传达了美特机关的指示，发回“文队工作情绪极佳”的电报，约定了下次接头的时间、地点、暗号。他化装成志愿军下山，准备去临江县寻找旧关系，没想到刚下山就陷入我军民布下的天罗地网，步步关卡、层层盘查，很快被我民兵查获，押送到安图县明月沟派出所。李军英穷途末路，很快就供认了他空降到东北的任务。

为尽快摸清美国间谍机关向东北空投特务的阴谋活动，东北公安部指示吉林省公安厅立即将捕获的李军英押解到沈阳。经过进一步审讯深挖，李犯供认了全部情况。李军英曾任国民党军上校团长，解放后逃到香港，被蔡文治“自由中国运动总部”特务组织招募，在塞班岛接受了特务训练。他供认美国间谍机关规定其完成任务的时限为一至一个半月，完成任务返回日本。回日本的办法，一是走“空路”，即用空取的办法。二是走“武路”，从海上回日本。三是走“荣路”，从香港回去。他还交代了另一组即沈衡年组（简称“沈队”）的五名特务，将于近期空投到长白山区的情况，以及美国中央情报局在日本、韩国的间谍机关和特务活动情况。根据李军英的交代，东北公安部要求全力搜捕空投特务，强调要抓活的，特别是报务员和特务组组长，对于拒捕反抗的特务分子，宁可击毙也绝不能让其逃出山区。在吉林省公安厅王吉仁副厅长的指挥下，搜山队伍冒着零下二十多度的严寒，风餐露宿，一步步收紧包围圈，将这一股空降特务歼灭，活捉了组长张载文及电台台长牛松林等四人，击毙一人。缴获了全部武器、弹药、电台、密码和发报底稿，以及大量饼干、罐头、医药和过冬衣物。

张载文等案犯被押解到沈阳后，东北公安部以张犯为突破口进行审讯。这群特务大部分当过蒋军官兵，和我军交过手，本来就心有余悸，现在更加惶恐动摇。经过审讯人员的思想攻心、政策交底，张载

东北公安战士抓获美国空降特务

文、牛松林等人很快供认了全部情况，表示愿意戴罪立功。

为了更好地保卫东北地区，配合抗美援朝战争取得胜利，初战告捷后，父亲缜密地分析了全面敌情，认为李军英、文世杰、牛松林已缴械投降，主动表示愿意立功赎罪，电台和密码已在我控制下，只要加强监督控制，继续做好思想工作，完全可以为我工作。长白山地区周围没有要害单位，与敌周旋余地很大。只要敢于下决心，做大文章；只要做到计划周密，设计得当；就完全可以逆用缴获的美特电台，抓住敌人急欲了解空投特务活动情况的心理，达到将敌机诱入长白山区击落的目的，夺取反空投特务斗争的更大胜利。经过深思熟虑，父亲决心打好这次战斗。他连夜召集副部长陈钟、政治保卫处处长王鉴等同志进行研究。

陈钟是一位 1935 年 10 月入党的老同志，历任八路军一二〇师敌工部代部长，晋绥军区敌工科科长，东北局社会部情报研究室副主任，东北公安部副部长，长期从事情报工作，老成持重、思路缜密。

王鉴于 1937 年 11 月参加革命，曾在山东战场与日寇厮杀过，历任沈阳公安总局调查科科长，东北局社会部治安科科长、政保处处长，具有丰富的侦察保卫工作经历，视野开阔、思维敏捷。

父亲和同志们认真分析了前期的工作，一致认为：通过这段时间的经营，案情正在朝着预期的方向发展，敌人对张载文的电台没有起疑，诱使敌人"空取"的条件已经基本具备。但这是一次隐蔽战线斗争的重大行动，既无现成的经验借鉴，又没有境外情报的配合，就必须发挥主观能动性，精心设计，加强指挥，力争把敌人引向我们的口袋。当时距离张载文被抓前最后一次通报约定七日内复电，只剩下最后一天了。时不我待，父亲当机立断要"文队"的电台与美特机关通报联络。

东北公安部政保处科长张玉成率监听、译电、报务等人员，带上“文队”报务员牛松林及全套通信器材，火速赶往“文队”原藏匿的长白山地区。在我方电台报务人员的现场监控，另设电台监听的情况下，由牛松林发出一份假情报，称已收到空投物资，因怕目标暴露，已埋藏物资，现正向东南移动，安全脱险。随后，美特机关多次来电催问，是否与李军英取得联系。我方为了骗取敌人信任，吸引敌人上钩，即复电告之，已与李军英会面，李军英下山寻找关系，尚未返回，搜山部队已撤离。

父亲与陈钟、王鉴等同志再次分析研究认为，案情继续朝着预期的方向发展，诱使敌机前来“空取”的条件已经基本成熟，但必须精心设计，要投其所好，再给对方加几个套索。父亲决定主动进攻，紧紧咬住敌人，继而采取三项措施。

第一，继续以诱饵吸引敌人，由“文队”的电台复电称，李军英已经返回。同时又以李军英的名义发出一份电报，称已安全返回基地，收获很好，并得到证件和一批文件，但陆路携带困难，海上封锁严，无法通过。务希速来“空取”。这样，既吸引敌人，又迫使美特机关只有选择“空取”。

第二，在四天时间内连续给美特机关发报，强调李军英手中握有大量情报，搜山部队虽已撤离，但仍有危险，“归心似箭，如遇突变，则文件、证件全失，实心焦万分”，促使美特机关快下决心。

第三，根据李军英提供的线索，吉林省公安厅10月4日一举歼灭了空投到吉林靖宇县龙湾山区的美国特务沈衡年组（简称“沈队”）。为了迷惑敌人，我方逆用“沈队”的电台发报称：“我等安全，工作正在开展”，“社会控制极严，旅行要求证件”。麻痹敌人，掩护“文队”。从侧面烘托气氛，打消美特机关要求李军英走“荣路”返回的计划。

经过半个月时间的空中电波往来周旋，美特机关终于回电“择日前来空取，应速选好空取场”。我方立即组织力量，按照既符合敌人“空取”的条件，又有利于我方击落敌机的理想场地标准，翻山越岭选取场地。经多方勘察、几经筛选，最后将空取场确定在安图县三道沟。随即电告美特机关，空取场已选好，并注明经纬度和坐标，以及识别标志等具体细节。不久，美特机关派高空侦察机对空取场及周围的地形进行观察拍摄，未发现丝毫破绽。11 月 22 日，美特机关来电：本月 29 日至 12 月 1 日，三天内零时派机空投物资和空取李军英。

如何抓住敌人空取的机会，以取得更大的战果，是父亲和同志们深入思考的问题。当时有一种方案是利用美特飞机来空取的机会，将李军英趁机派回日本，深入到美国间谍机关内部，发挥更大的作用。经过反复权衡利弊，父亲毅然决断仍按照既定战斗计划，在敌机前来时予以击落，并迅速制定作战方案，上报中央公安部批准。

当时已任中央公安部一局局长的陈龙叔叔接到这个方案后，马上向罗瑞卿部长作了汇报。两人详细研究了当时的斗争形势和诱歼敌机的全部细节，为了给美国间谍机关以更大的打击，决定批准这个方案。复电前，罗瑞卿部长望着陈龙叔叔问道：“像这样大规模的战斗，公安部要不要派人去东北指挥?”陈龙叔叔摇了摇头，表示不需要。他完全信赖自己的老战友，相信东北公安机关一定能够打赢这场战役。

接到中央公安部的复电后，击落间谍飞机就成了夺取最后胜利的关键性一战。父亲和同志们立即进行了周全的部署和充分准备，力争做到万无一失。父亲马上向东北局主要领导高岗汇报，请求批准调用解放军的防空部队。高岗当即同意，似乎又有些不放心地问父亲：“打飞机有把握吗?”父亲点点头，语气坚定地回答说：“基本有把握。”回到机关后，他又以同样的话问了王鉴叔叔，听到同志们充满信心的回答后，父亲满意地笑了。

父亲随即找到东北军区贺晋年副司令员，具体落实借调防空部队的事情。父亲后来告诉我“贺晋年是个厚道人”。当时贺副司令员出于对老战友的信任，没有询问他调用部队的具体用途，就把驻鞍山防空部队的一个高射机枪连拨给他指挥。

紧接着，父亲又考虑到战场的形势瞬息万变，稍纵即逝，在歼击美国间谍飞机第一线需要一位身经百战、决心果断的指挥员现场把握决断。他决定请东北公安部队司令员谭友林亲自担任现场总指挥。谭司令员很爽快，当即挂帅出征。

谭友林将军是湖北江陵人，十四岁就投身革命，参加中国工农红军，历经很多重大战役的磨炼，先后担任过营、团、师、军级建制部队的指挥员，具有丰富的作战经验。1951 年 6 月，谭友林将军任东北公安部队副司令员。父亲从有利于公安部队的长远建设考虑，主动向东北军区司令员兼政委高岗提出调整军事主官的建议，由谭友林接任司令员，自己只兼任政委一职。后来，谭友林将军还担任过军委工程兵副司令员、兰州军区政委。他和父亲在长期工作中相互尊重、密切配合，结下了深厚的友谊。

父亲同时派东北公安部政保处调查科科长乔庄任副总指挥，协助谭司令员指挥战斗。按照预定方案，谭友林司令员率公安干部和公安部队、解放军防空部队指战员一百八十多人，携带高射机枪、轻重机枪等武器装备，昼夜兼程赶赴设伏地点。出发前，父亲和同志们根据最新情况，慎之又慎，再次审查修正了作战方案。细致入微的父亲周密审视了歼击敌机的火力配置、部队伪装、现场掩护、射击时机、监视坠机地点、捕捉押送敌特等各个环节，甚至连枪支的防寒保护这样的细节，都没漏过，逐一提出了具体要求。

到达预伏地点后，谭司令员、乔庄同志和吉林省公安厅副厅长王吉仁等有关领导再次勘察空取场及周边地形，布置了由四十一挺高射和轻重机枪组成的三道对空射击火力线，构筑掩体，做了严密伪装，还多次进行战前演练。谭司令员进行了临战前战斗动员，根据事先掌握的情况，详细交代了敌机来的时间、航向、高度，反复强调全体参战人员要做好战斗准备，服从命令，听从指挥。

11 月 29 日夜 22 时，设伏部队按照部署进入阵地，分赴各预定地点隐蔽待命，并在空取场周围设立瞭望哨，对附近的村庄也进行了灯火管制。当夜，现场空荡荡的，只有披着银装的群山丛林，虎踞龙盘般地屹立在周边，透过夜幕俯览着即将发生的一切。

一架无国籍标志的 C-47 型运输机，按预定时间飞临现场上空。它在阵地上空盘旋两周，同地面电信联系后，空投了物资和一个内装空取器的降落伞，飞离现场。四十分钟后，我方人员将空投物资取回，并按敌人的计划布置完毕。现场中央立起空取架，架下“假拟敌”蹲坐在绳索末端，地面上燃起三堆篝火信号，火柱直冲上空，一切都与敌人设想的方案没有差异。

敌机第一次开灯低飞试航，因航线偏斜，离我方火力控制范围较远，谭司令员沉着冷静，不露声色，挥手示意放过。第二次敌机低空飞近正准备吊起空取器时，没想到吊索钩早被我方事先牢牢拴在两侧大树上的粗绳子钩住，敌机一番挣扎拉断绳子后急忙上升。但为时已晚，谭司令员抓住战机，一声令下，一颗绿色信号弹升上夜空，各种火器齐射，敌机立刻被击中，拖着长长的火蛇，一头栽向地面，其中一个机翼撞到树上（有的资料记载是碰到了对面的山岩上），机身破裂，瞬间摔到地上，燃起浓浓的大火。从飞机后舱破裂处甩出来两名负责空取的美国间谍教官唐奈和费克图在雪地上仓皇逃窜，被乔庄带领公安战士当场活捉。飞行员和报务员史瓦兹、斯诺迪随机身亡。至此，击落美国间谍飞机的战斗取得决定性胜利，美国中央情报局空投特务的阴谋遭到毁灭性打击。

东北公安战士在美国间谍飞机残骸前合影

午夜刚过，喜讯传到了位于沈阳市八纬路50号的后方指挥部。一向沉稳的父亲舒展了眉头，他和在场的陈钟、王鉴、解衡等同志一起发出了爽朗的笑声。父亲叮嘱前方要打扫好现场，迅速转移飞机残骸。此后几天里，美特机关一直蒙在鼓里，多次来电询问飞机到底如何？并要求“文队”在飞机经过的区域进行搜索。

党中央非常重视这次胜利，周恩来总理当时赞扬说：“东北打下一架飞机，是逆用电台搞的，这事办得好！”罗瑞卿部长既高兴又不无讽刺地说：“八路军靠小米加步枪打败了日本侵略者，我们用土方法打下了洋飞机，好得很！”

在这前后，美国间谍机关分别空投到吉林省蛟河山区和辽东省复县（现为瓦房店市）的两股空降特务，以及空投到吉林安图县神武城的两股韩国籍特务也都没有逃脱全军覆灭的厄运。至此，美国间谍机关空投到东北地区的特务，被我公安机关和公安部队全部肃清。

东北公安部政保处旧址

但战斗远没有结束，敌机被击落后，美特机关不断追查，经过一段时间的应付，逐渐缓和下来。父亲和同志们分析判断，敌人既然查找飞机的下落，可见美特机关还没有清醒过来，而且他们无法知道飞机是被我方击落的，即使产生怀疑，也难以肯定张载文发生问题了，我们还有机会再给予敌人一次打击。相反，如果我方就此结束，反而会引起敌人怀疑，给以后的反空投特务斗争带来困难。父亲决定继续逆用电台与敌人周旋下去。我方为了进一步试探敌人反应，取信于敌，一方面由“文队”电台向美特机关发报，说明要继续坚决寻找飞机的下落，表示对美特机关的忠诚；另一方面又设计了一个新的战斗方案，即伪造一个飞机失事坠落机毁人亡的假现场，迷惑敌人，掩护逆用“文队”电台的斗争手段，消除因间谍飞机没有返回日本而对“文队”产生的怀疑，诱使敌人做出错误判断，以便争取把反空降斗争再引向深入。当时考虑如果用“文队”去发现踪迹，会使敌人感到过于巧合，可能会弄巧成拙。经过研究，决定起用另一部已经由我方掌握的美特电台，即 1952 年 10 月 17 日和 26 日空投在吉林安图县神武城的那两股被俘获的韩国籍武装特务代号为“气象队”的电台。此部电台被我方逆用后已与美特机关通联过，他们虽与“文队”同属美国中央情报局系统，但属于两个不同的机构、不同的国籍，互不联系，比较理想，不容易引起敌人怀疑。我方随即指挥“气象队”电台将在中朝边境地带发现飞机坠落假现场的情况通报给美特机关。敌人接到电报后倍加称赞，回电报说：“祝贺你们，干得很好。”时隔不久，我方发现确有美国飞机在假现场上空盘旋后飞走。为了证实美特机关究竟如何判断的，我方又指挥这部电台发报，说明由于长途跋涉，食品、药品都已用尽，枪支有些损坏，弹药不足，急盼迅速补给。美特机关回电报应允。1953 年 1 月 28 日晚，敌机果然如约而来，在空投地点上空盘旋多时后，未敢低飞从三千公尺高度投下物资后飞走。我方清点了物资，敌人不愧是“运输大队长”，又送来一批卡宾枪，还有大批的饼干、花生米、鱼干、黄油、火腿、盐、大桶的午餐肉罐头，以及毛线衣裤等。

鉴于抗美援朝战场形势已经发生了决定性变化，在中朝军队针锋相对、以打促谈的回击下，美国不得不回到谈判桌上来，朝鲜停战谈判的僵局被打破了。父亲和同志们对斗争形势进行了全面分析，认为今后敌人在长白山区空投特务的可能性较小，逆用这部电台透露发现间谍飞机残骸的目的已经达到，不宜再与敌人周旋时间过长。遂决定于几天后电告美特机关“气象队”遭到了袭击，终止了通信联络，给敌人造成这批韩国籍特务已被朝鲜公安机关抓获的错觉。随后，又对“文队”采取了各种掩护措施，迷惑敌人，逐步收场。至此，这场战斗画上了圆满的句号。

1954 年 11 月 24 日，《人民日报》以大字标题，在头版头条发布了中央公安部关于歼灭美国空投特务的公报，披露了最高人民法院对唐奈、费克图等美国间谍的严正判决。12 月 6 日，公安部又在北京举办了“美国空投特务罪证展览会”，公开展示了被我击落的美机残骸，以及被我缴获的大批美式武器、电台、军用地图、降落伞、空取器、特务经费等罪证，彻底揭露了美国侵略中国的狰狞面目。这一重大胜利，维护了我国的主权和尊严，提高了我国的国际威望。

事隔二十年之后，美国总统尼克松为谈判中美建交问题来我国访问。公安部遵照党中央的决定和周总理的指示，先后将唐奈、费克图两人释放回国，有力地配合了这次外交谈判。

1978 年夏季的一天下午，谭友林将军来看望父亲时，两位老战友回忆往事，自然而然地提到他们共同经历过的那次战斗。当父亲告诉谭友林将军，“文革”期间“四人帮”在吉林的爪牙恶毒地污蔑诽谤逆用敌台诱歼美国间谍飞机的战斗是“知敌勾敌，引狼入室”，是“和敌人互相勾结，狼狈为奸，为敌人派遣特务活动大开绿灯”时，谭将军气愤地说，他们胡说八道！两位老人深情缅怀那些冒着零下二十多度的严寒，爬冰卧雪，忍饥挨冻，在长白山搜捕和追歼空降特务的战斗中，冻伤、牺牲的公安干部和公安部队战士们……

需要指出的是，事隔几十年后，国内的一些书籍和报刊对这次歼灭美国空降特务和击落间谍飞机的战斗，却出现一些不符合历史真实情况的描述。我相信历史永远是真实、客观、公正的。我们研究历史，以史鉴今，资政育人，必须始终坚持的一个最重要前提就是要尊重和维护历史的客观真实性。这次战斗的胜利是在东北局和公安部的统一指挥和领导下，东北地区各级公安机关主动进攻，积极而艺术地运用谋略，与公安部队及解放军防空部队密切配合，充分发动群众、依靠群众取得的。在《寂静的山林》影片中曾生动地再现了当时的战斗情景。

改造日本战犯和伪满汉奸

1945年8月8日，苏联对日本宣战，苏军在东北地区俘获了大批日本战犯和伪满汉奸。1950年2月，经中苏两国政府商定，苏方将关押的日本战犯和爱新觉罗·傅仪等伪满大汉奸移交给中方。为此，按照党中央和周恩来总理的指示，东北人民政府成立了战犯管理委员会，高岗任主任、司法部长高崇民和父亲任副主任，成员有卫生部长王斌等同志。东北公安部作为执行机关，具体实施接收和管理日本、伪满战犯汉奸的各项准备工作。

改造这些日本战犯、大汉奸没有现成的经验可借鉴，而这些战犯、汉奸罪行累累，特别是日本战犯被法西斯军国主义思想浸透灵魂，他们认为侵略中国是天经地义的，因而改造与反改造尖锐对立，迫使他们认罪服法必然要经历一个十分复杂的过程。父亲亲自主持了这项艰巨的“改造工程”，他和陈钟、王鉴等同志研究后，决定派东北公安部政保处执行科科长董玉峰负责各项具体工作。1950年5月份的一天，父亲召集政保处处长王鉴、办公室主任黄宣文和董玉峰开会，传达了党中央和东北局的指示后说：“中央问我们，6月份能否接收战犯?”当时几位同志都认为战犯管理所刚刚着手筹建，6月份就接收战犯肯定有问题（困难）。父亲略作思忖，当场拍板：“那么就请示中央，可否允许在7月、8月份接收。”就这样，经中央同意后，东北公安部开始了紧张的筹建工作，同时组建战犯管理所机构。

董玉峰按照父亲“找一个不在繁华地区、关押条件又比较好的监狱”的要求，带领有关同志经过多方考察，最后选定了一座日伪时期建立的专门囚禁和屠杀抗日志士和爱国群众的大型特殊监狱，原名为抚顺监狱。监狱位于抚顺市区北部、抚顺县旧城西关，北面是高尔山，南面是宽阔的浑河，河两岸都是开阔地。

1950年6月，东北公安部报经东北人民政府批准，建立了东北战犯管理所（后改名为战犯管理所），同时启用“抚顺战犯监狱”名称。我方接收这座监狱后，很快进行了彻底改造，修建了医务所和

抚顺战犯管理所旧址

病房，重新粉刷监室并安装了暖气，兴建和扩建了礼堂、图书馆、浴室、理发室和食堂。经东北公安部研究决定，调抚顺市公安局副局长孙明斋担任战犯管理所所长（后由金源接任），旅大地区关东高等法院劳改处处长曲初任副所长，詹华忠任管理所监狱看守长。父亲专门找孙明斋谈话，强调了教育改造战犯的重要意义，打消了他的顾虑，交代了具体工作任务，明确抚顺战犯管理所由东北公安部政保处王鉴、解衡和董玉峰负责业务指导，并从东北公安部、司法

部、卫生部调配了科级干部，分别担任监管科、教育科、卫生科等部门负责人。管理所的工作人员主要来自东北公安干部学校和东北军区，看守员由公安三师（后改编为公安十八师）抽调的连排级军官担任，共计一百四十五名同志，并由两个连的公安部队担任看押和警戒任务。随后，又对全体干部、战士普遍进行了有关政策和纪律教育。至此，抚顺战犯管理所的各项工作全面展开。

当年7月初的一天，父亲召集东北行政委员会外事局局长陆曦、东北公安军周光副司令员和东北公安部王鉴、董玉峰等同志，具体部署接收日本伪满战犯汉奸工作。父亲向与会的同志们宣布了中央通知，中苏双方已经商定，于7月18日和8月1日，在黑龙江绥芬河车站分别交接日本、伪满战犯汉奸。随后，父亲传达了周总理的指示，必须做到“一个不少，一个不死”。父亲决定由陆曦担任接收战犯汉奸工作团团长，负责外事，代表国家签字接收；董玉峰担任副团长，负责押解。会议就交接工作现场的保卫措施、押解战犯使用车辆、押解兵力配置、接收干部配置、犯人的伙食和医疗急救等细节问题，逐一进行了认真研究，制定了具体的落实措施。在研究押解战犯使用车辆时，董玉峰担心押解途中出现战犯跳车问题，提出使用闷罐车（货运车）运载。父亲略作考虑后决定：“现在天气太热，还是使用客车运载较好，但要严加戒备。”这次会后，立即开始了紧张的准备工作，由东北公安部政保处抽调七名干部，组成押解工作组；从战犯管理所抽调二十多名看守员，组成几个看守组；公安三师一个连负责警戒。同时，逐一落实了铁路车辆和后勤保障等项工作。

1950年7月18日，我方在中苏边境绥芬河车站，接收了苏方移交的日本战犯。在接收战犯现场，苏方使用的闷罐车与中方使用的客车形成了强烈的反差。当这些战犯从空气浑浊的闷罐车转乘到干净、明亮的旅客车厢时，流露出满意的表情。随后，我方又于8月1日接收了伪满汉奸，共计日本战犯九百八十二名、伪满汉奸七十一名。其中日本战犯有：伪满国务院总务长武部六藏、中将师团长铃木启久、宪兵大佐斋腾美夫等人。伪满汉奸有：伪满洲国皇帝溥仪及总理大臣张景惠、宫内府大臣熙洽、外交部大臣阮振铎、军事部大臣邢士廉、交通部大臣谷次亨、勤劳奉仕部大臣于镜涛、民生部大臣蔡其昌等人。

在绥芬河车站移交日本战犯时，苏方代表告诉我方接收人员：这是一批极端反动的军国主义分子，是根本不可能改造的。刚进抚顺战犯管理所时，他们满脸胡须，衣服肮脏，面容憔悴，但又目空一切，显得骄横狂妄。有的头戴日本战斗帽，身穿将校服，肩佩军章，足蹬马靴，依然是一副日本法西斯的狰狞面目。有的早上起床后向东京遥拜，祈祷“天皇陛下万岁”，表示“宁愿为法西斯军国主义而死”。他们拒绝看中方的报纸，不听中方的广播，以示对抗。对于我方给予的人道主义待遇，认为是中方的“软弱”。更为普遍的是，他们公然否认有罪，宣称他们侵略中国是“帮助中国建立新秩序”，叫嚷他们是“战俘”，不是战犯，诬蔑中国将他们关进战犯管理所是“违反国际法的行为”。当时美国已经发动了侵朝战争，他们幻想日本卷土重来。东北公安部曾奉命将这批日伪战犯汉奸转移到哈尔滨等地监狱，他们又妄估形势，断言“美国一定能胜利”，“日本一定要崛起”，“中国一定会再次被列强瓜分”。有些战犯还联名向联合国写信，个别战犯甚至利用放风的机会，互相传递纸条，暗地策划联络社会上的日侨越狱暴动，妄图在美军攻占东北时里应外合。他们不断闹监，对管教干部和哨兵高声叫骂、用拳头砸铁窗、歇斯底里地喊叫。

面对日本战犯的嚣张气焰，很多管教干部和战士想不通，有的炊事员、理发员不愿意给他们做饭、理发，有的管教干部消极地等待有一天中央下令，把他们公审杀头算了。父亲对于这些日本战犯极端顽固的思想状态早有预料，通过眼前的现实情况看得更清楚了。他和王鉴、董玉峰等同志研究后，决定首先组织战犯管理所的人员，联系思想实际，学习毛主席的《论人民民主专政》《矛盾论》等著作；深刻领会党中央和周恩来总理关于“对他们要采取革命人道主义的改造政策”“抓紧开展认罪悔罪教育，将他们逐步改造成为反军国主义的，为中日友好事业服务的新人”“要认真做好我方干部、战士的思想工作，以便对他们进行安全管理，做到不跑一个，不死一个”的重要指示精神，学习有关政策。经过学习讨论，我方管理人员统一思想，充分认识到了改造日本战犯的深远意义，认识到自己肩负这个历史任务的重要性和艰巨性，增强了改造工作的信心和责任感。

父亲审慎地分析这些日本战犯的情况和表现，指示战犯管理所的孙明斋等同志，一方面要查清他们的罪行，另一方面要摸清他们的思想，要从调查研究入手，制定改造对策。在此基础上，我方研究制定了促使日本战犯认罪服法与教育改造相结合的具体方案和步骤。第一步是以大量的事实，揭露日本军国主义的罪行，促使战犯认罪服法。在改造工作中，坚持“争取下层、分化中层、动摇上层、孤立反动”的方针，采取先尉级军官、后将校级军官，先小批、后大批的步骤，从思想教育入手，抓好典型促进一般的方法，因势利导，逐步达到使他们认罪悔罪的目的。

为了达到改造的目的，首先要打击日本战犯的嚣张气焰，整顿监规，制止闹监现象。抚顺战犯管理所经过深入细致的调查，摸清了战犯们闹监的内幕情况，带头的是伪满锦州警察局警正鹿毛繁太。管理所决定抓住这个典型，找他个别谈话。鹿毛繁太顽劣不逊，一进房间，就气势汹汹地说："我是战俘，凭什么关押我？你们懂不懂国际法？"

我方干部："你既然懂得国际法，那就请你回答，国际法哪一条规定一个国家可以侵略另一个国家？"

鹿毛繁太："我是奉天皇陛下的命令。"

我方干部："正因为你们忠实地执行日本天皇的命令，所以你们是名副其实的战犯。"

鹿毛繁太理屈词穷，管理所的干部责令他写检讨，承认违反监规的行为。

鹿毛繁太："这是谁的命令？"

我方干部义正词严地回答："这是中国有关当局的命令！"

鹿毛繁太虽然提出一连串的问题，但在我方干部依照法律的严厉驳斥下，未敢继续顽抗，只得表示检讨。鹿毛繁太回到监房后，只写了几十个字的检讨交上来，想敷衍了事；我方干部令其再作深刻检讨，他看不能蒙混过关了才开始认真检讨，就这样一连反复四次，直到暴露出真实思想并作了自我批判为止。父亲指示孙明斋同志抓住战机，趁热打铁，责令鹿毛繁太在战犯大会上当众检讨，保证今后老老实实，不再乱说乱动。鹿毛繁太这个在战犯中被称为"大和魂的榜样""磊磊落落的民族英雄"，不得不彻底在中国人民面前低下了头。这次大会在日本战犯中引起了极大的震动。为了利用好这个典型，管理所乘势而上，组织战犯们座谈讨论，责令所有闹监的战犯做检讨，保证接受管理改造。这时，管理所结合朝鲜战局发生扭转的大好时机，宣传中朝军队反攻的胜利，打消战犯们的幻想。同时开展政治攻势，鼓励表现好的，批判表现坏的，使"铁板一块"的战犯营垒开始发生分化。许多战犯写了检讨，一些尉级战犯主动反映情况，揭露一些将校级战犯的所作所为，孤立了极端顽固的分子。从此，我方开始掌握了战犯们的思想动态，平息了闹监现象。

管理所按照既定的工作部署，在日本战犯中开展了认罪活动。通过揭露他们在侵华战争的种种罪行，批驳他们的反动思想，宣传镇压与宽大相结合的政策和有关法律，引起了这些战犯激烈的思想斗争。首先交代罪行的是一些尉级战犯，他们经过教育，逐渐认识到侵略中国完全是受了日本军国主义的毒害，不仅交代了自己的罪行，而且敢于揭发他们上司的罪行。这些证据确凿的揭发，在战犯中又一次引起了强烈震动，一些将校级战犯思想斗争激烈，在“杀身成仁”还是认罪服法上动摇不定。管理所抓住这一时机，选择认罪较早、态度较好、职位较高的古海忠之，促使他在战犯大会上公开坦白认罪。

古海忠之任伪满国务院总务厅次长，是日本侵略者安插在伪满州国的最高代表之一，直接操纵傀儡皇帝溥仪，也是战犯中最具影响力的人物之一。在大会召开前，许多战犯猜测纷纭。古海忠之在大会上交代了自己为了镇压中国人民的反抗，曾颁布“治安矫正法”，设立“矫正辅导院”，致监狱林立，警察横行，残害我爱国志士和无辜群众，甚至集体屠杀、刀劈示众等重大罪行。他请求中国政府给予正义的制裁，追究自己的全部责任，处以死刑，以教育日本下一代不再走自己的路。古海忠之的交代不仅打动了中下级战犯，一些上层战犯也开始动摇。但是，有些将校级战犯害怕坦白了罪行会加重处罚，甚至会为中国当局提供杀头的司法依据。针对这一情况，父亲和同志们及时进行分析研究，认为战犯们之所以不作交代，其根源还是因为他们有个精神支柱，就是“天皇至上”和“大和魂”“武士道”精神。必须发动思想改造，开展政治攻势，以政治教育为中心，从击破他们的反动世界观入手，摧毁他们的精神支柱。管理所组织战犯们学习《社会发展史》《日本资本主义发展史》《美帝国主义在日本的罪行》《日本人民的前途》《国际法》等。凡是学习好的，予以表扬；个别态度恶劣、拒绝学习的，单独关押，加以隔离。为了把学习深入下去，消除他们害怕坦白交代会加重处罚的疑虑，管理所进一步宣传“坦白从宽、抗拒从严”的政策，并提出三个问题让他们讨论：一是谁把你们推上了战争犯罪道路？二是应当如何看待发动战争的天皇？怎样充当了天皇枷锁下的牺牲品？三是怎样才能结束监狱生活，走上新生之路？经过学习讨论，许多战犯思想斗争更加激烈。他们在政治思想教育和政策的感召下，很快掀起了坦白认罪和检举揭发的高潮。不少战犯有所觉悟，认为美帝国主义进驻日本，同样在践踏日本人民，所谓侵略中国是“民族生存论”，完全是为了欺骗日本人民。

但是少数将校级战犯仍然不肯低头认罪。伪满国务院总务长武部六藏不但说“无罪”，还吹嘘自己“建设满洲国有功”。中将师团长藤田茂也强硬地说：“我是军国主义者，你们是共产主义者，我们之间没有谈话的必要。”有的将校级战犯为了推卸罪责，竟说“杀人放火都是下级军官干的”。这一恶劣态度激怒了尉级战犯，他们纷纷起来揭发。日军旅团长长岛勤的部下指着长岛勤说：“请问哪一条罪行不是你们发令犯下的?！难道所有罪行都是我们部下的，没有你们校官、将官的份吗?!”问得长岛勤哑口无言。

为了进一步打开局面，管理所决定将校级战犯与下级战犯混合编组，并要认罪好、职位高、影响大的伪满洲国务院总务厅次长古海忠之作悔罪检举的发言。他在交代罪行时着重指出：“第二次世界大战后，国际法有了新的发展，一个战胜国有权处理任何侵略国的战争罪犯。对我们的处理，当然属于中华人民共和国。”恰似重重的一棒，打在了不肯认罪的战犯头上。这时，尉级战犯纷纷举手发言，揭发他们领导层的罪行。将校级战犯看到部下反叛了，连总务厅次长也缴械了，更加感到众叛亲离，不少人相继出来坦白交代罪行，但也有极少数顽固分子仍在对抗。管理所领导决定以说理的方式开展“攻尖子”斗争。说理斗争的第一个对象，就是少将旅团长长岛勤。

长岛勤诡辩说：“我一贯廉洁奉公，经常教育部下遵守军纪，他们从没犯过非人道的罪行。”他的部下一听，纷纷坦白自己的罪行，质问长岛勤：“抢劫烧杀、无恶不作，这不是非人道的罪行吗？”长岛勤恼羞成怒，训斥他的部下说：“你们干了那么多坏事，为什么不向我汇报？只怪我没有察觉和处分你们。如今你们却把罪责全部推到我身上，简直是一群流氓，岂有此理！”他的卑劣表现，激起在场尉级战犯的一片谴责声。

“这都是奉你的命令！请问哪一条罪行不是因你的发令才犯下的？”

“战时你把‘功劳’据为己有，今天又把罪责转嫁给部下，你才真正是一个流氓！”

“难道罪行都是我们部下的，而没有你们将官、校官的份吗？”

“你是地地道道的军国主义重犯，事实俱在，抵赖只能加剧你的罪名！”

长岛勤招架不住，连忙表示认罪。在场旁听的藤田茂也算开了眼界，长了见识，不敢再继续顽抗了。

这次悔罪服法会对一些将校级的日本战犯触动很大，他们纷纷推测中国政府可能要采取“宽赦部下，严惩上官”的政策，自称是“风前的蜡烛”、“早晨的露水”、“菜板上的鲤鱼”，终日惶惶不安。父亲和同志们经过研究，决定抓住时机趁热打铁，进一步加强安全管理，交代党的政策，并针对他们的不同心理进行个别谈话，教育他们彻底认罪，争取光明的前途。就这样，经过耐心、细致、反复的教育和斗争，在一年多时间内，这些将校级战犯陆续交出了认罪悔罪材料，否定了他们为军国主义服务的前半生。在此基础上，管理所又组织全体战犯制订学习改造计划，开展比认罪程度、比立功表现、比进步大小的“三比”活动，从而促使他们从被迫改造转为自觉改造，有力地配合了侦讯、审判工作的深入开展。

1954 年全国各大行政区撤销以后，抚顺战犯管理所由中央公安部直接领导。到 1956 年，战犯管理所又开展政治理论学习，对全体战犯进行系统的教育改造，使统治他们头脑的反动思想进一步瓦解崩溃。当年 2 月，根据党中央的指示，在中央公安部的领导和布置下，战犯管理所组织日本战犯分三批参观了长春、沈阳、哈尔滨、鞍山和北京、武汉等十一个大城市，九十九个单位。安排他们实地参观我国经济建设的发展成就，体验中华民族迈向强盛的步伐；带他们瞻仰了东北抗日烈士纪念馆，看了当年日军细菌工厂、日军屠杀中国人民的万人坑等残址，倾听受害者的血泪控诉。我国社会的实际情况使他们深刻忏悔自己的罪行，激发了他们反对军国主义的感情。中将师团长佐佐真之助说：“我衷心向中国人民再次谢罪，将我枪毙，死而无怨。只希望向日本下一代转告我的体会，不要叫他们再走我的老路，我就心满意足了。”

1956 年 6 月，特别军事法庭对铃木启久、武部六藏、古海忠之等四十五名首要战犯，依法分别判处十三年至二十年有期徒刑。最高人民检察院宣布了对其他九百二十四名战犯免予起诉，分批释放回国的决定。至 1964 年 3 月，我国政府特赦了最后三名日本战犯回国。他们踏上日本国土时发表了《告日本人民书》，向日本国会递交了《请愿书》，再次向中国人民谢罪，表达了他们反对日本侵略和要求中日友好的强烈愿望。1957 年，他们又正式成立了“中国归还者联络会”，选举藤田茂为会长，岛村三郎为副会长。他们发表了许多忏悔录和进步作品，并且集体参加了中日友好协会，成为促进中日友好的一支重要力量。

1985年夏季的一天，我陪同母亲冒雨参观抚顺战犯管理所，留下了难忘的印象。1994年秋季，我再次来到了这里。在管理所同志的引领下，我参观了关押日本战犯的狱室和他们学习、开会的礼堂、图片资料陈列室。在那座花岗岩构成的“向抗日殉难烈士谢罪碑”（由日本“中归联”代表团捐款建立）前，我驻足观看，感触深刻，仿佛也经历了当年前辈们克服各种困难、教育改造日本战犯、唤起他们做人良知的过程。这的确是一场没有硝烟的、更为艰巨复杂的战斗，只有在党领导下的公安机关才能创造出这样辉煌的业绩。

一位研究教育学的日本教授曾感慨地说：“我是专门研究教育学的，深知育人不易。中国改造战犯的成功，是教育学上的范例，是人类史上的奇迹！”

对伪满洲国皇帝溥仪等大汉奸的改造，同样经过了一个复杂的斗争过程。溥仪这批大汉奸与日本战犯迥然不同，他们没有日本战犯那种愚忠愚勇的武士道精神，其更多的是复辟满清王朝的野心和甘当日本军国主义傀儡的奴性。他们有一个共同特点，就是对溥仪毕恭毕敬。父亲和同志们研究后，决定重点抓好对溥仪的教育改造工作。将溥仪作为大汉奸关押，是基于他在1932年3月至1945年8月充当伪满洲国“执政”和皇帝期间犯下的战争罪行。但对溥仪的改造则是针对他全部的反动立场、思想和观点。在溥仪身上融有封建主义、半封建半殖民地和资本主义、帝国主义交织的政治观、伦理观、统治观及生活方式。由于他所处的独特的社会环境和皇室的熏陶，形成了典型的唯我独尊和卑躬屈膝的双重性格，并且疑心很重、脾气暴躁。1950年，他得知苏联将战犯移交中国的消息后，认为回到祖国将被判处死刑，曾三次上书斯大林并供献礼物乞求永远留在苏联。溥仪从当年8月1日被移交过境后，始终处于紧张、恐惧、绝望的状态中。

接到我方押送人员关于溥仪等人一路上的表现和思想动向的报告后，父亲立即向中央公安部罗瑞卿部长汇报。周总理及罗部长很快作出指示，由东北战犯管理领导小组负责同志亲自出面做好溥仪等人的思想稳定工作。根据这一指示，父亲向东北局主要领导高岗汇报后，决定押解这批伪满汉奸的专列到沈阳时，由父亲陪同高岗等有关领导，特地安排了一次接见式的谈话。主要是针对溥仪等伪满战犯的思想状态，宣传党的政策，稳定他们的紧张情绪，防止发生意外。接见地点选在和平区南京街81号，东北公安部二楼会议室。考虑到溥仪等人的思想状态，父亲决定一方面要注意警卫，在室内外安排了穿便装的公安人员和武装警卫战士；另一方面要把会议室内的环境尽量布置得比较宽松，在室内摆放了一张长条桌，铺上白桌布，桌上放了茶水、香烟、水果和点心，丝毫没有审问的样子。

1950年8月2日上午9时许，当这些伪满汉奸被押解走出沈阳站时，溥仪又以为在沈阳下车，肯定是要在其祖宗的发祥地公审判决他，情绪又走向“豁出去了”的另一个极端。当东北公安部政保大队刘世伟副大队长点名押他们上汽车时，溥仪竟然摆出了“好汉赴难”似的样子，傲然应道：“我，大清国皇帝是也！”到了东北公安部，溥仪首先下车，然后是伪满八大部的大臣依次下车，其中有伪满洲国国务院总理大臣张景惠、外交大臣阮振铎、交通大臣谷次亨、宫内府大臣熙洽、民生大臣蔡其昌、勤劳奉仕部大臣于镜涛等。下车后，溥仪先行在前，仍然表示他是“皇帝”的显著位置，张景惠等尾随其后，但他们个个沉默不语，不敢旁视。进入会议室，溥仪他们仍然低头无言，但略有颤抖。当他们偷偷观察四周环境，看到的是会议室，而不是法庭，没有警察和武装警卫战士时，才稍微平静一些。溥仪看到会议桌上摆着水果、纸烟、点心、茶水等，拿起水果就吃。据溥仪自己后来回忆当时的心情，认为这是“催命宴”，就索性“吃了再说、快吃快走吧”。

在询问了溥仪他们被俘后的一般情况后，高岗代表东北人民政府向他们指出：日本军国主义侵略中国十四年之久，使我们国家遭受了空前的浩劫，广大人民遭受残酷的烧杀抢掠。你们都是中国人，但是你们叛国投敌，为日本侵略者充当傀儡，对中华民族犯下了严重的罪行。你们只有认罪服法，主动坦白交代自己的罪行，揭露日本军国主义种种侵华罪行，才能得到广大人民的宽恕，在法律面前才能得到宽大处理，否则是不会有出路的。

听到这里，溥仪觉得“看来一时是不会死的了”，就又要出了他在苏联玩弄过的花招，说道：“我当伪满皇帝，是在日寇的劫持和胁迫下不得已而为之的。我纵然不当，也有第二个人去当。我当，还会起点遏制日寇的作用。我的理想也是要解救中国人民的，不成想这个理想却被你们中国共产党给实现了。”

在场的伪满大臣中，立刻有人说：“好好听首长的训示，不要在这里多嘴插话！”

这时，父亲将早已是中共党员，在东北公安部工作的张绍维指给汉奸张景惠说：“看，这是你的侄子。你们老少两代走了不同的道路，你要向你的子辈们学习呀！”张绍维同志随后也劝勉他们要重新做人。张景惠羞愧满面，对侄子说：“你的路走对了，可我却成了战犯，我一定要好好认罪呐。”此时，张景惠的儿子张绍纪也接到通知来到会议室，他告诉这些汉奸：“你们的家属都生活得很好，子女们有的正在读书，有的已经工作，都在共产党的领导下前进着。”张绍纪劝告这些人不要有后顾之忧，只有安心认罪改造才有出路。汉奸们听到自己家属的消息后都露出欣慰的表情，溥仪的紧张情绪也顿时缓和下来。谈话结束后，他们三三两两走出会议室，溥仪迟缓地走在最后，看样子他想要几个苹果，我方人员允许他拿了苹果后才面带笑容地离去。这次谈话，在一定程度上消除了溥仪等人惊恐万状的心理。

为了有效地做好伪满汉奸的改造工作，父亲指示有关同志要继续坚持从调查研究入手，分析他们的思想状态和行为表现，有针对性地制定了对溥仪的改造措施。首先是分化瓦解，寻找缺口，摸清内幕。战犯管理所将溥仪与其家族随从分开编组。通过分开编组，溥仪开始学习生活自理，迈出了成为普通劳动者的第一步。另外，通过耐心的思想工作和晓以利害的教育，终于将其随从李国雄、侄子毓嵒分化了出来。他们两人揭露了溥仪隐瞒主动投靠日本军国主义，编造被日本人劫持去东北历史的经过，以及与随身亲属、随从订立攻守同盟的情况。管理所的同志立即找溥仪谈话，严正地指出他伪造历史、隐瞒罪行，企图逃避国家法律制裁的行径，并再次说明国家的政策、法律和坦白从宽、抗拒从严的道理。溥仪虽然在背后以皇帝自居，但他胆小怕死，当即表示悔罪，交代了一些自己的罪行。事后，他为了取得战犯管理所的信任，将随身携带的极有文物价值的国宝——乾隆田黄石印上交，以表示自己的真诚。溥仪及家属随从间的攻守同盟被打破了，但他却心存顾忌并没有彻底坦白交代自己的罪行。

管理所抓住溥仪思想上有所动摇的时机，继续加强思想教育，促使他认罪服法。通过组织溥仪等汉奸旁听日本战犯的学习交代会，利用这些战犯交代的侵华经过以及所犯的严重罪行，揭露溥仪他们充当日本侵略者的傀儡，出卖祖国，为虎作伥，残害人民，危害国家的大量犯罪事实。溥仪受到极大的震动，痛切感到罪行深重，怕死的心情达到极点，彻夜难眠。管理所及时向他指出：交罪、认罪是接受改造的前提。只要彻底交代罪行，就会有光明前途；如果隐瞒抵赖，绝无出路。溥仪在大量确凿的事实面前不得不低下头，最终交代了自己的全部罪行。事后他在坦白材料中真诚地写道："天作孽，犹可违；自作孽，不可活！"溥仪坦白交代以后，感到自己罪行太严重了，又转而悲观失望，认为人民政府必将他处以死刑。有关同志再次向他耐心解释了党的政策，鼓励他认罪服法，溥仪的情绪才逐渐安定下来，继续补充交代他所犯的罪行，而且还学会了唱《东方红》。管理所还对他进行世界观、道德观和人生观的教育。他深有体会地说："现在我完全清楚了，满清的灭亡，伪满的倒台，国民党反动派的失败，社会主义革命的胜利，是社会发展的必然结果。"溥仪的家人也改变了过去与他的君臣态度，他也不再以"真龙天子"自诩，思想观念进一步转变。

1954 年 8 月，中央公安部直接管理战犯管理所后，溥仪这个末代封建皇帝又经过了一段极为复杂的改造过程，终于被改造成中华人民共和国的公民，这在古今中外历史上是一个创举。1959 年 12 月，溥仪被特赦后，在有关部门支持下，由作家李文达帮助，依据其在抚顺战犯管理所期间写的一份自传性的检查材料，写成了《我的前半生》一书，于 1964 年 3 月出版发行。此书问世后，多次再版印刷，流传国内外至今。

保卫东北经济建设

东北地区是我国的重工业、能源和国防工业基地，从南满平原到北满山区，工厂林立，矿山密布，铁路横贯全境，特别是鞍山、本溪、抚顺、沈阳和哈尔滨等主要工业城市，是钢铁、煤炭、冶金、机械、航空等工业的主要基地，而且拥有全国最大的兵工厂。据历史资料记载，东北煤炭产量占全国的60%，钢产量占全国的90%，发电量占全国的40%，机械工业占全国的95%。

随着祖国大陆的解放，经过三年经济恢复时期，大规模社会主义经济建设全面开展。1952 年国家决定在东北地区新建和扩建一百三十个项目，其中国家重点建设项目有五十四个，占全国重点建设投资的37.3%。这些项目建成投产后，将形成一个更加强大的工业体系，同时也是我国国民经济的重要组成部分，它的建设和发展具有十分重要的战略意义。

从敌情方面看，解放战争时期，国民党反动派不断采取各种手段，破坏东北解放区经济的恢复和发展。东北全境解放后，敌人更将我们的经济领域作为疯狂破坏的主要目标。东北解放初期，不少厂矿企业连续发生纵火、爆炸、暗杀、抢劫、盗窃、造谣破坏、窃取情报、破坏机器设备和武装袭击等案件。据统计，仅出于政治目的的破坏事故，1949 年 1 月至 1950 年 3 月就发生二百五十多起，造成经济损失东北币（1945 年开始发行，流通于东北解放区）两千多亿元。1949 年 7 月，沈阳市铁西工业区变电所的电网就被破坏了七次；沈阳橡胶一厂的 225 马力电动机遭到破坏，橡胶风管被塞进棉花、布条；沈阳橡胶二厂的动力线被割断；沈阳造币厂的印刷机被放进一段铁链子，弄坏胶辊等重要部件。抗美援朝战争爆发后，敌人的破坏活动更加猖狂，沈阳市公安局破获了“中国国际第三党第三分局”案件，敌特秘密调查我机关、厂矿企业住址，绘成地图，妄图配合国民党蒋介石集团接收。哈尔滨市公安局破获“白星组织”，与美国特务电台联络，并密谋炸毁松花江大桥和重要工厂设施，等等。种种情况表明，东北经济保卫战线面临着非常严峻的斗争形势。

早在解放战争时期，父亲就目光长远地预见到保卫东北地区经济的恢复和发展，对于巩固东北根据地和支援解放战争的胜利具有十分重要的战略意义。1948 年 8 月，东北局社会部报请东北局下发了《关于加强工厂矿山电站锄奸保卫工作的决定》，要求在大型企业设公安分局，在要害单位设公安分驻所，以保卫生产建设的安全。父亲提出要在公安干部中确立全面为保卫经济建设服务的思想，在公安工作中开拓了经济保卫这门崭新的业务。1949 年 3 月 11 日至 17 日，东北局社会部在沈阳召开了第三次东北公安会议，父亲在工作部署中明确将加强工矿、机关、铁路等内部保卫工作列为主要任务之一。然而如何保卫好经济建设，对于长期处于农村战争环境的公安机关来说，是在新的形势下遇到的新任务、新课题。

父亲和同志们从东北地区的实际情况出发，不断摸索总结经验，研究和制定了在各级党委领导下，依靠群众，预防和打击敌人的破坏活动，保卫经济建设的具体措施。首先是加强保卫工作的组织建设。1946 年下半年，北满根据地就在军工生产、铁路运输、邮电财贸等领域拥有一批厂矿企业。那时，在哈尔滨市公安总局和嫩江、松江等省公安厅都设置了机关保卫科、股，进行人事审查清理和锄奸反特为主要内容的保卫工作。1947 年，为适应辽沈战役前线军事斗争的需要，机关保卫科、股改建为经济保卫科、股，并选调了一批干部、战士和青年学生参加保卫干部训练班，培训后派遣到重点要害单位和厂矿企业的保卫科、股，从事内部保卫工作。正是在吸取这些初步经验的基础上，东北公安部本着“先上后下、先大后小、先重点后一般”的步骤，在东北全境逐步开展了经济保卫工作的组织建设。

1949 年 3 月，东北公安部在直属机构中增设了经济保卫处，由李钊任处长。并下发文件要求所有厂矿、企业等经济部门均应设立保卫处、科、股，规模较小的企业也要在人事部门设专职保卫干事。同年4月，东北公安部报请东北局、东北人民委员会联合下发《关于矿山公安局组织与领导的决定》，要求鞍山、抚顺、本溪、阜新、鹤岗、鸡西六个重工业区公安机关应以保卫矿山生产为主，兼顾市内工作，并且提出，市公安局即矿山保卫处，集中全力保卫工厂、矿山的安全。这些措施在当时的历史条件下，为推进经济保卫工作的开展发挥了重要作用。

在经济保卫工作初创时期，围绕着坚持“党委领导，群众路线”这一方针，曾有过两种不同的思想认识和做法。前者是毛主席一贯强调的保卫工作必须置于党委领导之下，离开这一条，保卫工作必将一事无成。父亲和很多同志在斗争实践中体会到，党委统管全局，熟悉厂矿企业内部的情况，公安机关只有取得党委的领导和支持，发动和组织职工群众参加安全保卫工作，才能避免犯错误走弯路。另一种认识和做法是，照搬外国的经验，抄袭苏联格伯乌（克格勃的前身）神秘主义、孤立主义的做法，在工矿企业外部建立侦察据点，越过党委在企业内部开展秘密力量建设，在公安机关直接指挥下进行侦察破案，防止破坏，保卫安全，不需要另外建立保卫组织。父亲和同志们坚定地认为经济保卫工作应当采取公开工作与秘密工作相结合的原则，只有依靠党委领导和群众路线，才能得到领导的支持和群众的拥护，保卫工作才有活力，从而抵制了这套不符合中国国情的主张。他们的做法得到东北局和中央公安部的肯定和支持。1953年夏天，罗瑞卿部长到东北考察工作时，特意把经济保卫作为加强公安工作的一个重点。罗部长采取各种方式考察了三十八个工厂、六个基建工地和一个科学研究所的保卫工作，充分肯定了父亲的意见，高度评价了东北的工作经验和做法，婉言拒绝了苏联专家的建议。罗部长说："原有的保卫科（股）组织应当继续存在，公开性、群众性的保卫工作还需继续保持。如果以为只依靠秘密的专门的侦察工作就行了，不必再有公开的群众性的工作了，甚至认为保卫科（股）的组织都应予以撤销，这种做法是错误的，不切实际的。因为如果这样办，我们的侦察工作就将脱离生产、脱离厂矿中的工人群众，也脱离厂矿党政工作的支持和配合，那是一定做不好的。"

父亲很重视经济保卫的基层基础工作，多次强调要加强对职工群众的敌情教育和安全防特教育，加强群众性的治安保卫组织建设工作。他要求经保部门注意及时发现，总结推广成熟的经验和做法。1949 年 11 月，沈阳造纸厂刚从国民党手里接收不久，企业内部政治情况复杂，破坏事故不断发生。这个厂为了保障安全，在实际工作中创造出通过组织群众性的安全委员会、安全小组来预防敌特破坏，保障企业安全的经验。父亲发现后，认为这是工厂保卫工作走群众路线的很好的组织形式，马上会同东北工业部领导，召开各工业主管局及直属大型企业负责同志参加的座谈会，总结推广了沈阳造纸厂的经验。后来，安全委员会发展成为治安保卫委员会，进一步规范化和制度化。

针对敌特、反动分子对工矿企业的破坏案件发案率较高的情况，父亲提出经保工作的根本任务是预防和打击敌人的破坏活动，保卫生产建设的安全，并明确指出了预防和打击的辩证关系，要以预防为主。因为内部不同于社会，工矿企业一旦遭到破坏，将会造成巨大的损失，所以必须抓好预防，在敌人破坏之前，发现敌人、消灭敌人。鉴于经保工作范围广、战线长的实际情况，父亲强调要树立重点保卫的思想，明确划分工作的重点单位和工作范围，并根据客观情况的发展变化，把那些关系到全局利益的重点部门和每个部门的要害部位保卫好。在经保工作初创时期，为了支援东北解放战争，父亲按照“重点保卫、预防为主”的方针，集中精力抓好铁路、邮电系统和军工企业的保卫工作，保障了军事运输、通信线路的畅通和军需物资装备生产的安全。

东北地区全面转入经济建设后，鞍山、抚顺、本溪、沈阳、阜新、哈尔滨等工业城市大型建设项目相继开工。如何及时摸索总结基建保卫工作的经验和做法，就成为父亲关注和思考的重点。为了摸索经验，深化感性认识，他把目光投向了全区扩建项目最多的鞍山钢铁公司。父亲多次到鞍钢调查研究，深入到无缝钢管厂和大型轧钢厂等工地，向技术人员了解工程的特点、工序和进度情况，向保卫干部了解施工现场防范工作的情况。当时的鞍钢公司就像一个巨大的工地，来自四面八方的扩建工程基建队伍，多达五万三千人，涉及六十五个技术工种；高空地下交叉作业，人员车辆往来如梭，管道纵横交错，到处呈现着热气腾腾的建设景象。在调研中，父亲发现鞍山市公安局（鞍钢公安处）在党委的重视和支持下，针对物资器材到处堆放、人员情况复杂、施工现场治安秩序混乱等问题，创造性地开展基建保卫工作，及时发现和消除了各种隐患。父亲指示东北公安部经保处具体指导和协助鞍山市公安局，总结提炼了包括建立统一的施工现场保卫机构、组织专门的守护力量、加强重点（要害）部位安全防范、严格人员审查制度，制定维护施工现场安全制度等重要内容的基建工程保卫工作经验。东北公安部迅速推广这些经验和做法，有力地深化了各市大型建设项目的保卫工作。此后，这些经验和做法在中央公安部召开的第一次全国基建保卫工作会议上得到了充分肯定和大力倡导，成为指导和推动全国基建保卫工作的基本经验和典型范例。

随着鞍钢公司的大型轧钢厂、无缝钢管厂、七号炼铁炉，沈阳飞机制造厂、沈阳航空发动机制造厂，本溪钢铁公司的扩建工程，哈尔滨量具刃具厂，抚顺火电站，富拉尔基热电站，阜新露天煤矿等一批大型项目的开工建设，并顺利投产，东北大地上形成了更具发展潜力的经济网络。

东北解放初期，许多厂矿由于企业生产管理、技术力量薄弱，留用了一批日伪国民党时期的人员，混杂在其中的一些敌对分子利用我方接管人员不懂技术、不懂生产经营和规章制度不健全的弱点，制造破坏事故。公安机关首先结合镇反运动和清理中内层，深入侦察调查，发现和依法惩办进行破坏活动的反革命分子，调整重要部门和要害岗位的人员，消除隐患，保证了重点要害部位的安全。同时，进一步宣传动员，组织职工群众加强安全防范，开展反破坏事故斗争，及时查破了一批破坏事故，扭转了事故多发的被动局面。据当时东北九个省市公安机关的统计，开展反破坏事故斗争以来，各种事故发生率显著下降，一般减少了40%至50%，有的地区下降的幅度甚至更大一些。当时隐藏在哈尔滨发电厂的敌对分子企图破坏动力设备，切断全市的电力供应，由于该厂治保委员会的严密检查和防范，预先防止了这起重大破坏事故。丹东市三十五家国营工厂，1950年春季三个月内，不仅没有发生一起破坏事故，而且连一般生产事故也大为减少。

当时的经保干部多数是工农出身，缺少科学知识，不了解工业生产和基本建设的情况。我听老同志讲过一个生动的例子，一个重型机器厂建设项目，厂房四角要安装地脚固定螺栓，每个螺栓重达5吨，一些同志听到后无不感到新奇，一时间成为热议的话题。针对保卫干部队伍的状况，父亲多次号召保卫干部要依靠老工人和工程技术人员，要拜他们为师，向他们学习生产技术知识，了解掌握哪些是生产环节的重点要害，真正做到“熟悉生产，保卫生产”，使各项安全防范措施切实落到实处。1953年春天，父亲指示东北公安局经保处派工作组到沈阳724厂蹲点调研，通过半年多与职工群众同吃、同住、同劳动的实践，摸索出了保卫生产过程尤其是保卫生产要害部位的经验材料。父亲决定将这份材料刊登在《东北公安通讯》上予以介绍，并上报中央公安部推广。

东北公安机关就是这样在斗争实践中，不断开拓前进，逐步掌握了经济保卫工作的规律、特点。后来，中央公安部从南方一些省市选调了一百多名公安干部到东北，作为实习干部亲身参加经保工作实践，为回到所在地区开展经保工作做准备。东北地区之所以能够接纳这些外省市干部来实习，除了因为东北地区工业比较集中，又是全国最先解放的大区外，更是因为坚决贯彻执行了党的公安工作方针、路线，所取得和积累的保卫工作经验，适应新中国成立初期经济建设发展的需要。

公安队伍建设

东北公安队伍是在解放战争中发展壮大起来的。1945年10月，父亲他们刚到东北时，分配到公安战线的干部为数不多，一些县公安局只能派去两三名干部。东北局社会部初建时也仅有二十多人，只能一边就地工作，一边吸收优秀工人、进步学生充实公安队伍。随着东北解放战争的节节胜利、根据地的不断扩大及各级公安机关的先后建立，公安队伍从无到有、从小到大，逐步发展壮大起来。1954年东北大区撤销前，全区公安队伍已从几千人发展到几万人（不含公安部队）。

父亲为这支队伍的建设倾注了大量心血。他始终把政治思想工作和纪律作风教育摆到队伍建设的突出位置，常抓不懈，反复强调人民警察来自人民、服务人民、依靠人民、保护人民的指导方针。他坚持不断整顿公安队伍，以积极的思想教育为主，采用整风的方法，把广大干警，特别是领导干部的思想统一到中央的方针政策上来，以保证公安队伍行动上的一致性。从尖锐激烈的战争环境转到和平建设的环境后，父亲清醒地意识到，公安队伍无论新老成员，同样面临着抵御资产阶级思想侵蚀的严重考验，必须从政治上和业务上提高公安干部的素质和水平。1949 年冬，父亲根据党的七届二中全会精神，部署在公安干警中普遍进行思想作风的整顿，强调克服自满麻痹、树立全心全意为人民服务的思想，反对旧警察作风。1951 年 9 月，父亲针对干警中出现的由于镇反斗争的胜利和各项工作取得的成就而滋生的骄傲情绪和特权思想，领导东北各级公安机关开展了多次教育整顿。1953 年 2 月，父亲按照中央公安部的统一部署，开展了反官僚主义、反命令主义、反违法乱纪的整顿。通过这一系列的教育整顿，清除了一些贪赃枉法、贪污腐败和严重违法乱纪的不良分子，纯洁了队伍，使广大公安干部受到深刻的教育。为了加强对领导干部的教育，父亲决定专门抽出一段时间，组织干部揭发和批判领导的官僚主义作风，他带头在机关干部大会上作了自我批评，认真对照检查和剖析存在的不足之处。随后，又将各省市公安厅局长集中到东北公安部开会，展开领导干部之间的批评与自我批评。父亲在讲话中一针见血地指出：现在，高高在上，照例开会，照例汇报，负责同志最后罗列两句，空空洞洞，也叫作“指示”，言之无物，不解决问题，“八宝灵丹”年年能用；对队伍中的违法乱纪、不良倾向，视而不见，见而不抓，等等，这种官僚主义作风危害极大。资产阶级的东西之所以渗透到我们公安队伍内部来，和领导上的官僚主义是分不开的。在这次会议上，很多领导干部都作了深刻的检查，深感抓队伍建设、抓思想政治工作的重要性。

父亲十分重视公安队伍的基层建设工作。早在东北解放战争时期，他和陈龙叔叔针对哈尔滨市在摧毁旧的警察分驻所后，公安干警为街公所组成人员的情况进行了考察。他们认为这种组织形式不利于对敌斗争和基础工作的开展，就向哈尔滨市委提出单独设立公安分驻所，规定派出所受区公安分局领导，主要任务是维护治安，其中心环节是调查管理户口，并随即在东北各城市推广。1949 年 10 月，东北公安部在总结经验的基础上，制定下发了《东北城市公安派出所暂行工作条例》。在新的历史时期，为了加强派出所工作，密切警民关系，东北公安部专门下发文件，建立了派出所每两个月向群众通报一次工作情况的制度，以取得广大群众的理解、支持和监督，收到了很好的效果。有力地提高了公安干警的政治觉悟和全心全意为人民服务的宗旨意识，加强组织纪律性，改进思想作风，使公安队伍的政治素质不断提升。

父亲深谙教育培训是提高公安队伍素质的重要途径。1947 年东北全境尚未解放前，他就提出：大批训练干部，组织在职干部学习，应为各级锄奸机关的中心任务之一。东北社会部及各省市先后开办了九期短训班，培训干部三百三十七人。1948 年 8 月，东北局社会部在哈尔滨成立了东北公安干部学校（对外称“东北科学院公安系”）、东北公安总处技术训练队，轮训在职干部，同时培训大学、高中文化程度的新干部。东北全境解放后，在工作任务十分繁重的情况下，父亲依然关注着公安干部的培训工作，专门召开会议研究决定在原公安技术训练队的基础上，成立东北公安干部学校（现为中国刑警学院），父亲兼任校长。报经东北行政委员会同意，东北公安干部学校于 1949 年 3 月 15 日正式开学，到 1954 年东北行政区撤销时，先后招收十一期学员；同时还办了政治保卫、经济保卫、警卫、刑事侦查、少数民族干部等短期训练班，培训公安保卫干部四千六百多人。“十年树木，百年树人。”这些学员离开学校后，除配备到东北地区公安机关和厂矿企业保卫组织外，还有相当一部分学员随军南下，或调到关内各省市公安机关工作。经过实际斗争的锻炼和考验，许多同志成为公安保卫战线的各级领导干部。

父亲还多次号召在职干部要抓紧业余时间，学习文化知识和公安业务知识。唐耀同志（曾任抚顺市公安局局长）深情地告诉我，那段时间里，父亲经常在晚间到机关各处室巡视。一天晚上，他正和几个同志在办公室闲聊，恰巧被父亲“撞见”了。父亲语重心长地说：“你们不趁年轻的时候抓紧学习，反而聚在一起‘扯乱淡’(荒废时光)。”短短两句话，对他们触动很大，难以忘怀。

正是这些卓有成效的措施，为造就一支具有高度政治觉悟、热爱人民、精通业务、严格执法的公安队伍，奠定了扎实的基础。正如罗瑞卿部长在考察东北公安工作时所说：“东北公安机关的政治状况比较好，他们对于敌人的打击是准的，也是狠的，对于政策的掌握，又是稳的，没有发生大的偏差和错误”。

父亲十分注重用现代科学技术提高公安队伍的战斗力。他多次强调：只有现代化的公安技术，才能保卫好现代化建设。早在1948年年初，父亲就要求各地公安机关设立司法科，专门进行刑事犯罪侦察工作。1949年东北全境解放后，各级公安机关在普遍成立刑警队伍的基础上，建立了法医、指纹、笔迹、照相等技术工作，通过举办短期培训班，逐步形成了公安专业技术队伍。

1950年3月，东北公安部决定利用沈阳解放时缴获国民党特务机关的X型天线测向车等技术装备，在政治保卫处组建了技术室，开展无线电测向、侦听工作。这项工作在隐蔽战线斗争中发挥了很大作用，使公安机关如虎添翼，及时发现和监控敌特潜伏电台的通信联络情况。1952年7月，为加强抗美援朝战场的无线电侦察工作，父亲接到中央公安部调拨测向、侦听装备的指示后，他考虑技术装备需要人员操作才能发挥作用，就从大局出发，派刘建民带领技术室全体人员携带无线电测向、侦听装备，支援中央军委有关部门。临出发前，父亲与刘建民等同志一一握手告别，勉励他们要发扬公安机关的好传统，在新的工作岗位，为抗美援朝战争胜利作出更大的贡献。父亲晚年回忆这段往事时告诉我："刘建民是 1936 年参加革命的老同志，工作能力强，同志关系处得好（能够团结同志）。"并提到那台 X 型天线测向车（在当时）是很先进的。听到这里，我脱口而出："您怎么舍得让他走呢？"父亲听后皱起眉头，看了我一眼，说："你要懂得什么是大局嘛。"

1954 年春节是《朝鲜停战协定》签订生效后的第一个春节，作为抗美援朝战争大后方的东北，迎来了第一个和谐宽松环境下的新春佳节。东北的城市和乡村到处张灯结彩、喜气洋洋，一派欢乐浓郁的节日气氛。对于父亲来说，也是一个十分难得的假日。大年三十晚上，父亲亲自下厨房，饶有兴致地施展了他在芜湖小客栈练就的厨技，为全家人做了四喜丸子，更增添了热气腾腾的喜庆氛围。

节日期间，伴随着窗外不时炸响的爆竹声，父亲的思绪再次回到了那些艰苦、复杂、紧张的战斗岁月。自从 1945 年 11 月父亲带队进入东北开展对敌斗争以来，至今已经是第九个年头了。在这九年中，父亲和同志们面对的是一个硝烟滚滚、错综复杂的严重局面。随着我军在辽沈战场取得的辉煌胜利，各级公安机关在东北全境，与公开和隐蔽的日伪美蒋残余势力和间谍特务进行了一系列艰苦卓绝的斗争，淬炼壮大了队伍，为创建和巩固东北解放区，为抗美援朝战争的胜利，为保卫东北地区的社会主义建设作出了自己的贡献。回首往事，前瞻未来，父亲豪情满怀，他在认真思索，规划着新的蓝图，要根据不断变化的斗争形势，进一步抓好东北的公安工作和队伍建设。

第五篇　奉调进京

1954年4月，为了适应大规模经济建设和社会主义改造的新形势、新要求，党中央决定撤销大区一级党政机构。同年6月，中央人民政府撤销了东北、华东、中南、西北、西南五个大区行政委员会。与此同时，党中央的派出机构，东北、华北、华东、中南、西南、西北六个中央局即行撤销。东北公安局（1953年1月，东北公安部改称东北公安局）作为大区行政委员会的组成机构亦同时撤销。父亲和王鉴、李钊、李石生、解衡、张从周、董玉峰等一部分同志调到公安部工作。东北公安局其他的同志被分配到东北地区各省市公安机关，充实和加强领导力量。

在即将离开东北的那段日子里，性格内向的父亲有条不紊地部署着各项善后交接工作。在机关干部动员大会上，父亲传达中央的决定后，满怀豪情地回顾了东北公安工作的光荣历程，要求同志们深刻领会中央决策的重要意义，东北公安局的撤销并不意味着斗争的结束，而是标示着斗争的新起点；要求同志们从大局出发，服从组织安排，正确对待个人去留；要坚守岗位，站好最后一班岗，从容有序地完成文档材料、装备资产的清理交接等各项有关事宜。会后，父亲亲自与一些同志谈话，了解他们对个人去向和工作安排的想法。在坚持原则、尊重本人意愿的前提下，能够解决的问题，尽量妥善安排解决。8 月 4 日，父亲和东北公安局的全体同志一起合影留念。但父亲的内心深处是不平静的，对于自己长期战斗和工作过的这片黑土地，他有着难以割舍的情怀。后来，我听母亲讲，父亲在参加第六次全国公安会议（1954 年 5 月 17 日至 6 月 17 日）期间，曾向罗瑞卿部长流露过希望继续留在东北地区工作的想法。当时，罗部长很理解父亲的心情，只说了一句“现在公安部的（工作）担子很重啊”。响鼓不用重锤，父亲听后就没有再继续说下去，坚决服从了党组织的决定。

1954 年 8 月 4 日，东北公安局全体同志合影

1954 年 8 月下旬，派往东北各省工作的同志陆续奔赴新的工作岗位后，父亲和调往公安部工作的同志们，在 9 月上旬一个深秋的夜晚，登上了赴京的列车。父亲站在车窗前，深情地望着渐渐消失在夜雾中的沈阳，望着东北平原上珠联玉缀般的灯火，心潮澎湃……雄关漫道真如铁，而今迈步从头越。共产党员是永远前进的忠诚战士！车轮碰击铁轨的声音犹如嘹亮的军号，激励着父亲和同志们继往开来，以更加昂扬的姿态，投入新的战斗岗位。

父亲到达北京后，很快就开始了新的紧张工作。那段时间相继调到公安部工作的，还有曾担任中南、华东、西南公安部部长的杨奇清（原担任公安部副部长，后调任中南公安部）、许建国、周兴和王昭（曾担任志愿军十九兵团政治部主任）。当时已担任副部长的有徐子荣、陈龙。后来，又增加了梁国斌（曾担任最高人民检察院副检察长），共计八名副部长。有的作者将当时公安部的领导班子戏称为“八大金刚”，这种说法过于牵强，也是一种不尽准确的表述。但20世纪50年代的公安部，确实聚集了不少从事保卫工作时间很长、经历丰富的老同志，杨奇清、周兴、许建国、梁国斌和父亲都是在土地革命时期就从事保卫工作的，相识了很长时间。这几位老前辈在工作上相互支持配合，关系十分融洽。

刚到公安部时，我家和周兴副部长两家同住在南大楼西侧的一幢小楼里。父亲和周兴在延安时就很熟悉，又都喜好看京剧，他们在繁忙的工作之余，偶尔相约一起去剧院看戏或到郊外打猎，舒缓一下疲劳的身心。在一个星期六下午下班后，周兴副部长兴冲冲地找到刚要离开办公室的父亲，说当晚有一个京剧名角在长安戏院演出。他们俩临时决定直接去戏院看剧，到了那里才知道当晚的戏票已经售完，父亲和周兴副部长实在不甘心，就冒着深秋的寒风站在戏院门口等退票，幸好等到了退票的人。两个人顾不上吃饭，匆忙在“万兴居”（现为庆丰包子铺）买了几个包子充饥，就去过“戏瘾”了。这次“临时行动”匆忙间忘了告诉家人，“害得”两家人苦等他们回来吃晚饭，后来还是向秘书们打听，才知道“两位首长”的行踪——下班后一起坐公交车去西单看戏了。很多年后，母亲提起这件事来，还禁不住笑着对我说：“别看你爸爸平常很稳重，有时候也跟年轻人一样。”

1954 年 9 月下旬，父亲到公安部后不久，就接受了一项“困难”的警卫任务。29 日，刚上任不久的苏共中央第一书记赫鲁晓夫率苏联政府代表团到达北京，参加我国国庆五周年庆祝活动，与我国领导人举行最高级会晤。会晤后，赫鲁晓夫由师哲（时任中央书记处秘书长）陪同，到华中、华东、华南等地城市参观。中央派铁道部副部长武竞天随车同行，父亲负责全程的警卫工作。虽然父亲从未提及过这次警卫工作，但从师哲同志回忆的一些情况来看，这的确是一次“困难”的警卫任务。师哲在回忆录中写道：“火车在晨曦中驶入济南站，赫鲁晓夫本不打算在济南停留，但见济南是个大站，因而心血来潮，要求临时下车休息。赫鲁晓夫一下火车就大发议论，对汪金祥（嘲讽）说：‘你们的保卫工作做到家了，比我们的还好，车站上没一个闲人，就连卖小吃的工人也看不见。’汪金祥解释说：‘我们没有做这样的安排，这是时间还早，大家都还没有上班。’”赫鲁晓夫仍不相信，认为我方是有意封锁消息。赫鲁晓夫一行从上海到达杭州，原计划停留一天，但午饭后苏方警卫负责人谢洛夫竟不与中方协商，就下令改乘飞机到广州。这种行为遭到我方陪同人员的反对，师哲同志说：“这要经过组织安排，要事先告诉工作人员。”赫鲁晓夫毫不顾及中方接待工作的困难，仍一意孤行宣布要坐飞机去广州。此后，赫鲁晓夫率领的代表团经东北地区回国途中，在视察旅顺苏联海军基地时，按照警卫任务的分工，父亲和师哲同志将他们护送到旅顺后，由苏联军方接手负责警卫工作，他们先行回到大连等候。没想到赫鲁晓夫因长时间找不到苏方接待人员，恼羞成怒，一气之下竟甩开了我方的带路车径直返回了大连。这次，他们事先又没有打招呼。师哲同志和父亲是在看见他们的车队后，才赶紧安排住宿场所和警卫工作。这种不与接待方事先沟通，随意更改行程的做法，充分暴露了这位苏共领导人以“老大”自居，随心所欲，不尊重兄弟党和国家的粗暴作风，给我方的警卫工作带来很大困难。在这种情况下，父亲始终以党和国家利益为重，顾全大局，淡定从容，随机应变，一次次地调整着警卫部署和措施，圆满完成了这次警卫任务。

1954 年 11 月 1 日，国务院任命父亲为公安部副部长（部党组成员）。部党组决定父亲分管经济保卫、交通保卫和人民防空局的工作。从那时起至 1967 年 1 月，父亲在这个岗位上工作了十三个春秋。他不辞辛劳，积极协助罗瑞卿部长，与其他部党组成员紧密团结、相互配合，加强对敌斗争和各项公安工作，有力地推动了全国公安工作的顺利开展。

深化经济保卫

当时正处于第一个五年计划实施期间，为了合理地配置生产力，党中央决定充分利用东北、上海和其他沿海城市的工业基础，集中力量加强东北重工业基地建设，使东北和沿海工业城市较快地成为支援全国经济建设的基地，在京广铁路沿线及以西地区新建一批重点骨干项目和配套项目，加强华北、中南、西北和西南地区新工业基地的建设。在全国经济建设蓬勃发展的形势下，保卫工作担负着十分繁重的任务。第六次全国公安会议明确提出：“保卫经济建设的安全，特别是保卫重工业、国防工业建设的安全，使之不受反革命分子的破坏，这是各级公安机关当前头等重要的任务。”随着社会主义经济建设的发展，这一领域保卫工作的目标和任务也在不断增多。为了适应形势的需要，1955 年 11 月，公安部曾将经济保卫局（二局）划分为基本建设保卫局、工业保卫局、财贸保卫局。同年 12

月，为保卫核工业建设安全，又设立了原子能保卫局（此后不久，随着形势的发展变化，基建、工业、财贸、原子能四个专业保卫局又先后并入经济保卫局）。

东北是全国最早开展经济保卫工作的地区，也是在实践中摸索总结出经验最多的地区。但在贯彻落实第六次全国公安会议精神，抓好全国经济保卫工作时，父亲没囿于既有的经验和做法，止步不前，而是坚持从实际情况出发，不断深化对经保工作规律的认识，不断创新思维，摸索总结出一些具有普遍指导意义的新经验、新做法。

在社会主义经济建设蓬勃发展的大好形势下，面对随之而来的新情况、新问题，经保工作如何更好地贯彻落实党委领导、群众路线的方针，始终是父亲思考和关注的首要问题。为此，他在 1958 年将北京城子煤矿作为联系点，多次深入该矿调查研究，下矿井走巷道，广泛接触工人群众，实地了解保卫工作情况，进一步总结出“要依靠党委领导和通过基层党支部”的新经验，明确指出：保卫工作不仅要自觉接受党委领导，而且许多事情都要通过基层党支部去做。只有基层党支部把保卫工作的担子担当起来，才能形成全党动员、群众动员的巨大力量，使各项任务真正落到实处。父亲多次强调经保工作要走群众路线，提出了“侦察工作与群众性的防奸保卫相结合、内部保卫组织与地方公安机关相结合”的原则，使经保工作有了更为坚实的群众基础。

在此期间，父亲曾与苏联专家在如何看待经济领域隐蔽斗争形势的问题上，发生了观点截然相反的严重分歧。那些苏联专家以“教师爷”自居，套用当时苏联和东欧一些社会主义国家采取的经保工作模式，无视我国的实际情况，顽固地认为厂矿企业内部主要的、普遍的敌人是美帝国主义的间谍特务。他们片面强调秘密侦察工作的重要性，轻视和否定开展群众性的保卫工作。父亲则始终如一，坚定不移地认为经济领域主要的、大量的敌人，仍然是国内残余反革命分子的破坏活动。父亲态度鲜明地表示，我国的经济保卫工作要毫不动摇地坚持依靠工人群众和专门工作相结合的方针。从历史的角度来看，这场争论不仅仅是观点、认识上的差异和分歧，而是两种截然不同的经济保卫指导思想、工作模式的碰撞。

没有历史，就没有未来；没有自己的传统，也就没有中国的特色。在罗瑞卿部长的正确领导和支持下，中国特色的经济保卫工作方针排除了干扰，进一步得到了深入的贯彻和落实。

1961 年 9 月 16 日，经过中央工作会议讨论通过，颁发了《国营工业企业工作条例》（以下简称“工业七十条”）。这是新中国第一部关于企业管理的章程，它系统地总结了新中国成立以来特别是“大跃进”以来工业管理工作的经验教训，提出了我国国营企业管理的一些指导原则，并作出许多具体规定。条例规定，国营工业企业实行党委领导下的厂长负责制，还规定企业实行职工代表大会制度，建立各级、各方面和各个环节的严格的责任制度，实行全面的经济核算，讲求经济效益。这个条例的实行，对于当时我国工业领域的调整、巩固、充实、提高，发挥了积极的促进作用。父亲敏锐地观察到“工业七十条”在一些厂矿企业试点后，开始出现了新变化、新气象。他未雨绸缪，很快考虑到了保卫工作如何适应企业内部生产经营、管理工作模式转变的问题。父亲多次召集经保局李钊、万复等负责同志，研究经济保卫工作如何贯彻“工业七十条”精神，更好地贴近生产、保卫生产，以适应健全和完善工业企业管理的需要。经过认真充分的讨论，父亲在集思广益的基础上，决定本着积极、稳妥的原则，深入开展专题调研，为制定一个规范企事业单位保卫工作的指导性文件，做好充分准备。他强调这次调查研究一定要全面、细致，要深入到基层，充分听取各方面的意见和建议，找出工作中的薄弱环节和亟待解决的问题。

1962 年六七月间，父亲到西南地区工业重镇——重庆市调查研究。他先后深入厂矿企业较多的九龙坡、江北、大渡口、双桥等区公安分局和派出所及重点企业，通过与基层公安机关负责人和民警、企业保卫组织负责人和保卫干部座谈，直接听取企业党政领导及职工群众的意见、建议，从不同角度、多层次地深入了解公安机关指导厂矿保卫组织工作、企业保卫处（科）的职能作用、保卫组织建设等诸多方面的实际状况及问题。与此同时，经保局的几位领导也分别带队到厂矿企业集中的重点省市调查研究。

经过充分、系统的调查研究，经保局在汇总分析全面情况的基础上，组织专门的起草班子，依据充分扎实的调研成果，开展了《保卫处科工作细则（试行草案）》（以下简称《细则》）的制定工作。《细则》初稿形成后，父亲又专门抽出时间，召集办公厅、政治部、政治保卫、治安管理等部门的有关同志，要求同志们畅所欲言，对这份初稿提出修改意见。在充分吸纳各方面建议的基础上，经济保卫局又进行了修改补充，经过父亲逐句斟酌、反复推敲，最后定稿。《细则》经第十一次全国公安会议讨论修改后，1962 年 12 月下发各地公安机关试行。这个《细则》共分十章四十条，对企业保卫组织的性质、职责、任务、领导体制、设置原则、工作作风和工作方法等，都作出了具体、明确的规定，将这项工作纳入了法制化建设的轨道，这是经保工作开创以来的一次升华和飞跃。它对于加强和规范厂矿基层保卫工作建设，提高和促进企业内部保卫工作的水平和发展，具有划时代的重要意义。

在新的形势下，父亲一如既往地坚持预防为主、重点保卫的方针，多次指出经济保卫工作的根本任务是预防和打击敌人的破坏活动，保卫生产建设的安全，并明确指出预防和打击的关系，预防是主要的。父亲反复强调要树立重点保卫的思想，明确划分工作中的重点单位和工作范围。他说，千万不要什么都抓，其结果是“拣了芝麻，丢了西瓜”；只要把那些关系全局利益的重点要害单位保卫好了，就可以说基本上保卫了生产的安全。父亲善于把握全局，根据不断发展变化的新形势、新情况，及时抓住重点，推进全面工作。在全国转入大规模经济建设时期，他集中精力抓了一百五十六项苏联援建主要工程项目为重点的基建保卫，提出了要把基本建设放在经保工作的首位。为了切实做好大型工程项目的保卫工作，他毫不动摇地坚持公开性、群众性保卫工作与侦察工作相结合的方针。为了掌握第一手情况，父亲不辞辛苦，先后到重点建设项目较多的洛阳、西安、成都、包头、武汉、太原、兰州等城市，深入建设工地现场，实地调查研究。

父亲在调研工作中，从不放过发现的典型事件和问题，一抓到底，能够解决的问题就地解决。1962 年上半年，父亲在包头市几个重点企业调研时，听到当地有一个号称“卧龙岗”的“盗窃销赃一条龙”犯罪团伙，专门盗窃包头钢铁公司的器材设备，其中有些完好的钢材、设备，竟被犯罪分子盗窃后砸烂了当废钢铁贩卖，给企业生产建设造成严重破坏。父亲十分重视这一情况，立即到包钢公司物资被盗现场实地查看，向保卫干部和物资管理人员详细询问盗窃犯罪、物资损失等情况，叮嘱他们要落实责任，加强防范。随后，父亲专门向包头市委、市政府领导同志通报了上述情况，提出要抓紧整顿包钢公司周边的治安秩序，地方公安机关与企业保卫组织内外配合，集中打击盗窃团伙犯罪活动；整顿废旧物资回收行业，依法取缔销赃窝点。包头市党政领导对此很重视，立即责成市公安局会同有关部门组织力量，迅速开展整治行动，打掉了这个盗窃团伙，依法取缔了销赃窝点。与此同时，包钢公司也认真查找了企业内部管理的漏洞，加强巡逻护厂力量，严密防范措施，有效地打击和遏制了此类犯罪活动。鉴于当时各地一些厂矿企业也都存在类似问题，父亲举一反三，要求在调查报告中总结包头市打击盗窃国有企业物资犯罪活动的具体经验做法。后来公安部转发了这份调查报告，要求各省市公安机关加强厂矿企业的治安保卫工作。

在稳步推进大型项目建设保卫工作的同时，父亲深刻领会、坚决贯彻落实中央的决策和部署，审时度势，从保持经济建设持续、健康发展的总体态势，维护国家安全的战略需要出发，及时调整了经济保卫工作的布局和着力点，将财政贸易和国防科技领域确定为新的重点。

财政贸易作为经济建设的重要组成部分，是国家工业和农业、城市和乡村、境内外经济联系的纽带，发挥着组织资金流转、物资供应的关键作用。随着我国经济建设各项事业的发展，其促进和推动经济建设发展、保持社会稳定的重要地位日益凸显。这一领域范围广泛，覆盖金融、财税、商业、外贸和物资储备等重要行业。为了加强这一领域的保卫工作，父亲于 1956 年 4 月 4 日至 11 日主持召开第一次全国财贸保卫工作会议。在会议的总结讲话中，他明确提出财贸保卫工作的方针任务是在各级党委的坚强领导下，依靠职工群众，围绕财贸部门的中心任务和业务活动，把公开保卫与秘密侦察结合起来，把专门工作与群众工作结合起来，加强财贸保卫工作的业务建设，严厉打击敌人和各种犯罪分子的破坏活动，保卫国家资产和财贸活动不受破坏，保卫国家机密不被窃取，保护国家资财的安全，保障国家财贸事业的顺利发展。他还就财贸保卫工作的管理范围、财贸保卫工作重点保卫与指导一般相结合的原则、围绕财贸业务开展保卫工作等问题进行了阐述。父亲结合财贸保卫工作的特点，强调了要深入开展反破坏事故斗争和要害保卫工作。

为了贯彻落实这次会议精神，以点带面，充分发挥典型经验的示范作用，不断深化财贸保卫工作。1959年3月3日至13日，公安部二局召开财贸保卫工作北京现场座谈会，推广北京公私合营仓库、三台山危险品库、王府井百货大楼、湖南湘西土家族苗族自治州等一批财贸保卫工作先进经验。父亲在会议讲话中充分肯定了财贸保卫工作的先进经验和做法，并就工作中需要注意的几个问题进行了强调，进一步明确了财贸保卫工作的方向和任务。通过全面加强财贸保卫工作，有力地保证了经济建设的顺利开展。财贸保卫战线在我国连续三年自然灾害困难时期，有力地保障了粮食、重要物资在储备、供应等各个环节上的安全，为维护社会稳定、保证经济调整的顺利进行发挥了重要作用。

那几年，父亲密切注视着关系国计民生物资的供应情况，他在周末或节日的空暇时间经常到市场、商场去转一转，路过食品和日用品柜台总要停下脚步，等售货员空闲时上去搭讪，询问货架上商品的价格和品种，哪些是凭票供应的，最近市场上哪些商品紧俏，等等。我们在旁边看着父亲的举动，既好奇又纳闷，平日埋头工作、言语不多的父亲怎么会有这个爱好？其实这是细致入微的父亲从财贸保卫工作角度，透过商业零售环节了解日常生活紧缺商品的供应情况。

国防科技工业是捍卫国家安全，增强国防军事装备实力的重点行业。新中国成立后，国防科技工业获得了长足的发展，形成了覆盖航天、航空、船舶、电子、兵器工业的部类齐全的完整体系。从20世纪50年代中后期，我国坚持独立自主的方针，开展了地对地导弹、核武器、导弹核潜艇等尖端武器和人造卫星的研制工作。这些尖端武器装备研制工作具有保密性强、产品质量要求高、分工协作面广、使用接触危险物品多的特点，一旦被破坏、被窃密或发生事故，将会造成严重后果。根据这一特点，父亲将保障尖端武器装备研制的安全列为保卫工作的重中之重。针对这一领域保卫保密工作存在的问题，父亲决定召开国防工业保卫保密工作会议。1959 年 4 月 28 日，父亲在会议讲话中明确提出国防工业保卫工作的任务是保卫机密安全、保卫生产安全和保卫安全生产作业，要在同敌人破坏产品研究、设计、试制和生产的活动作斗争的同时，保卫生产安全、同事故灾害作斗争。他要求军工科研重点单位的保卫组织，在党委的领导下，经常掌握和研究保密工作情况；采取公开与秘密相结合的办法，做好保密安全的预防工作；协助有关部门对职工群众进行保密安全教育工作；协助有关部门对安全保密制度进行监督和检查；追查窃密和重大失密、泄密案件和事故。父亲还精辟地阐述了国防科技工业系统保密与保卫部门之间的工作关系，进而提出了明确要求，他指出保密与保卫组织工作的共同目的都是保卫国防工业的机密安全，因此必须在党委领导下，通力合作，互相配合。但由于这两个部门担负着不同性质的繁重任务，在工作的分工上应该各有侧重的方面。国防科技工业系统的一些企事业单位，至今仍保持着保卫保密组织单独设立的制度。

1960 年 2 月 25 日，父亲在第十次全国公安会议上，就加强国防尖端科研保卫保密工作作了专题发言。他强调必须把保卫尖端科学事业（国防工业）作为一项刻不容缓的重大政治任务提到重要位置上来，尽最大的力量加强各项工作，保卫它的绝对安全，促进它的迅速发展。他要求各省区市公安机关切实加强对尖端科研和国防工业保卫保密工作的领导，要确定一位厅局长分管这项工作，深入了解掌握情况，具体研究解决工作中存在的问题。通过这两次重要会议，国防工业保卫保密工作得到全面加强。各地公安机关认真贯彻会议精神，选调精兵强将，按照“预防为主，确保重点，打击敌人，保障安全”的方针，在设计、研制、生产、运输、试验等各个环节上，建立健全各项保密制度，落实责任，强化各项保卫措施，形成全国“一盘棋”、齐抓共管、密切协作的工作格局，卓有成效地保证了国防尖端武器装备研制项目的顺利实施。

1964 年 10 月 16 日，我国成功爆炸第一颗原子弹，“东方巨响”震惊了世界。这一成就显示了我国科学技术当时已达到新的水平，有力地打破了超级大国的核垄断和核讹诈，提高了我国的国际地位。喜讯传来，全国上下一片欢腾。第二天晚饭时，全家人都在兴奋地议论这个喜讯，就连一向不喜欢慢腾腾吃饭、在餐桌上聊天说话的父亲也放慢了节奏，满面笑容地听着我们的议论。当我们在为谁最先听到消息而争执不休时，在旁静静“观战”的父亲似乎不经意地随口说出，他昨天上午就知道了。闻听此言后，我们的目光一下子投向了父亲，母亲的脸上也露出嗔怪的表情，父亲憨厚地笑着离开了饭桌。我国国防科技工业取得如此举世瞩目的成就，凝聚着老一辈无产阶级革命家的呕心沥血，运筹帷幄；“两弹一星”光荣簿记载着科技工作者发奋图强、无私奉献的杰出功勋，也浸透着公安保卫人员默默无闻的辛劳和汗水。

父亲在开创和领导经济保卫工作中，尤为重视严格执行党的政策，严格区分和正确处理两类不同性质的矛盾。破坏与反破坏，是经济保卫战线的主要斗争形式之一。追查破坏事故，是一项政策性很强的工作。为了及时总结实际斗争中的经验教训，进一步推动这项工作深入开展，父亲依然保持着以往的习惯，直接深入基层公安机关、深入厂矿企业调查研究，在掌握大量第一手材料的基础上，决定召开反破坏事故斗争座谈会。1956 年 4 月 28 日，父亲在会议的总结讲话中，精辟地提出了“几个区别”的重要政策界限，规定要把敌人的蓄意破坏同责任事故区别开来，把科学研究、发明创造过程中的失败或挫折和有意制造事故严格区别开来，对一时查不清性质的事故，可先按责任事故处理，然后再做深入的调查研究，查清是不是有意破坏。1958 年，在一次会议上，父亲针对有的地方经保部门存在着片面追求破案指标的倾向，及时提出“破了案、抓到犯罪分子是成绩，查清了问题、否定了嫌疑同样也是成绩”。1959 年 3 月 24 日，父亲在国防工业保卫保密工作会议上讲话，再次强调要善于区别两类不同性质的矛盾，对于不同性质的问题要区别对待。不要把资产阶级的学术观点同政治上的破坏混淆起来，不要把失密、泄密同敌人窃取机密混淆起来，不要把研究试制中的责任事故同破坏事故混淆起来，不要把保守分子的抵制同反、坏分子的破坏行为混淆起来，更不能把研究、设计、试制过程中不可避免的挫折和失败同敌人的破坏混淆起来。父亲这种坚持实事求是、牢牢把握打击方向和政策界限的作风，在公安机关经保部门老同志们的脑海里留下了深刻印象。

王初、刘凯（曾任公安部二局副局长）等同志满怀深情地谈到，父亲经常教诲他们，在领导机关工作，首要的是要认真吃透党中央的指示精神，切实摸清基层的情况。父亲在主持或交办起草重要文件时，总是先经过自己深思熟虑，提出明确的指导思想和观点再和同志们一起研究提纲和写法。他经常提醒同志们：“领导机关搞（起草）的文件，应当努力做到严密、准确。”在起草文件中，父亲非常严肃认真，字斟句酌，反复推敲修改，直到写成。包秀叔叔感触尤深地和我谈到，父亲与别的领导有些不同，他的讲话稿，都是自己提出写作提纲，再由秘书起草或由自己口授文字措辞，然后亲自修改定稿。曾多次发生过这样的情景：当他发现文件中某一个观点、一句话甚至一个字用得欠妥，即使在深更半夜也要打电话把有关同志叫起来，一起研究斟酌，直至文件修改好才肯休息。父亲总是关切地说：“半夜里把你叫起来，耽误你的休息，明天晚起一会儿，睡个懒觉吧。”曾经先后担任过父亲秘书的王初、黄宣文同志告诉我，早在延安、东北工作时期，父亲就是这样严肃认真、一丝不苟地对待文字材料的起草工作。最近，我在跟王鉴叔叔谈起这些往事时，王叔叔深有感触地说：“不止这些（事情）啊，你爸爸干起工作来就是这样没日没夜的，星期天也不休息。”

父亲一贯倡导和要求保卫干部转变作风，参加生产劳动，认真学习现代科技知识，学习生产管理知识，密切干群关系，深入了解掌握情况，明确保卫的重点，有针对性做好保卫工作。1960 年 10 月，父亲得知锦州铁路公安段民警李国山通过参加生产劳动，密切联系职工群众，及时发现和消除了破坏因素、保卫铁路生产安全的事迹后，非常重视，给予充分肯定。他认为这种做法切合实际，具有普遍的指导意义，不仅适用于铁路公安工作，也同样适用于经济保卫工作。父亲立即指示二局召开全国性的工作会议，介绍推广这个经验做法。他特别强调经保工作要依靠老工人和工程技术人员，要向工程技术人员学习生产科技知识，只有真正做到“熟悉生产、保卫生产”，才能使各项安全防范措施更加符合实际，防止出现偏差。在这方面，父亲做到了身体力行、率先垂范。已年过花甲的父亲还拜老工人为师，学习操作车床技术。无论是工作间隙，还是在治病休养期间，他从不放过学习的机会，总要请当地的同志带他去考察几个工业企业，“见识”一下新技术、新装备，增强感性认识。在我的记忆中，父亲曾先后考察过北京电子管厂、北京维尼龙厂、唐山陶瓷制品厂、秦皇岛平板玻璃厂等企业。父亲还通过参观日本、英国等国家的工业技术装备展览会，拓宽视野，了解现代科技的最新发展动态和战果。在学习过程中，父亲听得认真、看得仔细，还不时停下来，向“老师”们提出问题，虚心请教。有时回到家中，他还饶有兴致地跟我们谈论自己的收获和体会。

推进交通保卫

铁路、水运等交通运输，是国家的动脉，是联系城乡、联结境内外，沟通生产、流通、分配和消费的纽带，在现代化建设中处于十分重要的地位。20世纪50年代，公安部设交通保卫局（十局），负责铁路、公路、航运和邮电系统的公安保卫工作。

父亲在东北工作期间就对铁路公安的队伍建设、业务建设抓得很紧，凡是召开的铁路公安工作会议，他都要到会讲话。到公安部工作后，父亲继续分管铁路公安保卫工作，依然倾注了很多精力。对于有关铁路公安工作的文字材料，大自会议报告、总结，小至一般简报、统计报表，他都认真审阅，提出具体指示意见，督促抓好落实工作。父亲亲自部署十局的干部深入治安情况复杂的铁路沿线开展调查研究，了解实际情况，针对存在的突出问题采取措施加以解决，务求取得实效，倾心竭力推动铁路公安工作扎实、稳步地向前发展。

1955年4月，在公安部党组的领导下，父亲主持召开了第七次全国铁路公安保卫工作会议。这次会议在总结新中国成立六年来铁路公安保卫工作经验的基础上，根据公安保卫工作的方针，结合铁路交通运输生产的实际情况，确定了铁路公安保卫工作的方针任务，即在党委（党组）的领导下，依靠铁路职工群众，围绕运输生产，加强铁路公安的业务建设和组织建设，把秘密侦察与公开保卫、民警治安工作密切结合起来，严厉打击帝国主义特务间谍和其他一切反革命分子的阴谋破坏活动，巩固铁路的治安秩序，以保卫国家的铁路运输和建设事业的顺利发展。会议明确规定，铁路公安机关既是国家的公安机关，又是铁路运输企业的保卫组织，铁路公安民警要明确树立为运输生产服务的思想，围绕铁路运输生产做好公安保卫工作，还明确规定了铁路局的公安机关在业务上接受上级铁路公安机关和省市地方公安机关双重领导的原则。这次会议确定的方针政策，至今仍有很高的参考价值和借鉴意义。

父亲十分重视铁路公安队伍的建设工作。他多次强调要建立一支政治上组织上纯洁的、业务上熟练的、与铁路职工有密切联系的民警队伍，要求铁路公安机关加强思想政治工作，有计划地训练干警，不断提高队伍的政策业务水平；要求各级铁路公安机关领导干部带头学习铁路运输生产知识，努力钻研业务，真正成为铁路公安工作的行家里手。1960 年正值三年自然灾害困难时期，父亲乘火车到南方出差，途中他发现列车上的乘警和站台值勤民警，有的面黄肌瘦、有的脸部浮肿，但仍然坚守在岗位上。父亲让随行人员找来几名不同岗位的铁路民警，询问了解情况，得知这些同志每天的粮食定量还不到一斤，心里十分焦虑。回京后第二天，父亲就召集有关负责人开会研究解决办法。他心情沉重地说：铁路公安民警日夜战斗在保卫铁路运输生产安全的第一线，他们大都是二十多岁的年轻人，每天不到一斤的粮食怎么吃得饱？得了浮肿病，怎么能保卫铁路运输生产的安全？父亲主持起草专题报告，从铁路民警担负的职责任务、工作强度等方面，列举了几条调整粮食定量标准的理由，使这个问题及时得到了解决。此后，父亲仍惦念着这件事，他到外地出差，在火车上又多次向乘警了解调整粮食定量标准文件的落实情况。时至今日，一些老铁路公安民警回忆起这件事，心情仍十分激动。

父亲特别注意铁路公安民警执行政策、法律的情况，他多次强调，对群众性的治安问题应着重疏导教育，不要激化矛盾。20世纪60年代初，我国遭受自然灾害困难时期，甘肃的武威、张掖铁路沿线，河南的信阳地区铁路沿线，山东的胶济铁路沿线，河北的保定、石家庄铁路沿线灾区群众扒乘火车外流的情况比较严重，同时不断发生群众强拿、强取、哄抢运输中的粮食、煤炭、日用百货等群体性事件。少数不法分子混杂其间大肆进行盗窃国家物资的违法犯罪活动，铁路治安秩序一度很不好。据统计，1961年，全国共发生盗窃运输物资案件一万多起，损失二百余万元。面对这样一个从未遇到过的复杂问题，由于缺乏经验，当时拿不出具体的解决办法。父亲组织力量并亲自深入重点路段沿线地区、车站调查研究，在充分掌握实际情况，摸准问题症结后，1961年1月24日父亲主持召开了整顿铁路沿线治安秩序问题电话会议。他在讲话中指出扒车人员绝大多数是灾区生活困难的群众，犯罪分子只是极少数，要正确处理两类不同性质的矛盾，特别是要处理好大量的人民内部矛盾。要依靠当地党委、政府，安排好灾区群众的生产生活，组织他们开展生产自救，就地度荒，教育、劝阻他们不要扒车外流。同年11月，父亲又召开会议研究制定了《关于加强铁路沿线治安管理的具体办法》。通过积极、有效的工作，铁路运输秩序逐步恢复正常。1962年全国铁路发生的哄抢事件，比1961年下降了86.6%；到1964年，群体性扒车和哄抢运输物资的事件基本上得到了控制。实践证明，正确区分和处理两类不同性质的矛盾，开展宣传教育，及时稳妥解决群众生活困难问题，有利于孤立和打击极少数违法犯罪分子，是维护铁路运输秩序的有效措施。

我国河网密布，海域辽阔。新中国成立后，内河、沿海和远洋水上运输事业有了很大发展。港口码头是运输物资和旅客的集散地，停靠船舶多、装卸物资多、作业机械多、出入车辆多、外轮多、人员流动性大。运输船舶高度流动、分散。20世纪五六十年代，港口敌情比较严重，敌人在东南沿海的袭扰破坏，直接危及航行船舶的安全。与铁路运输不同，航运交通领域有其特殊的特点和规律，内河航运与沿海、远洋航运的工作环境和条件有很大差异，内河港口又与沿海港口的情况明显不同。为了全面摸清和掌握水上运输的情况，父亲先后深入上海、天津、广州、武汉等重点港口调查研究，实地查看客运码头、货物装卸区、仓储区，向港务局领导及有关人员了解港口客运、货物吞吐情况，向驻港口公安保卫机构了解敌情和治安状况；父亲登上内河航运船舶，进驾驶室、下机舱、看客舱，与船长、大副和乘警交谈，了解客货运输、航运安全情况。父亲很

1962年汪金祥调研航运保卫工作

快熟悉了这一领域的全面情况，增强了感性认识，有的放矢地指导和推进航运保卫工作。父亲多次主持或参加航运保卫工作的重要会议，和同志们一起从实际情况出发，研究制定和完善了在各级党委

和省市公安机关领导下，围绕运输生产，依靠职工群众，实行轮船与口岸、此地与彼地、企业与地方、航运公安保卫与有关地区公安保卫相结合的工作方针；确定了加强重点保卫，以轮船和港口为主要划分航运公安工作范围的指导原则。父亲多次强调航运公安保卫人员要参加生产，熟悉生产，依靠和发动职工群众，建立健全安全防范的规章制度，落实责任，与灾害事故作斗争，做好航运安全保卫工作。

肃反十人小组办公室

1955 年 7 月 1 日，党中央发出《关于展开斗争肃清暗藏的反革命分子的指示》，要求教育全党和全国人民特别是知识分子和干部，提高警惕性，在各条战线内部清查暗藏的反革命分子，史称“内部肃反运动”。党中央同时决定，成立中央肃反十人领导小组，由各有关部门负责同志组成，办公机构设在公安部。1956 年 9 月后，父亲接替杨奇清副部长担任肃反十人领导小组成员，并负责主持办公室的日常工作。在这段时间，父亲参与了《关于反革命分子和其他坏分子的解释及处理的政策界限的暂行规定》（以下简称《规定》）和《〈规定〉的补充解释》两个政策性文件的起草工作。

1957 年年底，全国范围内的肃反运动基本结束，挖出了一批隐藏较深、有血债、有民愤的反革命罪犯，如迫害方志敏烈士的特务分子，杀害李大钊、毛泽民、李兆麟、罗世文烈士的凶手。但由于当时对阶级斗争尖锐程度的估计过于严重，有些问题的政策界限不够明确，致使一些地方和部门发生斗争面过宽，处理畸重等偏差。根据党中央“有反必肃，有错必纠”的指示精神，肃反十人领导小组决定对全国肃反工作进行检查。

父亲参加了最高人民法院、最高人民检察院、公安部联合成立的检查组。按照分工，他带队到江苏省丹阳县（市）和上海市复查案件。检查组不仅听取了工作汇报，还直接深入各乡镇走访、查看案卷、找办案人员了解情况。通过调查了解，父亲认为，肃反运动的成绩是主要的，错误偏差是次要的。产生错误偏差的主要原因是基层单位在一些具体政策的执行上，缺乏调查分析，未能正确区分两类不同性质的矛盾。抗日战争时期，新四军在地处长江三角洲的丹阳建立了敌后根据地。在这次肃反运动中，当地基层组织在执行政策上出现了偏差，对敌我双方拉锯战阶段“两面政权”中的“白皮红心”保甲长，不加区分地一概当成国民党、汉奸给予打击处理，就属于这类错误。后来，父亲带领检查组到上海，在几个郊区县复查时也发现了类似的问题。针对这些带有倾向性的偏差问题，父亲与当地党委及相关机构负责人交换了意见，在肯定肃反工作成绩的同时，实事求是地指出了存在的问题，从贯彻落实中央文件精神，执行和把握政策界限层面，具体、明确地提出了纠正偏差的建议。在统一思想认识的前提下，上述地区有关部门很快组织力量，对这些错案逐一进行了认真的甄别平反，使这些受执行政策偏差影响的人员得到了公正待遇。回到北京后，检查组向中央政法小组（现在的中央政法委员会）进行汇报，并写出内容翔实、分析透彻的书面报告，客观、真实地反映了检查中发现的问题，提出了纠正错斗、错捕、错关、错判等偏差，巩固肃反运动成果的建议，得到有关领导同志的充分肯定。

狄纳摩运动会

1956年9月，父亲被选为中国共产党第八次全国代表大会代表，编入广东省代表团，参加了这次在北京全国政协礼堂隆重召开的会议。这是党在取得全国执政地位后，召开的第一次全国代表大会。从七大到八大，党领导全国人民经历了艰难曲折的长期斗争，实现了两次具有巨大意义的历史转变。作为两次党代会亲历者的父亲，感触十分深刻，更为大会确定的社会主义建设战略目标，振奋不已。

1958年9月，汪金祥在狄纳摩运动会各国代表团长会议发言

1958年8月中旬，父亲率领中国公安体育代表团赴苏联，参加狄纳摩运动会。这是自中国公安体育协会成立以来，第一次走出国门，也是父亲生平仅有的一次出国访问。

"十月革命一声炮响为我们送来了马克思列宁主义"，苏联对于中国的革命者来说，曾经是一个非常向往的国度，父亲也希望有机会亲眼见识这块"红色圣地"。然而，对于父亲来说，这也是一次"不轻松"的出国之旅。一位当时随行的老同志记忆犹新地告诉我："不要以为汪（副）部长仅仅是去看比赛，他是肩负使命的。"

狄纳摩译为体育俱乐部，1923年由苏联"契卡"即"全俄肃反委员会”主席捷尔任斯基提议建立的。这次运动会是为庆祝狄纳摩体育俱乐部成立三十五周年而举行的，苏方邀请了当时社会主义阵营的各个国家参加。中国代表队参加了田径、游泳、举重等比赛项目。针对我国运动员初次参加国际性比赛缺乏经验的情况，父亲多次到训练场地和驻地，看望全体运动员。在无拘无束的气氛下，父亲与运动员们亲切交谈，鼓励他们要放下思想包袱，轻松上阵，胜不骄、败不馁，充分发挥自己的水平，展现中国公安队伍的体育风貌。

运动会期间，每当有中国动动员参赛的项目，父亲都要到场“观战”，为我国运动员鼓劲加油。在比赛中，我国公安体育健儿在竞技场上不畏强敌，为国争光，顽强拼搏，力争取得最好的成绩。但是由于公安体育起步较晚的原因，与其他国家体育运动水平存在较大的差距，最终的赛绩不是很理想。父亲充分肯定和高度评价了运动员们付出的努力和成绩，同时也为如何缩小这种差距而深入思考。他与代表团领队徐迈、翻译王国庆等同志在讨论推进我国公安体育运动发展问题时，不止一次地讲到要解放思想，打破封闭状态，加强国际体育交流。只有这样，才能提高公安体育竞技水平。

运动会闭幕后，各国公安体育代表团团长齐聚一堂。在这次会议上，父亲在热情洋溢的发言中，介绍我国公安系统体育运动的开展情况，表达了中国公安机关与各国同行加强体育交流、增进友谊的良好愿望。其他国家代表团团长也分别介绍了各自的情况。苏方提议，为了增进社会主义阵营公安系统的友谊、加强团结，以后每年由各国轮流举办专项体育运动会。

会议结束后，父亲先后访问莫斯科、列宁格勒（现称圣彼得堡）两个城市，参观了克里姆林宫、瞻仰红场列宁墓和高尔克村列宁故居，斯莫尼尔宫、冬宫和阿芙乐尔号巡洋舰等闻名遐迩的历史景点。

回国后不久，父亲在部党组会上，专门介绍了这次率团出访的情况，他深有感触地建议我国公安机关体育运动不能“再在家里搞（开展）了，要赶快打开大门，走出（国门）去”，通过与各国公安机关的体育交流，提高我国公安体育竞技水平。罗瑞卿部长和其他部党组成员一致赞同父亲的意见。中国公安体育协会（1960 年改称前卫体育协会）由此开启了与世界各国警察体育交流的大门。此后，由王昭、尹肇之等部领导及武警高级干部学院负责人率领的体育代表队，相继参加了波兰、匈牙利、罗马尼亚等国家举办的专项运动会。1964 年我国也在北京举办了篮球运动会。通过这些体育交流，我国公安体育运动发展上升到了一个新的层次。改革开放以来，我国公安体育运动蓬勃发展，与世界各国警界的交流更加密切。如今，中国前卫体协已经享誉世界各国警界，是国际警察体育联合会副主席单位，多次承办了颇具影响的国际警察体育运动会。

城乡治安调查

1960 年 2 月第十次全国公安会议结束后，为贯彻落实中央领导要特别注意区分两类不同性质矛盾的重要指示，研究解决在我国经济面临暂时困难的严峻形势下，严密防范和打击境内外敌对势力的捣乱破坏活动，正确处理人民内部矛盾，制止和纠正工作中的偏差，维护社会治安的重大问题。公安部派出工作组分赴各地城乡调查研究。

当年夏季，父亲带领工作组到云南、贵州两省，考察城乡社会治安和执行政策情况。父亲要求工作组全体同志一定要“沉下去”，直接到城市的街道、农村的生产大队一级基层组织，调查了解真实的情况。按照分工，工作组成员赵芸非（时任公安部十局副局长）到昆明市郊区农村的一个公社蹲点。此后，赵芸非在一个生产大队调查了解情况中，发现这个大队土改以来的队干部几乎全部在“反右倾”、“拔白旗”等运动中被撤换了，戴有各种“帽子”（多数是坏分子帽子）的人占大队成年人口的20%。当他汇报到这个情况时，父亲立刻表明了态度：“这还了得，哪有这么多坏分子?！要一个一个复查核实。”他当即指示云南省公安厅及昆明市公安局具体落实复查工作。一位当年参加调研组的老同志告诉我，在云南调研期间，一个星期六下午，父亲主持工作组的情况汇总会，一直讨论到晚饭时才结束。父亲看到同志们深入调查研究，收获颇丰，掌握了很多第一手的真实情况，十分高兴。当父亲和大家有说有笑、边走边议步入饭厅时，意外地发现餐桌上摆放了几瓶酒，饭菜也比往常丰富了许多。父亲渐渐收敛了笑容，隐含着不快，站在餐桌前没有入座，他态度坚决地让省公安厅接待的同志拿走了酒，又指着桌上的饭菜，语气严肃地叮嘱下不为例，一定要按工作餐标准用餐。

同年冬季，父亲再次带工作组到湖南省进行农村治安情况调查。在湘潭县韶山公社（后改为区）调查回来的赵芸非同志汇报情况中，讲到毛主席家乡也有拆房并村和饿死人的情况时，父亲十分气愤，说这些人把毛主席的家乡糟蹋得不像样子。他决定亲自到这个公社实地了解情况。到达韶山后，父亲坚持先到村里实地查看，向农民群众仔细询问了解有关情况后，才去听取汇报。父亲察觉到政法部部长（公安特派员）在汇报中闪烁其词，粉饰太平，故意隐瞒事实，不说农村治安的真实情况后，当面严厉地批评他说假话、强迫命令等恶劣作风，使其受到深刻教育。事后，这个干部向赵芸非表示以后一定改正错误。父亲执行党的政策一丝不苟的认真态度，对于当时泛滥城乡的“浮夸风”“瞎指挥”等歪风邪气疾恶如仇的鲜明态度，给在场的同志们留下了深刻印象。

我曾听一位老同志讲过，在这段时间的调研工作中，一位在父亲身边工作多年的同志，发生了违反纪律规定的情况。父亲得知后非常生气，毫不留情地严厉批评了这位同志，并亲自找到时任公安部办公厅主任的刘复之同志，表示自己绝不偏袒姑息身边工作人员，要求组织上按照有关纪律规定，严肃处理。

无奈的休养

上世纪60年代初期，由于长时期紧张繁忙的工作负荷，父亲积劳成疾，原本很好的身体状况急剧恶化。他早先患的气管炎，已发展到轻度肺气肿，且伴有高血压、慢性肝炎、美尼尔综合征等多种疾病。1960年1月，父亲因疲劳过度，加之气温骤降，在家中感冒发高烧致使肺气肿急性发作，引发呼吸困难等症状，经北京医院钱贻简大夫诊断后，被送到医院治疗。这是父亲投身革命以来，第一次患病住院。

部党组对父亲的病情很关心，专门进行了研究，决定让父亲半休息半工作一段时间。但是父亲的心里仍惦记着工作，未等身体痊愈就出院了，依旧每天照常上班。包秀叔叔告诉我，1960年4月的一天上午，王昭副部长（兼政治部主任）专门来到父亲办公室，向正在伏案看文件的父亲重申了部党组的决定，劝父亲赶快回家治疗休息，并不由分说地抱走了摊在办公桌上的文件。包秀叔叔记得，王昭副部长抱着文件出门时，还在说：“有病啦，就要好好休息，还看什么文件啊。”面对这位“严厉”的王副部长，父亲无可奈何地摇摇头，沉默片刻后，只好服从党组织的决定。父亲离开办公室时，有些不放心地叮嘱包秀叔叔，如有大事还是要马上让他知道，重要文件一定要尽快送给他看。

1961 年 7 月上旬，父亲来到海滨城市大连疗养，这是他参加革命工作以来第一次较长时间的休养。棒槌岛招待所是一个因在离海岸六百米处有一外形酷似棒槌的小岛而得名，集山、海岛、沙滩为主要景观，适宜休养的胜地。但父亲心里仍然牵挂着工作，好像是在抓住这段空闲时间了却过去的心愿。在大连期间，他先后到大连造船厂、大连港，并登上一艘停泊在港口的客货轮船考察保卫工作情况。稍后一些时间，他又考察了当地一处重点防空工程。父亲还特意派我作代表，去看望了夫妻双方都在“外边”工作的同志的母亲和子女。父亲在与前来看望的辽宁省、市公安机关负责同志交谈时，总是关切地询问辽宁省和大连市的社会治安情况、厂矿企业保卫工作情况。公安部有关业务局到大连出差的同志顺便来看望他时，父亲也总是三句话不离本行，要求同志们多谈谈业务工作方面的情况。

那年冬天的一个星期日早晨，一向早起的父亲站在窗前望着漫天飞舞的鹅毛大雪，不经意间目光落到了正在清扫家门外道路上积雪的工人师傅，他赶忙走出房门大声招呼，执意将那位师傅拉进家，掸净他身上的雪花，端了一杯热茶请师傅坐下喝，嘘寒问暖聊起家常话。师傅走后，父亲望着他离去的背影，独自思忖了一会儿，自言自语地说了一句话：“（过去）怎么没注意（这个问题）啊！”早饭时，父亲看着我说，你都要上中学了，是大人啦，不能再依赖别人，今后下雪天要早起，到外边去扫雪。从那以后，我就多了一项“工作”，每逢下雪天的早晨，就赶紧起床，拿起扫帚去门外扫雪，以防父亲检查。多少年来，我一直保持着这种习惯性的“冲动”，仿佛父亲就站在身边，默默地督促着自己去完成扫雪的“任务”。

重归桑梓情谊浓

1964年5月初，正在上海的父亲从杨尚奎同志（时任江西省省委书记）那里得知邵式平伯伯病情加重的消息后，心情十分沉重，决定回江西去看望“邵大哥”。父亲到达南昌后，径直来到省委宿舍大院，看望在家休息的邵伯伯。看到往日身材魁梧、声音洪亮的“邵大哥”在病魔折磨下消瘦的面容，父亲心里阵阵酸楚，但他极力控制着自己的情绪。

邵式平伯伯1962年因劳累过度突发心肌梗死，经抢救病情有所缓解后，仍坚持一边工作一边养病，并谢绝中央有关部门的安排，执意不肯到北京或上海治病休养。邵伯伯说：“我是省长，我有病有条件可以到上海、北京去治，一般干部病了能去吗？还有几千万江西人民，他们能去吗？如果我去了，我问心有愧。”此时，邵伯伯已清楚地意识到自己的病情日益危重，但他始终保持乐观主义态度，在与父亲的交谈中丝毫没有涉及自己的病情，谈论更多的是国民经济调整期间全国和江西的形势，随后话题自然而然地转到如何改变家乡的落后面貌上。父亲告别前，“邵大哥”深情地拉着他的手，叮嘱要回弋阳老家去看看，并提出要把方志纯副省长找来，一起照张合影。第二天上午，父亲再次来到邵伯伯家中，他们俩和方志纯一起合影留念。

1965年3月24日，赣东北革命根据地创建人之一、新中国成立后江西的第一任省长——邵式平，因心肌梗死面积扩大，心力衰竭不幸去世，终年65岁。噩耗传来，父亲紧抿双唇，眼神悲切，连续多日惨然不乐。此后多年，每逢邵伯伯忌日前，父亲总要提醒母亲给他的夫人胡德兰写信慰问，表达深切的怀念之情。

1964年5月10日，父亲回到弋阳县，这是他最后一次回到故乡。第二天上午，父亲在老战友邵长河（时任弋阳县县委书记）陪同下，沿着羊肠小路，登上大岗山脚长满翠竹和映山红的山坡，缓步来到祖母墓前站立许久后，向着墓碑三鞠躬，表达对祖母深深的哀思。随后，他在离店上村不远处下了车，沿着少年时候曾经放过牛的稻田走到村边，站在小桥上深情地环顾了村庄周围的景色。父亲在村里看望了几位土地革命时期的烈士家属，和围拢在身边的乡亲们亲切交谈。回首那些艰苦斗争岁月的往事，父亲难抑心中的悲切潸然泪下，在场的人们无不动容落泪。据有关资料统计，土地革命时期，三县岭垦殖场管界内的龙家、姚畈、程桥、沙湾、徐门、店上六个行政村的烈士共有六百四十名。

父亲在与闻讯赶来的曹溪乡及店上村（后划归三县岭垦殖场）干部交谈中，得知家乡由于单纯种植稻米，经济收入来源较少，“老表”们的家庭生活还不富裕后，告诉他们要多动脑筋，学习别的地区农村搞农副业生产、开展多种经营致富的经验。临行前，父亲握着曹溪乡负责同志的双手，情深意切地叮嘱他们，一定要带领乡亲们克服困难，把家乡建设好，尽快改变落后面貌。

在家乡期间，父亲参观弋阳革命纪念馆（现改名为方志敏纪念馆）凭吊先烈，他还到了赣东北根据地苏维埃政权旧址——横峰县葛源县枫树坞村、弋阳县苏维埃政权旧址——中畈（大坝乡）刘家村。时隔三十余年重回故地，父亲倍感亲切，他认真寻觅着往日岁月的痕迹，时而驻足凝视，时而静静地深思，仿佛又回到那些艰苦斗争的岁月。他的脑海中浮现出当年跟随方志敏、邵式平等同志，参加建立和保卫赣东北根据地斗争的桩桩往事。离开弋阳后，父亲又先后到了瑞金和井冈山。在瑞金叶坪第二次中华苏维埃全国代表大会旧址，父亲指着主席台下一排座位告诉随行的同志，这就是当年闽浙赣省代表团的席位，并走到自己的座位上坐了一会儿，仿佛重新置身于当年那庄重而热烈的会场。他激情似火地向大家讲述了第一次聆听毛主席讲话的情景。在中央苏区国家政治保卫局、中央分局旧址，父亲沉浸在政治保卫局工作往事的回忆中，不时向大家指点着旧日的踪迹，述说着当年的情景。父亲离开时还有些依依不舍，不时驻足回首，在他胸中荡漾起的心潮久久不能平息。

这次故乡行，父亲感触至深。回到北京后，他时常独自在院子里踱步，深深地陷入对往事的追忆中，脑海中不时闪现出熟悉的方志敏、黄道等革命先烈的身影，闪现出长期并肩战斗的老搭档陈龙（1958 年 10 月不幸病逝）熟悉的笑容，想到了身患重病的“邵大哥”。此时，父亲深深地感到使命的艰巨，他不仅要履行自己的职责，还肩负着完成先烈们和早逝战友们未竟事业的责任。父亲回想起当年投身革命时，自己是何等朝气蓬勃，转眼间已年逾六旬，身体状况也不太好。父亲感慨时光的无情流逝，同时也意识到自己还有大量的工作要去完成，但留下的时间却又是那样短促而紧迫。想到这里，一种强烈的责任感和紧迫感涌上他的心头。意志坚毅的父亲下定决心，要尽快回到自己的岗位，抓紧时间多为党做些工作。他不顾同志们的好心劝阻，很快就恢复了全天上班的工作状态。

包钢机械总厂

1963 年 2 月，在对国内外阶级斗争形势估计越来越严重的情况下，党中央决定在全国城乡发动一次普遍的社会主义教育运动（原称为“四清”运动，以下简称社教运动），开展大规模的阶级斗争。1964 年 3 月，中央发出组织干部宣讲队伍把全党全民的社教运动进行到底的指示。由此，社教运动经过试点后，在全国较大范围开展起来。当时，中央国家机关十八个部委有四十五名正副部长带领两万多名干部，到全国两千多个工业企业蹲点。同年8月下旬，公安部按照党中央的部署，也派出一百七十名干部，分别由部领导和党组成员带领，参加辽宁、内蒙古、上海等省区市（后来又扩大到北京市）厂矿企业的社教运动。

按照部党组的分工安排，父亲带队来到内蒙古包头市，与自治区公安厅、市公安局的干部编组后，以包头市委工作队的名义，进驻包头钢铁公司机械总厂（以下简称包机总厂）开展社教运动。包机总厂是1957年建立的，担负保障包钢公司主体厂矿生产易耗备品和维修备件的企业，职工三千余名，下分金工、铸钢、铸铁、铆焊和锻造五大车间。当时全厂正处于"五反"（反对贪污盗窃、反对投机倒把、反对铺张浪费、反对分散主义、反对官僚主义）运动的补课阶段。

在历时七个月的社教运动中，父亲要求全体队员不能先带"框子"，要通过扎实深入的调查摸底，准确掌握企业内部的真实状况。父亲没有"坐镇指挥"，他经常深入车间、班组广泛接触生产一线的职工群众。中午，他谢绝了"特殊安排"，与普通职工们一起在大食堂吃饭；晚上到集体宿舍和职工家里"串门"，问长问短，聊家常，倾听群众的反映，了解和掌握企业内部的各种情况。职工群众们都亲切地称呼父亲为"老汪"，平素有些心里话也都愿意找"老汪头"唠唠。

那时从全国的情况看，在"左"的思潮影响下，不少地方在"四清"运动中混淆两类不同性质的矛盾，严重扩大了打击面，不可避免地出现乱批乱斗的现象，伤害了很多基层干部。但父亲在包机总厂的"四清"运动中，始终严格掌握政策界限，客观分析评估企业内部的实际情况，始终坚持以学习毛主席著作为主的正面教育、坚持依靠大多数职工群众、坚持依靠大多数基层干部、坚持与生产工作紧密结合；对于一些干部自身的缺点错误，重在思想教育提高认识，由其本人检查评议，主动纠正错误，没有发生任何“过火”行为，赢得了全厂职工群众的一致好评。包头钢铁公司党政领导充分肯定了父亲和同志们的工作，认为公安部工作队在机械总厂的社教运动中，严格执行了党的政策规定，没有出现过任何偏差。

美好的国庆之夜

1965 年是国民经济三年调整期的最后一年。在党中央“调整、巩固、充实、提高”方针的指引下，全国人民团结一致、意气风发、勇敢前行，进行艰苦卓绝的工作，战胜了三年自然灾害，国民经济开始稳步增长，社会呈现一派蒸蒸日上的喜人景象，社会主义各项建设事业不断取得重大进展。周恩来总理代表党中央在第三届全国人大一次会议上提出了建设“四个现代化”的宏伟目标，极大地鼓舞和激发了亿万人民建设社会主义国家的积极性。

1965 年 1 月，父亲被选为第四届全国政协常委。同年 6 月，他接替调到上海市工作的梁国斌副部长，兼任中央监察委员会驻公安部监察组组长。父亲聚精会神地抓好他分管各项工作的基础建设。1963 年 12 月，经济保卫局制定的《保卫处科工作细则》下发各地公安机关试行后，父亲始终关注着这部规章的贯彻执行情况。他专门听取了汇报，决定针对它存在的不足之处进行修改完善。经济保卫局对《保卫处科工作细则》调整充实后再次下发全国试行，进一步促进了厂矿企事业单位保卫工作基础建设。7 月 6 日，父亲在第十四次全国公安会议的发言中，强调了人民防空工作的组织机构、经费保障、防空设施建设和完善人员、物资疏散预案等基础建设问题。

记得那年的国庆之夜，父亲虽然接到了上天安门城楼观看焰火晚会的请柬（当时按照规定是可以带家属的），但他却放弃了这次“机会”。看着我满脸失望的表情，父亲笑着说咱们一起在家里看焰火。晚饭后，父亲带着我走出了家门，沿着石阶登上了附近的假山。在宁静的山顶露台上，父亲举目眺望远处夜空中绽放的一束束五彩缤纷、闪亮夺目的礼花，仿佛置身于瞬息万变的彩色光环中——天安门广场、金水桥、天安门城楼，仿佛在倾听着那欢快的节日舞曲。在礼花燃放的间隙，父亲兴趣盎然谈起了他在开国大典当晚观看礼花时的热烈情景，不无自豪地说那天晚上放的礼花是信号弹，有许多是苏联支援的，现在我们（国家）已经能够制造了。在璀璨瑰丽的夜光下，父亲那沉静、祥和的脸上满含着微笑，使我至今难以忘怀，仿佛就在昨天。

在这个欢乐的时刻，谁也没有想到，我和父亲一起度过的国庆之夜，竟会是20世纪60年代最后一个美好的夜晚。山雨欲来，史无前例的“文化大革命”，正伴随着雷鸣电闪悄悄地袭来。这场使党和人民遭受空前浩劫的巨大灾难，使中华民族实现伟大复兴的事业遭受了严重损失，在几代人心中留下了难以消除的创伤。

第六篇　“文化大革命”的劫难

在党的历史上，“文化大革命”是“左”倾错误指导思想在党中央占主导地位持续时间最长的时期，这场“大革命”给党、国家和各族人民带来了深重的灾难，留下了极其惨痛的教训。从“十年内乱”初期，林彪、“四人帮”两个反党集团就将矛头指向作为人民民主专政柱石的公安机关，广大公安民警遭到残酷迫害。在这段非常特殊、非常困难的时期，父亲经历了革命历程中最严酷的考验。

1965年12月，公安部第一任部长罗瑞卿遭到林彪一伙诬陷，被调离中央军委秘书长、总参谋长的领导岗位后，“四人帮”反党集团的主犯谢富治连续主持召开各种会议，给罗瑞卿老部长罗织了大量“莫须有”的罪名。

在揭发批判所谓“彭真、罗瑞卿、陆定一、杨尚昆阴谋反党集团”中，林彪和“四人帮”两个反党集团伙同谢富治之流，在所谓“联系实际”的幌子下，从1966年6月开始，相继将公安部的徐子荣、刘复之、凌云、尹肇之等部领导打成“反党宗派集团”后，又捏造成直通彭真、罗瑞卿的“地下黑公安部”，部机关一些局级干部也相继被批斗、被停职审查。谢富治之流对此并不甘心，为了实现林彪反党集团和“四人帮”砸烂“公、检、法”的罪恶企图，谢富治在一次会议上恶狠狠地叫嚣:“这次‘文化大革命’对干部要进行全面审查,从部长到一般干部谁也不能例外。”公然为其秉承两个反党集团的旨意,进一步疯狂诬陷、迫害广大公安民警的卑鄙行径制造舆论。

狂风恶浪袭来

面对这场突如其来的“文化大革命”,特别是对谢富治之流继污蔑陷害罗瑞卿老部长后,又捏造罪名将一些部领导打成“反党宗派集团”的卑劣做法,父亲虽然没有表露出什么,但从内心是很不理解、很不赞成的。尽管如此,他还是抱着对党的满腔忠诚,坚守在自己的岗位上,尽心竭力地做好分管的业务工作。父亲在力所能及的情况下,对徐子荣、凌云等同志给予了深切的同情和安慰。记得1966年夏季的一个晚上,父亲得知公安部的造反派闯到徐子荣副部长的住宅“抄家”,并当众揪斗、羞辱他的消息后,趁着漆黑的夜色去看望和宽慰徐子荣同志。后来,父亲听说徐子荣同志被造反派挟持到部里关押批斗的消息后,多次和母亲谈论此事:“不管怎么说,他还是为党做过很多工作的,不应该这样对待他,就是审查‘问题’也可以在家里嘛。”他的神态、表情充满着深深的感慨,表示出明显的反对态度。父亲十分惦念受“冲击”的凌云副部长,多次通过母亲的渠道,迂回了解情况并委婉地转告凌云同志要坚持实事求是,经得住考验……

那些日子里,谢富治之流出于不可告人的目的,已经找出种种冠冕堂皇的理由,不再让父亲接触公安部的业务工作了。父亲先是被指派负责中央政法干校(现为中国人民公安大学)的工作,后来又被派去参加“首都红卫兵‘破四旧’展览”筹备组的领导工作。在中央政法干校，父亲多次顶住压力，态度鲜明地保护中央政法干校的主要负责人赵国威校长（老红军），支持学校党政领导班子坚持工作，维护正常的教学秩序。父亲多次在家里热情地接待了赵国威、石磊等负责同志，倾听他们诉说心中的委屈，鼓励他们要坚守岗位，克服困难，做好各项工作，尽力维护好政法干校的教学秩序。为此，父亲遭到政法干校造反派的嫉恨，被扣上“包庇走资派”“执行资产阶级反动路线”的罪名，多次遭到他们的“批判”围攻。

在筹备“首都红卫兵‘破四旧’展览”（以下简称“红展会”）期间，父亲尽管非常看不惯那些红卫兵组织头头们不学无术、趾高气扬、争权夺利的样子，但还是委曲求全，勉为其难地周旋于各派红卫兵组织之间，协调沟通布展事宜，为此屡屡遭到他们的无理刁难。在“红展会”试展时，那些红卫兵头头们以所谓“领导不力，展览内容跟不上形势”“只宣传阶级斗争，没有突出毛主席无产阶级革命路线”等莫须有的罪名，兴师问罪。这些头头在北京展览馆礼堂召开大会，批斗父亲和商业部的高修副部长。令人愤慨的是，明明知道事情原委的谢富治为了标榜自己的“左派”形象，竟指派施义之等人到批斗会现场，当众表态坚决支持红卫兵小将的“革命行动”。

当年10月上旬的一天，从沈阳军区调来担任公安部党组第一副书记、常务副部长的李震，拿了某省一位领导干部的揭发材料给父亲看。材料中主要提出两个问题：一是1934年父亲在江西赣南地区打游击时是否叛变了？二是高岗为什么要提拔父亲担任东北行政委员会副主席？看完这份材料后，父亲当即坦然地向李震表示，这些问题组织上早有审查结论，如果还有什么不清楚的地方，请组织再进行调查。李震见状，连忙推托遮掩说：“现在这么忙，哪还有时间来调查啊。”让父亲不要有想法，安心做好工作。当时父亲还不知道自己在劫难逃，早已被谢富治之流暗中列入第二批公安部被批判人员的名单。

时隔不久，康生和江青率先发难。1966年11月，康生在一次接见吉林省造反派组织的集会讲话中，丧心病狂地公开点了父亲的名字，说父亲是高岗反党集团的漏网分子。江青也恶毒地污蔑父亲是“高岗的黑公安部长”“里通苏修”。由此，谢富治之流紧锣密鼓地开始了对父亲的诬陷迫害。

1967年1月的一天早上，父亲和包秀叔叔像往常一样，刚刚从家里出来准备去机关上班，没走多远，就遭到了造反派们的拦截，显然是早有预谋的。随后，他们裹挟着父亲蜂拥而至到家里大肆搜查。为了获取所谓的证据材料，这些人在家里翻箱倒柜，甚至将挂在墙上的照片镜框也取下来拆开，查看背面是否夹藏了“东西”。他们在拿走了一大堆所谓的“证据”后，又气焰嚣张、推推搡搡地要将父亲带到机关去批斗。面对这些人的卑劣行为，久经考验的父亲神情淡定地说，你们不要推（搡）啦，随后从容地走在前面，造反派们愣了一下，悄然尾随在父亲身后离去。

在“抄家”过程中，几个造反派像对待犯人似的把我和妹妹，连同炊事员王师傅、保姆王阿姨一起押到厨房看押。其中一个为首的人装腔作势，宣布父亲是高岗反党集团成员、走资本主义路线当权派，历数父亲的所谓“罪行”，要我们和父亲划清界限，揭发问题。有人说，孩子爱的是母亲，崇敬的是父亲。那时候，我听着这些诬陷父亲的毒言恶语，心里如同针刺般的疼痛，但为了不给父母雪上加霜，再添“麻烦”，就咬紧牙关保持了沉默……

此后的一天下午，父亲又在中央政法干校被造反派们作为“执行资产阶级反动路线的黑帮”批斗。尤其令人愤慨的是，在批斗会上，一个女造反派上台发言时，一番“慷慨激昂”的批判后，或许是想显示其“造反精神”，竟用手狠狠地从后面扇了父亲头部一巴掌，对于这样的羞辱，荣辱不惊的父亲不屑一顾，保持了沉默。但她的野蛮、卑劣的粗暴行为，当即引起在场一些同志们的强烈不满，私下里议论纷纷，说政法公安院校的师生员工应当知晓政策、遵守法纪，怎么能随便动手打人呢。

1967 年 2 月中旬，在谢富治之流的唆使、操纵下，公安部造反派悍然加紧了对父亲的迫害，将他非法扣留在机关院内，在半个多月的时间里，每天都在不同的范围内进行批斗和审讯，逼迫父亲承认是高岗反党集团的漏网分子，有“里通苏修”的问题（后来又提出了所谓“资敌通敌”的问题），是反革命修正主义分子。父亲毫不畏惧、坚持原则、实事求是地回答了他们的逼问。造反派们未达目的，骑虎难下，只好先把父亲“释放”回家，但严禁外出，并规定每天要打扫院子接受“劳动改造”，随时听候审查。与此同时，造反派们秉承谢富治之流的旨意，开展了挖空心思的“内查外调”，派人先后到江西、安徽两省去搜集“证据”；又组织专人查阅了东北公安局上交中央公安部的档案材料；结果却令他们大失所望，没有找到任何“有力”的证据材料。

记得那是一个星期天的下午，窗外刮着刺骨的寒风，母亲特意将远在南苑中学工作的姐姐也叫回家里，把我们兄弟姐妹四人召集到父亲身边。当时房间里的气氛十分凝重，父亲神情淡定地说：“有些事情要跟你们讲清楚。”随后他讲述了自己正在遭遇逆境的原委。当父亲讲到被诬陷为“高岗反党集团的漏网成员”时，我难抑心中的忿忿不平，脱口而出：“胡说八道！”父亲摆摆手示意我不要再说下去，他掷地有声地说：“我是党的干部，接受党交给的任务，不属于哪个人私有。”最后，父亲看着我们，语气坚定地说，他没有做过任何对不起党、对不起人民的事情，要相信党组织会把事情查清楚的。他接着说："这段时间里，你们要受一些委屈……干革命嘛就是要经受考验。"父亲环顾了我们兄弟姐妹，最后有些不放心地把目光投向我，特别叮嘱我："这个时候，你还是要静下心来，在家里看书学习，建设国家需要文化（知识）啊。"父亲一席坦率真挚的话语，回答了那些天来我们一直想知道但又不知如何开口的问题，使我们从极度的困惑和迷茫中豁然清晰起来。他的镇静与自信，给予了我们极大的精神支撑。

在随后的一段时间里，我帮助父亲抄写了各种"交代"材料。正是通过这一份份的文字材料，使我渐渐地知晓了父亲不平凡的一生，开始懂得一个革命者如何为理想和信仰去选择人生而无怨无悔的深刻内涵。父亲在我心目中的形象更高大了。那些日子里，我一直守护在逆境中的父亲身边，不在乎周围投来的鄙视目光，不屑于不时传来的冷言恶语。我陪伴他每天清晨打扫院子，陪伴他步行到地安门坐公交车去部里"受审查批斗"、陪伴他到北京医院去看病取药……

那年夏天，学校组织全体师生到顺义县木林公社参加夏收劳动。临行前的那天晚上，我想到变幻莫测的政治风云，想到接连不断发生的各种不测事件，心里总有些不祥的预感，但学校组织的集体活动又不能不参加。我怀着十分矛盾的心情去向父亲道别。正在锁眉沉思的父亲放下手中点燃的香烟，转过身微笑着对我说："好啊，你没在农村生活过，这次要抓住机会，多向老乡们学习干农活的本领，不要怕吃苦，别惦记家里。"父亲明知世事难料，危机四伏，但为了宽慰我，仍然说他不会有什么事情的。第二天清晨，我身背行装离开家时，下意识地回头望去，父亲房间的灯光已然亮起……

1967 年 4 月，一名在长春第一汽车制造厂工作的原东北公安局干部，后由于违法乱纪被开除党籍、公职。此人政治品质很坏，因对父亲曾拒绝他的无理要求不满，投靠林彪反党集团成员吴法宪。他凭空捏造，栽赃诬陷父亲与高岗关系密切，是东北公安部反革命集团的首犯，将毛主席从苏联回来路经沈阳的消息通过逆用电台报告台湾特务机关，企图谋害毛主席。凭借这些无中生有的“罪证”，康生、江青与谢富治之流进一步策划了对父亲的诬陷迫害。康生在一次会议上，丧心病狂地造谣说父亲现在还有活动，恶狠狠地指责对父亲的专案办理不力。在他的指使下，“中央文革小组”专门派人到公安部“检查督办”父亲的专案。

那个时候，我们对于这些“内幕”情况一无所知，还没有预料到一场更大的狂风暴雨正在袭来，身处逆境的父亲将要遭受更加残酷的迫害。下乡夏收结束后，我兴冲冲地回到家里想与父亲诉说时，他的房间竟然已“人去楼空”，心里不由得一阵酸楚，惆怅许久。就在我下乡的第二天上午，父亲再次被造反派挟持到机关批斗并关押起来。

谁曾想到，时光荏苒，我和父亲的再次相见，竟会是五年之后了，每当回想及此，便不胜唏嘘……

父亲在公安部大院里被非法关押了三个多月。北京政法学院的造反派组织“政法公社”在谢富治的默许下，堂而皇之进驻公安部大院。这个组织伙同机关造反派，再次掀起了揪斗老干部的高潮。父亲被列为“重点对象”，首当其冲遭到了他们联合召开的大会批斗，杨奇清副部长也被揪到会场陪斗。那年 10 月下旬天气渐寒，我去机关给父亲送厚棉被，一个女造反派收下后态度冷漠地告诉我，今后不用再送东西了。当我急切地追问缘由时，她板着面孔，摇晃着脑袋，冷若冰霜地说，其他的事情一概不知道。事后才得知，父亲已被正式宣布“隔离反省”（后改为逮捕关押），关进了北京军区看守所，列入中央专案审查小组第二办公室（以下简称“二办”）管辖，父亲从此开始了长达八年的监禁生活。

杨成武将军在有关回忆文章中写道：“汪金祥的专案开始是由公安部自己搞的，由于汪金祥是公安部的老领导，长征以前就在赣东北根据地和方志敏一起工作过。谢富治担心整了自己（单位）的老领导，不好向大家交代，同时也为了避嫌，要求由军队调人来办理。”1973 年下半年，父亲的专案又由“二办”转归中央专案小组第三办公室（简称“三办”）管辖。

在那段时间里，我的母亲因拒绝揭发父亲和有关领导的所谓“罪行”，也受到造反派们的追逼围攻，甚至遭到野蛮的拳打脚踢，她的颈部和胳膊都被严重扭伤，后来竟被诬为混入革命队伍的“假党员”，打入“黑帮队”。特别是在父亲蒙遭冤狱之后，她长期处于极其艰难的逆境中。意志坚强的母亲坚持原则，是非分明，从不屈服于淫威恐吓，以至于造反派们无可奈何地对她说：“看来你的立场是转变不了了。”即使在那种危难的境遇下，心地善良、淳朴的母亲依然惦念着其他受迫害的同志，她尤其关心陈龙叔叔的夫人余海宇阿姨（时任文化保卫局副局长），总是特意从家里带些食品，趁监视的造反派不注意时，悄悄递给被关押在办公室的余海宇阿姨。为了防止有人浑水摸鱼，趁机“挪用”海宇阿姨的工资，母亲还主动承担了替她保管工资的责任。

1968 年 2 月，母亲也被集中到中央政法干校的所谓“学习班”。那里的气氛相当压抑沉闷，母亲和其他老干部们一起，失去人身自由，每天都要被造反派“呼来喝去”，除了遭受无休止的揭发批判、游斗外，还要被强迫“劳动改造”。

3 月 13 日晚间，杨奇清副部长横遭逮捕后，“学习班”的气氛陡然紧张起来，经常有老干部在夜里被突然带走（关押审查），陆陆续续的有好几批。未被抓走的同志，每天晚上都把洗漱用具准备好，以防不测。“学习班”里的老干部们承受着沉重压力，彼此见面都是默默无语，通过眼神来表达相互的关心。

此时的母亲也做好了应对不测的思想准备，她最放心不下的是我和妹妹。母亲每次“放假”回家后，总要抓紧时间，尽量给我们做些好吃的饭菜。晚上，疲惫的母亲心事重重地坐在床前，不止一次地叮嘱我：“如果有一天我也回不了家了（即被隔离审查），一定要改改犟脾气，听哥哥姐姐的话，体贴照顾好妹妹。”母亲在那个“特殊的时期”从容淡定，以坚定不移的信念和坚韧不拔的意志，成为全家的支柱和灵魂。

1969 年 3 月 4 日，母亲与一千余名公安部干部被下放到黑龙江省集贤县笔架山农场劳动。母亲后来告诉我，她们出发的那天上午，谢富治带着公安部的一帮“当权派”到北京火车站送行，他在车厢里巡视时还虚情假意地主动上前跟母亲握手告别，要她“（在农场）好好锻炼”。坚强的母亲早已看穿了谢富治之流厚颜无耻的卑鄙嘴脸，没有说一句话。

在笔架山农场，母亲被分配到五队（良种站），养过鸡、喂过猪，干过各种繁重的农活。她被列为“监督对象”，经常受到“五七战士”们的刁难和冷嘲热讽，还要不时被派去出“公差”，给食堂担水、打扫卫生。母亲顽强地忍受着这些折磨，她原本很健康的身体，因劳累过度患上多种疾病，担水时曾几次摔倒。1972 年 5 月，母亲被允许回到北京治病。

狱中的磨难

在狱中的漫长岁月里，父亲经受了更加残酷的迫害，身心健康受到严重摧残。在“极左”思潮的影响下，专案组秉承林彪和江青两个反党集团的旨意，不顾事实真相，诱供逼供。他们拿出一些经过“掐头去尾”处理的材料作为“证据”，威逼父亲承认。第一项罪名是所谓“里通苏修”问题。在东北解放战争时期，我军将一批从外地运来的炸药存放在哈尔滨某仓库，苏联领事馆获悉蒋帮特务企图炸毁这座仓库的情报后，立即通报我方注意防范。东北局负责人彭真同志对此十分重视，责成东北公安总处尽快处理此事。东北公安总处协同东北军区后勤部迅速查明情况，哈尔滨市确有这个炸药仓库，但炸药已经运往前线。父亲及时将上述情况报告给彭真同志。专案组成员却拿着东北公安总处给彭真的书面报告，逼迫父亲承认“泄露国家机密”。1948 年春天，东北公安机关在佳木斯破获了一起国民党潜伏特务案件，在审讯中发现一名女特务已潜入苏联伯力（俄罗斯哈巴罗夫斯克市），即将此情况通知苏联驻哈尔滨领事馆。苏方根据线索进行调查，很快就抓获了这名女特务，并交由我方处理。中苏双方互相交换有关敌特方面的情报资料，在当时的历史背景下是完全正常的，根本不存在所谓“里通苏修”问题，但是专案组成员却拿着这份材料威逼父亲承认是“里通苏修”。第二项罪名是“资敌通敌”，企图谋害毛主席的问题。1950 年 3 月 4 日，毛主席访问苏联后，顺利返回北京。当天下午，新华社发布了毛主席回到北京的消息。第二天（3 月 5 日），哈尔滨市公安局通过逆用电台将此消息发给台湾国民党特务机关（这是为了骗取敌人信任，采取的一种谋略手段)。这份电报稿事先报请了中央公安部审查批准。当时父亲正在毛主席身边做警卫工作，并不知道这件事，根本不存在所谓“资敌通敌”的问题，也更谈不上包庇哈尔滨市公安局主要负责人的问题。但是专案组人员竟将哈尔滨市公安局向中央公安部的请示报告，刻意用纸盖住发报时间，拍成照片作为栽赃陷害父亲“资敌通敌”的罪证，颠倒是非地污蔑父亲为了“往上爬”捞取资本，竟不顾毛主席的安危。第三项罪名是在赣南坚持游击战争时期的“叛变问题”，专案组人员查不到任何证据，就拿来一张大比例的军用地图，要父亲指出当年在赣粤交界地区坚持游击战争的活动区域和地点，想以此打开“缺口”。出乎这些人意料的是，虽然时隔三十多年，但父亲依然保持着清晰的记忆，在地图上准确地指出了当年鏖战的具体区域、地点和方位。专案组人员气急败坏，竟恶毒地说父亲是因为贫农出身，才被方志敏、邵式平拉进党内的。更为恶劣的是，专案组的个别人员在审讯过程中，目无法纪，为所欲为，竟然粗暴地揪着父亲的头发，按着父亲的手，在他们所谓的“审讯记录”上签字。

专案组为了获取父亲的证据材料，可谓挖空心思，想尽办法，竟将为父亲开专车十多年的司机孙德有也关押起来突击审讯，企图从他那里打开“专案”的突破口，获取诬陷父亲的证据线索。在专案组威逼恐吓的“高压”下，孙德有同志不幸身亡。

在失去自由的逆境中，面对林彪、江青、康生、谢富治一伙的种种诬陷和迫害，父亲立场坚定、旗帜鲜明、坚持真理、不屈不挠，表现出坚贞不渝的革命气节。他高风亮节，敢于承担责任，从不上推下卸，保护了许多在东北工作的老同志。面对专案组人员的反复逼供，父亲毫不含糊，坚定地对他们讲：“东北公安工作的成绩是党领导下取得的，是经同志们共同努力干出来的。如果这里边有错误由我负责，因为我是东北公安战线的负责人。”2012年夏天，我在整理父亲生前留下的文稿时，意外地发现了当年专案组清退回来的材料中有一份父亲写的“交代材料”，落款时间是1968年1月12日。父亲在这份材料中斩钉截铁地写道：“王鉴领导逆用电台，发出的情报，我都看过。有的我修改过，王鉴的……由我负责。”卫之民叔叔也告诉我，1973年他到北京治病的时候，曾向当时公安部“在位”的一个领导干部打听过父亲的情况，那位干部回答说：“是死（硬）反革命，非常顽固。”他感觉这个人是春风得意的造反派，没有共同语言。但通过这次谈话，卫叔叔由衷地钦佩父亲在情况险恶的逆境中，仍坚持真理、不屈不挠、坚贞不渝的革命气节。

在此期间，专案组秉承“上面”的旨意，再次到江西、安徽等地，采取欺骗、威胁的手段进行“外调”，强迫被调查人员提供符合他们要求的证据材料。在弋阳县店上村，外调人员首先向村干部和群众宣布父亲是大特务、大反革命，然后要求按照事先拟定的口径提供材料。他们这种卑劣的行径，激起了家乡人民的强烈愤慨和抵制，不得不失望而归。在南昌，他们又以同样的方式找到胡德兰同志调查，遭到严词拒绝。久经斗争考验的胡德兰同志正气凛然地质问道：“你们既然是来向我调查，就应当听我说的，不听我讲的，就别找我调查。”在芜湖，他们费尽心思也没有查到什么“证据”。专案组还多次去武汉，找到1936年父亲在芜湖栖身小客栈老板侯祥发的侄媳妇黄秀英，从她那里确实可以证明父亲当年在芜湖的一些情况，但这些调查人员却声色俱厉地威逼着她讲父亲的所谓“特务、反革命”问题，也遭到她的强烈抵制。黄秀英气愤地对调查人员说：“我不知道汪金祥有什么问题，你们不要三番五次来折腾我。”

后来得知，面对父亲的顽强抗争，专案组无计可施，查不到任何证据。主管关押审查人员专案的负责人，只好向公安部核心小组组长李震汇报请示时，悻悻地提出：“汪金祥的情况就那样了（查不出什么问题）。”李震面无表情地说：“再看看吧。”

长期的牢狱生活使父亲的身体遭受了严重摧残。在关押场所的伙食标准每月仅6元钱，阴暗潮湿的牢房终日见不到阳光，监所管理部门还经常借故不“放风”，剥夺了“犯人”们接触阳光的权利，致使父亲的身体状况急剧恶化。在寒冷的冬季，牢房里温度很低，他经常被冻得感冒发烧。父亲原来就患有慢性气管炎，由于得不到及时医治，病情逐渐加重，多次出现咯血的现象。监狱里为了便于监视，竟然规定牢房在夜间不准关灯、“犯人”只准脸向外一个姿势睡觉，致使父亲前胸右侧的肺部长期受挤压，形成病灶，屡屡感染犯病。因为得不到及时医治，父亲的身体每况愈下。到了1972年年初，父亲被诊断为肺源性心脏病。1974年年初，父亲再次犯病，病情十分危重，北京军区总医院向专案组发出了病危通知书，要求告诉家属准备后事。幸亏医护人员本着救死扶伤的人道主义精神全力抢救，才使父亲摆脱生命濒危的境地，病情逐步得到了缓解。

最令父亲痛心疾首的是，还为此牵连到了和他一起从延安到东北，长期共同工作的亲密战友和老部下李钊、王鉴等同志，还有在东北时期先后当过父亲秘书的黄宣文、张厘同志，这些同志也都被株连，受到了残酷迫害，被长期关押审查。

李钊叔叔是河北省肥乡县人，1938年5月参加革命，历任陕甘宁边区保安处副科长，东北局社会部科长、副处长，东北公安部处长，东北公安局副局长，公安部二局局长。1966年调任北京市委常委，北京市公安局局长、党组书记。他爱憎分明、光明磊落、作风正派、勤勤恳恳，长期从事经济保卫工作，为保卫东北地区大规模经济建设作出了重大贡献，在协助父亲负责全国经保战线工作中也有突出的建树和功勋。“文化大革命”中，李钊叔叔临大节而不辱，义正词严地说："汪金祥同志是老红军，对革命是有贡献的，你们这样做不对。"拒绝揭发父亲"罪行"的无理要求。为此，李钊叔叔被打成"高岗反党集团成员汪金祥的死党"，遭到了多次围攻批斗，随后也被长期关押审查。他出狱后不久就身患重病，不幸于1976年7月去世。

1971年9月13日，震惊中外的林彪事件发生后，毛主席开始反思"文化大革命"以来出现的种种问题，并对一些极"左"思潮下的过激做法进行纠正，特别是对待"解放"老干部的问题。一座冰封已久的冰川，开始呈现渐渐消融的迹象，其中最明显的标志就是毛主席亲自参加陈毅的追悼会以及对邓小平的"解放"。

在毛主席的支持下，独撑危局的周总理把批判林彪反党集团的罪行和批判极"左"思潮结合起来，想方设法排除阻力，解除了对一些老同志的监禁，指示有关部门对他们进行治疗和妥善安置，同时有意安排一些被打倒的老干部公开露面，以扩大影响。在周总理的亲自审定下，1972年4月24日《人民日报》发表了《惩前毖后，治病救人》的社论。社论强调，经过长期革命斗争考验的老干部是党的宝贵财富，要求排除干扰，积极落实中央关于干部工作的指示。在这个大背景下，国内的政治形势开始发生一些细微的变化。同年7月上旬，从不同渠道传来了一些被监禁的老干部家属子女，写信经过批准后可以去探望父亲的消息。我喜出望外，将这个喜讯告诉了母亲。为避免处境艰难的母亲再因此遭到无端迫害，我权衡再三，决定还是由自己从插队落户的山西临猗县农村，给周总理写了一封信要求探望父亲。为了减少不必要的麻烦，我特意到几十公里外的运城市邮政局投寄了挂号信。这封信寄出后，没过多久，母亲就接到了专案组可以去探望父亲的通知。获悉这个消息后，我和哥哥先后从山西和黑龙江赶回北京。

在探视父亲前，几位身着军装的专案组人员专门找我们谈话，他们态度冰冷地宣布了三条探视的规定，要求我们家属不能在父亲面前哭泣，不能告诉父亲与探视无关的消息（即不能告诉父亲“外边”的事情），不能问父亲在（监狱）里面的情况。去探视父亲的前一天晚上，想到即将见到久别的父亲，我心潮迭起、浮想联翩，碾转反侧睡不着觉，脑海里总是闪现着父亲过去那熟悉的身影，一遍又一遍地反复揣摩多年未见的父亲会是什么模样……

第二天上午（1972 年 7 月下旬），我和哥哥、姐姐陪伴着母亲来到位于北郊的一处部队营房，在专案组人员的监视下见到了父亲。当父亲步履缓慢地走到我们对面的桌边时，望着他满头白发、苍白浮肿的面容、说起话来喘息不定、一副备受折磨的苍老样子，我一阵悲切涌上心头，再也控制不住自己，眼泪夺眶而出，这哪里还是我以往印象中的父亲呀！当时父亲的心情也很激动，但仍然抑制着内心的悲怆，凝视着我们，语气平缓而坚定地说：“不要这样（不要哭了），要相信党，相信组织，要跟着毛主席干革命。”随后，父亲逐一询问了全家人的情况。当听到我在山西农村插队时，他点点头，问我都会做什么农活。探视的时间不知不觉地很快过去了，在专案组人员的几次催促下，父亲望着我们仍迟迟不愿离去的样子，毅然站起身挥挥手，告诉我们不要惦念他。望着父亲在两名看守“监护”下从容离去的背影，我心中百感交集，在为父亲蒙冤入狱备受折磨而痛楚的同时，无形中也产生了一种战胜困难的强劲力量。

春风化雨

1972 年 12 月，毛主席在铁道部副部长刘建章的家属反映秦城监狱虐待被关押审查人员等问题的来信中批示："这种法西斯式的审查方式是谁人规定的，应一律废除。"这一批示对于推进"解放"老干部发挥了十分重要的作用。

在周总理的直接关注和督办下，北京有关监所打骂虐待在押审查人员的问题得到了纠正，并废除了睡觉不准朝里等不合理的规定。在这种大背景下，父亲和其他被关押审查人员的生活待遇也逐步得到一些改善。在我们多次写信要求下，专案组将父亲转到北京军区总医院监护治疗。1973 年 7 月，周总理在一次主持研究"解放"省部级干部的会议上，提出让父亲"保外就医"（即解除关押）的问题。邓小平同志也在母亲要求让父亲出来治病的信上，鲜明地表明了态度，作了"先出来治病"的批示。然而，正当父亲和其他被关押的老干部有望摆脱逆境时，"四人帮"坐不住了，他们百般阻挠，处处作梗。父亲"出狱"的事情，就是由于江青"跳出来"横加反对被压了下来。后来，我听说父亲因为这个缘故，被列在公安系统不能释放人员名单的首位。

显然在当时的情势下，只有经过毛主席的明确表态，父亲"出狱"问题才能解决。母亲和哥哥汪瑞为此曾多方奔走，打探"解救"父亲出狱的渠道和途径，但都是无果而终。哥哥在育才小学时的同学乔宗淮告诉他，胡耀邦是个很正直、热心的人，帮助"解救"过不少老干部，可以去找他（求援）。哥哥听后有些迟疑，说父亲没有和耀邦同志一起工作过，他会管（帮忙）吗？乔宗淮看着老同学忧心忡忡的样子，就笑着激励哥哥：“你不去（找），怎么能知道行不行呢？”

1974 年 11 月 20 日上午，哥哥怀着忐忑的心情，走进了东城区富强胡同 6 号，胡耀邦同志就居住在这座典型的北京四合院里。那天恰逢耀邦同志的生日，家中有一些客人，但他还是抽空接待了哥哥。听完哥哥讲述父亲的情况后，胡耀邦同志略作思忖，告诉哥哥不要着急，等他先了解一下情况后再说。耀邦同志还盛情招呼哥哥留下来，和他的朋友、家人一起吃了“生日宴”。在那段特殊的时期，别人唯恐避之不及的时候，耀邦同志却毫不畏惧“四人帮”的政治淫威，热情而坦诚地接待了“被审察对象”子女的求助，使焦虑的哥哥备感温暖。事后，哥哥多次向我们讲起那天难忘的情景，父亲和母亲更是对耀邦同志充满由衷的敬意和感激之情。

胡耀邦同志对“解救”父亲的问题十分认真、慎重。他专门找到正在中央读书班一起学习的杨奇清副部长，了解父亲的有关情况。耀邦同志开门见山问道：“你就讲讲汪金祥这个人怎么样吧？”杨副部长如实介绍了父亲的情况，说汪金祥是被诬陷的好同志。几天后，耀邦同志要哥哥再去看望父亲时，告诉父亲直接给毛主席写信，要求出来治病。随后，他深思熟虑地告诉哥哥这封信的具体内容应当怎么写。

当年 11 月底的一天，哥哥到医院探视父亲时，悄声说出胡耀邦同志讲的话，父亲听后抬头看了哥哥一眼，思量了一会儿，点了点头。于是，父亲按照胡耀邦同志的建议，给毛主席写了信。

记得那封信的大意是承认自己在工作中有错误，要求出来治病、学习，跟毛主席一起继续干革命。毛主席很快就圈阅了父亲的信。在“文化大革命”后期，很多中央文件都在抬头醒目地注明“伟大领袖毛主席已圈阅”，以此强调文件的重要性。但这份毛主席的亲笔

"圈阅"件却在专案组耽搁了下来，专案组负责人格外慎重，他们捉摸不定毛主席"圈阅"的意思。究竟是表示看过了，还是表示同意？他们斟酌再三，采取了既不冒风险又不承担责任的办法，逐级请示到汪东兴同志。在汪东兴明确指示"圈阅就是同意"，要"赶快放人"的催促下，专案组人员急匆匆地赶到医院解除了对父亲的监禁。

12月23日下午5点左右，我正在北京军区总院内三科的"隔离"病房探视父亲。出乎意料的是，三名专案组人员突然来到了病房，他们一改往日僵硬的面孔，满脸堆笑，客气地让我先到外边等候，说有些事情要和父亲讲。走出病房后，我意外地发现站在门外的哨兵不知什么时候已经悄然离开。我想到刚才专案组人员不同寻常的态度，隐约感到即将发生一个重大的变化，就悄悄地侧过身贴着房门观察里面的动静。透过门缝，我清楚地听到他们宣布了解除监禁的决定，要求父亲尽快转院治疗（不要再占着"隔离"病房）。我极力抑制住激动的心情，在走廊里来回踱着步。等专案组人员离开视线后，我快步走进父亲的病房。恢复人身自由对父亲来说早已渴望已久，但他清楚地意识到这场抗争还远没有结束。父亲神情淡定地坐在床上，招手示意我走近床边，语气平静地问我听到了没有？我下意识地点点头，父亲让我回家告诉母亲，先商量一下，看看怎么答复他们的要求（即专案组要求父亲转院治疗的问题）。临行前，父亲意味深长地叮嘱我："天黑了，路上要注意安全，骑（自行）车不要太快了。（今后）还有一段路要走呢。"

第二天上午，哥哥特意赶到富强胡同6号，向正在院里散步的胡耀邦同志报告了父亲"出狱"的喜讯，一再表示真挚的感谢。耀邦同志听后，摆了摆手打断哥哥的话，笑着说："代问你爸爸好，别的（感谢的话）就不要再讲啦。"

父亲解除监护的消息不胫而走，很快就传遍了公安部内外，在老同志们中间产生了强烈反响和示范效应。一些脸色忧郁的阿姨们相继来找母亲“取经”。母亲总是毫无保留地和盘托出“锦囊妙计”。时隔不久，公安部一些被关押的老同志们也都相继出狱。

后来的事情发展果真如父亲预料的那样，又经历了一段坎坷的时日。公安部一些“掌权人”对于父亲出狱是心有不甘的，他们继续设置障碍，借口父亲的问题还没有审查结论，言下之意是父亲的问题性质没有确定，只发每月一百五十元的生活费，而且迟迟不肯解决转院治疗问题，以致父亲又继续在北京军区总院的“隔离”病房住了三个月时间。江青反党集团的爪牙祝家耀还气焰嚣张地训斥政治部负责人马剑：“办事情不从政治上考虑，怎么能叫（公安部党委）核心组批准这种事情?!”

“文化大革命”期间，国民经济发展受到严重损失，各类物资供应紧缺，抗生素在医药市场供应更是如此。由于父亲已经不属于北京军区总院的保障对象，主治医生找到我们，要求自行解决给父亲注射用的红霉素。按规定，这类针剂需要持单位的介绍信经市卫生局特批后，直接到北京医药公司购买。哥哥急切地找到机关卫生所，说明情况，请求解决购药的问题。由公安部政治部开一张购药的介绍信。这原本是一件合乎情理的事情，但在那个“特殊的年代”却成了难事，颇费一番周折，具体办事人员请示“领导”回来后，吞吞吐吐，迟迟不表态，症结是父亲受审查的问题还没有作结论，身份难以确定，不好称呼（当时对父亲还不能称为同志），让在场的卫生所负责人罗兆英医生左右为难。眼看着这种尴尬的场面僵持下去，哥哥急中生智想出了一个“折中的办法”，提出不管怎么样，汪金祥总还算是公安部的在编干部吧？这才回避了“同志”这个敏感的称呼，有关人员思量再三，也同意了这个不担任何“风险”的解决方法，终于开出了“我部干部汪金祥因患重病，急需购买红霉素针剂治疗”的介绍信。

在党中央落实干部政策的强劲春风下，残冬的冰霜积雪终于渐渐消融了。1975 年 4 月初，经过母亲多方努力，在有关同志的关怀和帮助下，父亲终于转到了北京医院住院治疗。

当时与父亲情况类似的李维汉（曾长期担任中共中央统战部部长）就住在隔壁病房。父亲和李维汉同志是江西中央苏区时的老相识，他们经常在一起交谈这些年来的经历和感触。记得有一次，李维汉同志悄声告诉父亲，中央统战部“当权派”要把他安置到湖南老家“养起来”。一石击起千层浪，它激起了父亲对家乡的无尽思念。父亲多次若有所思地问我是否愿意和他一起回老家？他动情地说：革命胜利这么多年了，（老家）还是那个样子（面貌改变不大），想起来心里就不好受啊。到哪里都是干革命，咱们回去带领乡亲们好好干一番，我不信改变不了（落后面貌）！我听了这番肺腑之言后，心里一阵悲切。父亲的身体已经被摧残到这种状况，还心怀一片赤诚，想着要为党做工作，要回家乡改变落后面貌的事情……但为了宽慰他老人家，我还是强抑着心中的悲切，昂起头，爽快地回答说：行啊！我还没有回过老家呢，真想早点回弋阳去看看……

然而，由于种种原因所致，我第一次回到故乡却是在 1995 年 3 月，时隔二十年。当时，我到鹰潭贵溪市参加一个会议。会议空闲期间，我在春雨绵绵中沿着泥泞坑洼的道路，踏上了故乡的土地。那次我看到的家乡，确实像父亲生前所感慨的那样，呈现着一幅令人凄怆叹止的落后面貌，心里沉甸甸的。可以告慰父亲的是，在改革开放的大潮中，赣东北革命老区也在经历着巨大而深刻的变化。从那时至今，我又先后四次回到家乡，亲眼目睹和感受到在这一跨时代的历史进程中，弋阳也已旧貌换新颜。虽然目前全县经济的发展，还有些不尽如人意的地方，但无论是城镇还是乡村，都郁郁葱葱、气象万千，昔日贫困落后的景象大多已难寻踪迹。

1975 年 4 月 30 日上午，公安部办公厅派专人送来参加“五一”国际劳动节游园活动的请柬，同时请父亲第二天参加游园活动前，将出发时间和去的公园告诉公安部总值班室（现在的公安部指挥中心），由他们通报全国政协值班室，及时汇总政协委员的游园活动情况。

1975 年汪金祥（左）参加中山公园“五一”游园会，作者（中）、海伦（右）。

5 月 1 日上午，我们陪伴父亲离开北京医院，来到位于天安门城楼西侧的中山公园。那天风和日丽，鲜花盛开，红旗飘扬，公园里悬挂着“团结起来，争取更大的胜利”的巨幅标语，广播中交替播出《国际歌》《东方红》《三大纪律八项注意》等雄壮有力的革命歌曲，到处洋溢着隆重热烈的节日气氛。这是父亲历经长期牢狱囚禁后，第一次漫步在公园的林荫道上。他满脸微笑，拄着拐杖边走边看，不时停下脚步，与一些熟悉的老同志亲切握手，互相问候。5 月

2日早上，中央人民广播电台和《人民日报》关于“五一”劳动节游园活动的报道中，父亲的名字赫然出现在全国政协常委的名单里。记得那年9月30日傍晚，父亲和杨奇清副部长同乘一辆车到人民大会堂参加国庆招待会，两位老战友在车前相互谦让，谁也不肯先上车，最后还是父亲硬将他先推上车，杨副部长又在车里使劲拉父亲(上车)。这种经过劫难后依然暖意融融的战友情谊令人感动，让我至今难忘。第二天（10月1日）国内各新闻媒体上，父亲和许多老同志的名字又再次出现在人民大会堂国庆招待会来宾的名单里。在那个特殊的年代，敬爱的周恩来总理就是通过这种特殊方式，绕过暗流，排除阻力，让一些老干部“亮相”，向社会各界传递他们被“解放”的消息，倾心竭力地推动落实党的干部政策工作。

第七篇　晚年的时光

1975 年 5 月下旬，父亲从北京医院回到了大观园宿舍的家中。由于家里的房间狭小，部里行政处又在后院调剂了两间房子。虽然生活起居都不太方便，父亲每天都要从后院走到前院来吃饭，遇有刮风下雨的恶劣天气，我们都要去送饭。但这是全家人经历“文化大革命”劫难后，来之不易的再次团聚。每天晚饭时，全家人围坐在父亲身边，欢声笑语、暖意融融。父亲也一改往日的习惯，饭后总是坐下来，静静地听我们谈论着每天见到、听到的事情。有时遇到感兴趣的话题，父亲还不断插话探问究竟，总是要大家把情况说得细致一些，讲清楚事情的来龙去脉。我们感觉到父亲在遭受长期囚禁后，依然保持着以往形成的工作习惯，想尽可能多地了解一些社会动向和真实情况。

经历过“文化大革命”这场劫难的人们，最大的痛苦莫过于难解的困惑和失落。我们对父亲和许多老干部无端受到诬陷、迫害的问题想不通，为什么对党忠心耿耿的人却要受到折磨呢？为什么还要株连到子女？使我们在最宝贵的青春时期失去了上学、当兵的机会。这些年来，自己遭受了种种不公正待遇，中学毕业分配时竟连申请到东北边境地区农场的要求，也被以家庭情况“不适宜”的理由拒绝；在山西农村插队时，想参加共青团也是费了一番周折，最后作为“可教育好子女”才被吸收加入团组织；更别奢望上大学、当工人了。这些难言的伤痛，使我长时间陷于满腹的怨愤和极度的困惑中。虽然我们尽量抑制着这种情绪，不愿意在饱经风霜的父亲面前表露出来，但他还是从日常的言谈话语中察觉到了我们的想法。父亲很严肃地对我们说：“现在党内出现这些事情是不好的，但要相信我们党总有一天会解决这些问题。”在随后的日子里，父亲仍不放心，又多次十分郑重地与我们谈到这个问题，强调一定要相信党，要坚持革命，要把党内出现的坏人坏事同伟大的党区分开来，绝不能因此动摇对党的信念。

获悉父亲回家的消息后，来家中看望他的老同志很多，其中有来自四川、云南、广东、辽宁省的杨超、王全国、乔庄、高宇民等同志，这使我有机会认识了一些久闻其名而未曾谋面的老前辈。父亲见到这些久违的老同事、老战友们，十分高兴。在与同志们的交谈中，父亲尤为惦念公安保卫战线的情况，他总是请他们多谈些公安机关的工作状况。作为“文化大革命”重灾区的公安系统受到了严重摧残和破坏，各项工作尤其是基层基础工作十分薄弱，无论是对敌斗争还是社会治安诸多方面，都存在大量的问题。父亲听到1972年10月在天安门广场居然发生了群体性“挖花”事件后，不由得皱起了眉头，连连感慨地说：“发生这样大的事，事先怎么连一点情况都不掌握呢？基础工作到哪里去了?!”

更令父亲忧心忡忡的是公安队伍骨干的流失情况，一些有实战经验、年富力强的领导骨干先后被调离公安机关改行做其他工作，其中有他在东北公安部时就很了解的胡绍普（后任国家安全部副部长），这是一位勤于思考、办事干练的中年干部。听到这些情况后，父亲十分焦虑，紧锁眉头，陷入深深的沉思。我曾不止一次地听到父亲对母亲说：“这样（这种状态）发展下去怎么得了呢?!”“胡绍普、刘凯他们都还年轻，正是干（公安）工作的时候嘛。”父亲作为一名老战士，眼看着自己参加创建的、经过长期斗争发展壮大起来的公安工作，竟被林彪、“四人帮”两个反党集团摧残得满目疮痍，怎能不痛心疾首，不愤慨和忧虑呢？

在那段乌云密布的日子里，北京医院干部门诊部是很多老同志相聚和交流情况的地方。有一次，正要离开门诊部的谭震林同志（时任人大常委会副委员长）看到父亲的身影后，转过身径直走到父亲跟前，情深意切地询问父亲的境遇和病情，不时感慨地发出轻轻的叹息。最后，他用力握住父亲的手，意味深长地叮嘱：“老汪啊，这个时候，一定要保重好身体！”父亲会心地点了点头。父亲与因李震自杀事件被捕刚“释放”不久的刘复之同志不期而遇，两个人坐在候诊厅的沙发上，悄声交谈了对公安工作情况的看法。记得父亲关切地问到他的身体状况时，刘复之仰起头，用力拍拍大腿，表示他的身体没有大问题。有一次，父亲刚走进北京医院干部门诊部大厅，就被正在住院治病的黄火青同志（曾任最高人民检察院检察长）派人请到病房里，一起交流了对“时局”的看法。从两位老人的悄声细语中，我依稀听出了父亲和老同志们的沉重忧虑。他们万分焦急地期盼着这种令人窒息的局面，能够尽快过去。

1976 年 1 月 8 日，周恩来总理逝世，父亲心情十分沉痛。1 月 15 日下午，他坚持到人民大会堂参加了周总理的追悼会。紧接着令人心碎的噩耗接踵而至，7 月和 9 月，朱德委员长、毛主席也先后逝世。江青反党集团加紧了篡夺党和国家领导权的阴谋活动，一时间，阴云密布，国内的政治形势骤然紧张起来。在那个大悲大痛国难深重的时刻，父亲沉默寡言，他深深地交织于国家前途和人民命运的悲恸、忧虑和愤懑之中。

面对极其严峻的形势，以华国锋、叶剑英、李先念等同志为代表的中央政治局顺应民意，毅然采取果断行动，一举粉碎了江青反革命集团，结束了“文化大革命”这场历时十年的浩劫。10月7日下午，我急匆匆地赶到医院将“四人帮”被抓起来的特大喜讯告诉了父亲。他平静地听着我的讲述，不时地点头，眉头渐渐舒展。父亲听后沉默了一会儿，仿佛在自言自语地说：“这样就好啦。”此时的父亲说起话来，虽然依旧是那样从容淡定，但他内心的喜悦之情是不言而喻的。

拨乱反正的日子

为了实现这一伟大的历史性转折，党中央采取了一系列果断措施，拨乱反正，清除“四人帮”的遗毒。党的十二大召开后，祖国大地恢复了蓬勃生机，呈现出欣欣向荣的大好局面，开始了社会主义现代化建设的新征程。父亲目睹这一喜人的变化，精神振奋不已。为争取继续为党工作，父亲每天很早就起床，披着晨雾，在院子里锻炼身体。母亲看到父亲有时散步回来喘息不定的样子，心疼地劝他不要太着急，慢慢来。但父亲总是说：“我要抓紧锻炼身体，好快点去上班呀！”

1977年3月，四川省委书记赵苍璧同志调任公安部部长、党组书记。赵部长到北京上任后的第二天下午，就来到大观园宿舍看望父亲和其他老同志。父亲与赵苍璧部长（曾任陕甘宁边区保安处副处长）是延安时期就熟识的老战友，经历“文化大革命”劫难后，再次重逢分外亲热。几句嘘寒问暖后，父亲和赵部长的话题不约而同地转到工作方面，围绕着如何更好地贯彻执行党中央决策，全面整顿和恢复公安工作，整顿社会治安秩序，整顿公安民警的纪律作风，加强基层基础工作建设，十分坦诚地交流意见。事后，父亲总觉得时间仓促，意犹未尽，又与赵部长相约到部里长谈了一次。在那次交谈中，父亲敞开心扉，畅所欲言，在谈及公安干部队伍令人忧虑的状况时，以胡绍普、刘凯两位同志为例，恳切地建议部党组要加强公安机关的领导和骨干力量，尽快补充年富力强的同志，调回一些已经转行（调出公安机关）做其他工作的同志，充实到公安部和各地公安机关领导班子中去。赵部长完全赞同父亲的意见。

没过多久，公安部和各地公安机关都陆续调回一批领导和业务骨干，这批干部在全面整顿和恢复公安工作中发挥了中流砥柱的作用。在一次会议后，赵部长特意告诉父亲，部党组已经对胡绍普、刘凯同志的工作安排问题进行了研究，分配他们到北京市公安局、上海市公安局担任副局长。父亲听后，脸上露出了欣慰的笑容。

卫之民叔叔从 1972 年 10 月解除“军管”以后，长期不作审查结论，直到 1975 年才有了结论，但又不安排工作；1977 年他要求归队时又遭到了阻拦。父亲为他的归队问题也做了许多疏通工作。有一次，卫之民叔叔到北京参加国家劳动总局的会议，父亲知道后，让我打电话请他到家里做客。那天晚上，父亲和卫叔叔谈话的中心是如何解决他的归队问题。在夜色中，我陪伴卫叔叔步行到玉渊潭附近的公交车站，一路上他话语不多，显然仍沉浸在与父亲的交谈中。告别前，卫叔叔扶着我的肩膀深情地说：“汪部长（在“文化大革命”中）遭的罪比我们谁都多，身体都（被摧残）成这个样子了还在关心我们，你们一定要照顾好他呀。”

1978 年 10 月 16 日，党中央决定对父亲予以彻底平反，冤狱得到昭雪。中央专案审查小组第三办公室的复查结论明确指出：“这是一起冤案，应予彻底平反，恢复名誉，对强加给汪金祥同志的一切污蔑不实之词，应予推倒。”

在那段时间里，过去从不喜欢“串门”的父亲也开始“走动”起来，他先后看望过老部长罗瑞卿和孔原、毛诚、李步新、吴克华等老同志。父亲还陪伴母亲去看望了刘志兰阿姨。这位可敬的阿姨令人难以忘怀。在那个特殊的“敏感”时期，她正直、热情，不畏风险，在太原市委宿舍的家中接待了我这个“插队知青”，记得刘阿姨关切地询问父母的情况后，坚定地说父亲的“问题”一定会解决的，鼓励我要像前辈们那样意志坚强，克服困难……句句话语蕴含着浓厚的深情和暖意。

父亲尤其惦念着身患重病的李钊叔叔，多次到其家中和同仁医院探望。在同仁医院，父亲来到病床前，看到这位老部下消瘦的脸庞和每况愈下的病体，父亲来到病床前，看到这位老部下消瘦的脸庞和每况愈下的病体，他的心情十分沉重，俯下身去紧紧地握着李钊的手，久久不愿松开。两位老人似乎都意识到了——不久后的诀别。一切尽在不言中。

那年夏季的一天，父亲亲自陪同来北京治病的胡德兰同志游览了颐和园。两位老人沿着长廊缓步走到佛香阁下，坐在椅子上，望着碧波荡漾的昆明湖，深情地回忆邵伯伯，怀念着赣东北根据地时期的老战友们，述说着那些艰苦斗争岁月中件件难忘的往事。我和邵伯伯的外孙邵宪康陪伴在旁边，静静地倾听着两位老人的交谈。尽管他们言谈话语中提到的那些人和事，或许由于没有经历过那个血与火年代的缘故，我听起来感到有些陌生，一时难以理解，但已深深地铭刻在脑海中。

记得有一次，我们全家和吴克华叔叔夫妇，还有几位叔叔、阿姨一起聚会。席间在畅叙友情追忆往事中，吴叔叔记忆犹新地指着父亲，向其他几位叔叔阿姨大声地介绍说：“金祥同志还是我的领导呢，他是我们的苏维埃主席。”话声未落，父亲连忙拉下吴叔叔的手，示意他不要再继续讲下去，谦逊地对大家说：“我们是老战友嘛。”父亲就是这样一位从不愿表露和宣扬自己的人。他更是一位胸怀磊落、顾全大局、不计个人恩怨、善于团结同志，对同志推心置腹、赤诚相见的革命者。那位在“文化大革命”初期曾经写信揭发过父亲所谓“问题”的领导干部，后来也难逃厄运，同样遭受到林彪、“四人帮”反革命集团的残酷迫害。有一天，父亲得知他在北京开会的消息后，专程到民族饭店看望这位老干部。事后，我很不以为然地问过父亲：“人家又没来看你，你干吗还要去看他呢？他竟会做出那种落井下石的事情！”父亲听后笑了，十分坦然地说：“正因为这样，我才要去看（望）他。”我听后没有再继续说下去，但心里还是不太理解。直到很多年后，我再次品味父亲这句话的含义，才真正体会到了他那坦荡大度的胸怀。

1977年9月，中央组织部根据邓小平同志“有的老同志身体不好，可以做顾问”的指示精神，任命父亲为公安部顾问。在1978年2月召开的第五届全国政协第一次会议上，父亲被连选为常务委员。父亲虽然不再担任领导职务了，但他依然壮心不已，满腔热忱地为整顿和恢复百废待兴的公安工作，充分发挥着自己的作用。他不顾年老体弱，仍像往日那样坚持每天上下班，晚上回到家里还要看文件，时常在夜幕中去参加部党组召开的紧急会议。父亲针对深入揭发、批判林彪和江青两个反革命集团全面否定公安工作、全盘否定公安队伍的罪行，狠抓领导班子和公安队伍的纪律作风整顿，认真落实党的政策和措施，尽快恢复和加强各项业务工作基础建设等诸多方面，毫无保留地提出了自己的建议。

令人十分遗憾的是，父亲在“文化大革命”期间受到的摧残太严重了，使他难以实现为党多做工作的愿望。1978年10月下旬，一场秋雨过后，北京的气温骤然变冷。对于肺心病重症患者，这是最容易发病的时节。记得是一个星期六（当时每周六天工作日）的早晨，父亲起床后就感觉身体很不舒服。我看父亲的脸色不好，就劝他不要上班在家休息，但父亲说今天部党组要开会，仍坚持去了机关。晚上回到家后，他就因肺部感染发高烧住进了医院。此后，父亲由于肺部的炎症难以控制经常发高烧，不得不长期住院治疗。

即使在这种情况下，他心里仍然惦念着公安工作，病情稍有好转就下床看文件。包秀叔叔（时任公安部二局局长）告诉我，父亲在病重住院期间仍十分关心经保工作，他不仅抱病看了全国经济文化保卫工作会议的全部文件，还亲自作了批示："保卫工作要依靠工人，特别要依靠老工人和技术人员来预防敌人的破坏，保卫生产安全。保卫干部要学会做群众工作，密切联系群众，关心群众生活。这样，保卫干部就眼明耳灵，敌人破坏就难以得逞。"

父亲虽然不再分管铁路、交通公安工作，但依然牵挂着这两项重要领域工作的恢复和开展情况。每逢铁道部、交通部公安局的负责同志到医院看望时，他总要亲切地询问："近来治安情况怎么样？是否好转些了？""你们的简报材料我都看了，反映的情况不少哇！"父亲尤其牵挂着一些在"文化大革命"期间受到迫害的干警，曾不止一次地问到，因负责某项工作被关押和受冲击的同志平反了没有？对他们落实政策了没有？当得知这些同志的冤案已经平反，并恢复了职务和工作时，父亲显得格外高兴，满意地点头微笑了。

最后的奉献

父亲是一个意志坚强的人，从不愿意对来看望自己的同志们多说病情，但他深知病情在日益加重，预感到留下的时间已经不多了。

有一天，父亲若有所思地对我说，他快去马克思那里报到了。我听后一愣，为了缓解气氛，连忙用半开玩笑的口吻说还早着呢，想转移话题。父亲听后摇摇头说，你们不讲实话呀。我凄惶无语，怔怔地看着父亲。

父亲有条不紊、从容不迫地安排着最后的工作，他决心要抓紧时间，把自己的斗争经历和经验体会用文字形式记载下来，为研究公安史乃至党史提供翔实的资料。在母亲和有关同志的协助下，父亲通过滴水成河的回忆，先后撰写了闽浙赣苏区、福建苏区、中央苏区政治保卫局、江西中央分局时期的保卫工作史料，东北解放战争时期的情报工作史料。

父亲对待史料征集工作，十分认真负责，坚持实事求是地总结历史经验教训。常言道：金无足赤，人无完人。父亲自然也不会是足赤之金。父亲对于在闽浙赣苏区一度执行过肃反扩大化的经历，始终铭刻在心。父亲接受上饶市委党史办采访，在回顾赣东北根据地历史时，再次以自己的亲身经历，详尽地讲述了肃反扩大化问题和经验教训，其意在以史为鉴，警示后人。当年参加采访的同志记忆犹新地告诉我，他们考虑到父亲的病情，有意岔开了这个话题，但父亲却主动讲起了闽浙赣苏区肃反扩大化的问题，毫不遮掩地坦陈自己“担任过一段时间的保卫局长，是有责任的”，令他们由衷敬佩。

记得有一天下午，吴克华叔叔来电话询问，曾任工农红军第十军军长周建屏同志的有关情况。父亲当时正在输液无法起床，就简要说了一下情况让我转告吴叔叔。晚上，父亲话语不多，仍然沉浸于对往事的回想中。他的眉头渐渐锁起，显然感到在对周建屏同志的回忆中，漏掉了一些关键的细节。随后，父亲不顾我的劝阻，执意起身下床，亲自给吴叔叔打电话，他尽其所知地讲述了周建屏到赣东北，协助方志敏创建根据地和红十军的情况，两位老人交谈了很长时间。放下电话后，父亲动情地说这是他的责任，一定要（把情况）讲清楚才行。他想到的是不能遗忘先烈们的光辉事迹。

最令父亲牵挂的是东北解放战争时期公安保卫史料的征集工作。他时常想起并肩战斗过的亲密战友邹大鹏、陈龙同志，想到那些为东北根据地的创建和全境的解放，为东北经济的恢复和社会主义建设而顽强拼搏、可歌可泣的公安战士们。父亲深切地感到总结整理这段斗争历程和宝贵的经验，是他义不容辞的历史责任，也是最后的任务。那年冬天，父亲反复考虑后，决定采取写回忆录的形式，他说："这样灵活些，想说什么就说什么，文责自负，我对历史负责。"父亲委托杨之槐同志（曾担任父亲的秘书）代笔撰写回忆录。

父亲经过缜密思索后，详尽地交代了写作的思路和要求。他饱含深情地讲道："我在东北工作九年多，这一时期的公安保卫工作史实应该记载下来，写个《东北公安保卫工作回顾》。"他又叮嘱杨之槐在写作时"不要写我个人，要写党的领导，写广大群众，写广大公安保卫干部（包括情报战线）在对敌斗争、支援前线、建立巩固东北根据地中的贡献"，"要把方针、政策写清楚"。

在随后的一段时间，父亲多次和杨之槐交谈，他一次次沉浸在对往事的回忆中，似乎又回到了那远去的岁月，激动、兴奋、赞叹……各种情绪交织出现。那时候，他的身体状况已经很不好了，医生和我们都劝他不要长时间谈话，但实际上，话题一打开，父亲就很兴奋，有时一口气谈两个多小时还停不下来。父亲说这是他能做的最后一件工作。

杨之槐按照父亲的嘱托，查阅了很多历史档案，相继采访了很多当年在东北工作熟悉情况的老同志，详细了解史实，于 1981 年 11 月整理写出了初稿。按照父亲的要求，这份稿子打印后分送给很多老同志，请他们对事实叙述、情况分析、观点提法等方面进行审核，提出修改意见。

父亲忍受病痛，坚持半卧在病榻上，吸着氧气，用颤抖的手，竭尽余力、争分夺秒、逐字逐行地审读和修改文稿。这份初稿在公安部办公厅历史处和东北三省公安厅的大力帮助下，由王鉴和解衡同志组织征求意见，进一步核实情况和“把关”。终于完成了《回顾》并出版面世，实现了父亲的遗愿。《回顾》的字里行间，倾注着父亲对党的事业一片炽热深情，是一名公安老战士最后的贡献。

宝贵的遗产

1982 年 4 月 5 日，父亲做了气管切开手术后，说话很不方便，但他坚持在病榻上给我们子女写了一封信，深情地教诲我们：要坚定对党的信念，要勤奋学习，扎实工作，为“四化”建设贡献力量，并要我们每个人都“细读、深思、牢记”。这是父亲留给我们的一份宝贵遗产，字里行间充满了老一辈共产党人对子孙后辈的殷切期望。在信中，父亲以自己亲身的革命经历教育我们。他说：“我是只读过一年私塾的贫苦农民，经过党的多年培养教育，才懂得些革命道理。我能为党为人民做些工作感到很幸福。我衷心热爱共产党。没有共产党就没有新中国，也就没有我们全家。”父亲还特别告诫我们，要正确认识革命前进道路上出现的曲折，永远坚信党。他语重心长地说：“中国在革命的历程中走了许多弯路，新中国成立后的三十年中，也有不少的失误。特别是‘文化大革命’这十年浩劫，给国家造成了严重的损失，破坏了党的优良传统，弄乱了人们的思想。这十年也正是你们成长的重要时刻，对你们的印象是深刻的，使你们精神上受了创伤，延误了升学、入党的时机。但是，一定要看到，粉碎‘四人帮’后，党中央做了极大努力，采取了一系列措施，做了许多工作，把形势扭转过来了，今后的情况会越来越好。”他要求我们要“抓紧读（学习领会）党的十一届三中全会以来的重要文件，了解国内外形势，更加加深对国家的热爱，更加坚定对共产党的信念”。他还满怀着期盼地鼓励我们说：“相信你们在不久的未来，都会成为优秀的革命战士，光荣的共产党员，好的革命接班人。”

多少年来，每当我捧起父亲遗书细读时，父亲那和善慈祥的面容就浮现在眼前，他那亲切的话语就萦绕在耳际。

我们兄妹四人，在男孩子中我年龄最小，父亲对我的疼爱是无以言表的。

每当我回忆往事，就不由得想起了自己刚上小学一年级，每逢遇到家庭作业被母亲检查发现错处，“过不了关”的情景时，父亲总是乐呵呵地走来，帮我“解围”，劝母亲“孩子知道错就行了，以后让他好好改正，时间不早啦，该去睡觉了，明天他还要上学呢”。父亲的话令母亲又好气又好笑，屋里令人压抑的气氛一下子就缓和了许多，我赶紧把课本、作业、文具收拾好，“逃离现场”。那时候，我心里暗自庆幸自己有这样一位好父亲。然而就是这位慈祥的父亲，却让我遭受了两次转学的“厄运”。我上小学二年级下学期时，父母的工作都很繁忙，父亲经常到各地出差，母亲时任公安部六局三处处长，负责新闻、广播、体育、卫生等领域的内部保卫工作，任务十分繁重，经常很晚才回家，有时还要到基层单位调查研究，无暇顾及家务。母亲考虑到家里的保姆白阿姨身体不好，为了减轻她的劳累，让她专心照看好妹妹，曾经将我转到寄宿制学校——六一小学学习。那所小学位于北京西郊八里庄附近，是公安军后勤部办的干部子弟小学，校园环境优美，集体生活氛围比走读制学校浓厚得多。这所学校里很多同学的家长都在公安军司政后各部门工作，也有一些是公安部机关干部的子弟。课余时间，同学们经常凑在一起闲聊，不经意间，时常问起彼此父亲戴的领章是几条横杠几个星（军衔标志），记得曾提到过一位同学父亲的领章是黄丝线镶边中间一个星（少将军衔）。在议论中，有的同学也问到过我，对于这些“学问”，我实在是一窍不通，只好茫然地摇摇头说不知道。这位同学当着大家的面笑话我“太傻了”，竟连父亲戴的领章是什么样式、几颗星都不知道。有一次周末回家，父亲笑容满面地询问我在学校的情况时，我趁机问他的军衔是什么样子？父亲听后渐渐收敛了笑容，隐含着不快地告诉我，他不是军人。他随后话锋一转，语气有些严厉地问我为什么要打听这些事情，我一五一十地说出了缘由。父亲听后皱起眉头没有再追问下去，只是告诫我不要跟同学们再议论这些没有用的事情，有时间还是要多看书学习。没想到我上三年级的第二个学期，竟又被母亲转回到大观园宿舍附近的大翔风小学，恰恰又被安排到原来的班级。记得开学那天刚走进教室时，全班同学的视线一下子聚焦在我的身上。下课后，一些同学好奇地围拢过来，问我怎么又回来了，我感到非常尴尬，无言以对。为此，我曾多次满腹委屈地问父母让我来回转学的原因，得到的回答都是因为我贪玩学习成绩不好的缘故。其实自己的学习成绩虽算不上出类拔萃，但在班里也还是处于中上流水平的，怎么能称得上差呢？我心里一直很郁闷。后来，有一天下午我放学回家后，无意间听到父亲和包秀叔叔谈完工作后的一段交谈，才解开了心中的纠结。包叔叔告诉父亲，我对转学的事心里很委屈，跟他说起时差点掉了眼泪。父亲对包叔叔说，孩子们年纪小小的，就在一起比谁家爸爸军衔高，（干部子弟学校）这种风气不好，对孩子（的成长）没有好处，还是让他在普通学校里，和老百姓的孩子们在一起好，将来长大了要靠他自己。现在回想起来，我对父亲的良苦用心有了更深的感悟。父亲作为一名工农干部期盼着自己的后代，不要沾染上清朝“八旗子弟”的坏习气，真正生根于人民群众的广阔土壤中间，贴近劳动人民的生活和情感，养成勤劳朴实、吃苦耐劳的优良作风和品德。

汪金祥和作者合影

不仅在幼小的时候，就是我长大成人甚至已经工作多年，父亲依旧眷顾不已。父亲晚年病重住院后，他依然注视着我的成长。1978 年 9 月，父亲得知我到北京市公安局经保处工作后，十分高兴，特意和我多次促膝长谈。父亲详细讲述了经保工作的历史轨迹、方针、任务和工作方法，他谆谆教导我：经保工作必须置于党委的领导下，坚持公秘结合的方针，依靠群众，发动群众，才能做好预防工作；不要浮在上面“坐办公室”，要多到厂矿企业去；要多接触基层的同志，虚心向他们多学习、多请教；要掌握第一手情况，要成为行家里手。

1979 年 10 月下旬，我奉命到东北出差，因为当时铁路运输十分紧张，尤其是火车卧铺“一票难求”，就悄悄地托父亲的秘书刘建国帮了忙，事情做得虽然“机密”，但还是被细心的父亲发现了蛛丝马迹。随后的一天上午，刘秘书打来电话叫我赶快到医院来。在病房外边的刘秘书小声告诉我，父亲为他给我买火车票的事情很不高兴。父亲语气严厉地批评说：“这么大人啦，为什么自己出差要让别人帮助买票，为什么不能和广大群众一样呢?！秘书是组织上派来照顾我的，不是来照顾你们的。”聆听着父亲的教诲，句句话犹如醍醐灌顶，我十分愧疚地低声表示认识错误后，父亲的脸色才缓和了下来。

我临出发前，父亲仍不放心，又再次情深意切地叮嘱说：“东北是我过去多年工作过的地方，熟人很多，到那里一定不要暴露自己的身份，工作要自己去做，困难要自己去克服，不能依赖别人，不要给东北的叔叔们添麻烦。”这是我参加公安工作后的第一次出差，行程遍及东北三省，历时将近一个月，最远到达位于北部边陲的牡丹江密山县兴凯湖农场。一路上，我牢记着父亲的叮嘱，悄然无息地克服各种困难，没有去叨扰东北的叔叔、阿姨们。旅途中，火车上人多拥挤得没有座位时，就蹲坐在车门旁边；旅馆里住宿客满时，就睡在熙熙攘攘的大通铺房间里；有时为核准一个情况要往返奔波几个地方查找线索；最后圆满完成了工作任务。回到北京后的第二天上午，我兴冲冲地来到医院，向父亲汇报这次东北之行的经历和感受。父亲在听我讲述的过程中不时发问，脸上渐渐露出了欣悦之色，最后他挥挥手说：“好啦，不要骄傲啊。”后来，母亲告诉我，父亲对她讲咱们的小儿子还是能吃些苦、干些事情（实际工作）的，但还是要严格要求，让他多经受些磨炼。

父亲对我们子女要求严格，对母亲同样如此。他多次不无遗憾地对母亲说，我做不了工作，你要多做一些（工作）啊。父亲执意不肯让母亲当“全职陪护”，以免影响她的工作。粉碎“四人帮”后，母亲积极投入并参加了公安部清查两个反党集团阴谋活动的专班工作。1979 年专班工作告一段落后，母亲思量再三，考虑到父亲病重需要时常照护，不适合再回到一线工作的老岗位上去，就婉言谢绝了经济文化保卫局老领导、老同事们的提议，主动申请到政策研究室历史处工作（任处长）。母亲从长期从事的文化保卫工作转行到这个新的领域、新的岗位，面临着业务生疏、不熟悉史料工作情况等诸多困难。一些与她年龄相仿的阿姨们也都认为母亲在自寻烦恼，多次善意地劝她不要再工作了，专心照顾好父亲。但抱定决心的母亲不为所动，硬是凭着一股坚韧不拔的毅力，从头学起，虚心请教，很快就适应了新的工作岗位。

当时，各地公安机关的史料征集工作正处于起步阶段，面临着许多困难。母亲不辞辛劳，带领全处同志深入实际、调查研究，指导和协调各地公安机关架设机构，组织队伍，挖掘收集历史资料，很快就开拓了工作局面。在他们的努力下，相继完成了土地革命、抗日战争、解放战争至新中国成立时期公安史资料的征集、研究和编纂任务。

1975年5月，汪金祥与海伦在北京

母亲将自己对公安保卫事业的深厚感情，全部倾注在史料征集工作中。为了不影响工作，同时又能尽量照顾好病情危重的父亲，白天她以高度的责任感投入到紧张、繁忙的工作中，下班后又不顾疲劳从机关赶到医院去照顾父亲。在那段时间里，为了不让母亲过度劳累，我们几个子女也都在不影响本职工作的情况下，晚间和星期日轮流到医院陪护父亲。即便这样，母亲仍然时刻牵挂着父亲，她经常不顾我们的劝说，执着地留在办公室审阅各地上报的史料，夜深了就蜷缩在一个短沙发上入睡，以便父亲的病情发生突变时，能够及时从单位赶到北京医院。母亲在家里最辛苦、最劳累，浓厚的夫妻感情支撑着她陪伴父亲走完了最后一段人生历程。由于长期劳顿，积劳成疾，与父亲相知相依的母亲，在父亲走后不久，也离开了我们。

浩气长存映朝晖

1982 年 6 月以后，父亲的病情进一步加重，维持吸氧的小型呼吸器换成了大型呼吸器。他已经不能下床，甚至连翻身都十分困难，就是病情危重到这种程度，父亲还总是坚持要我们扶他起身坐一阵，并示意要下床活动。我们劝他不要下床，父亲非常焦急，总是无声地颤动着嘴唇，用手比划着，意思是说：人不活动怎么行呢?！特别是他生命的最后两个月，病魔给了他极大的痛苦，但意志坚强的父亲仍以惊人的毅力，忍受着病痛的折磨，积极配合医护人员的治疗。对医护人员，他总是强忍疼痛，微笑相迎，握手告别。很多医生、护士都被父亲的这种顽强精神所感动。很多年后，我在北京医院遇到几位曾护理过父亲的护士，也许因为这个缘故，见到她们，我总有一种心存感激的亲切感。在交谈中，这几位护士还依然清晰地记得当年的情景，甚至一些细节，由衷地钦佩父亲与病魔抗争时的惊人毅力。

就是在这种情况下，父亲依然坚持每天早上收听中央人民广播电台《新闻联播》节目，及时了解国内外形势，时刻注意与党中央在政治上保持一致。对于党的号召，身卧病榻的父亲依然是毫不迟疑、身体力行坚决贯彻。记得在1980年，党中央号召老干部退居第二线、第三线，以实现干部年轻化。父亲得知后立即要向中央组织部写报告，申请辞去公安部顾问职务。1982年年初，当得知党中央发出老干部离休退休的通知以后，父亲再次让母亲替他给部党组写报告，主动申请辞去全国政协常委和公安部顾问的职务。有一次，父亲在广播中听到关于取缔黄色录音带、唱片的报道时，由于他已经做了气管切开手术，说话十分不方便，便马上写了一个字条给母亲，要求“把家里的录音带检查一下，有不健康的立即处理”。在广播中听到植树造林的号召后，父亲也很快向我们提出：“植树造林问题家里怎么办?”很多年后，当我望着这些字条上父亲颤抖的笔迹时，心弦再次被深深地震颤着。父亲这位老党员不论任何时候，只要是党的号召，只要是对人民有利的事情，就要满腔热情地坚决响应，竭尽全力，真正做到了对党的事业忠贞不渝。从父亲的身上，我看到了老一辈革命者无限忠诚党的事业、矢志不渝的坚定信仰。

父亲严于律己，始终保持着党在艰苦斗争岁月形成的优良传统作风，数十年如一日，过着简单质朴的生活。1948年年底，我们家从哈尔滨搬到沈阳后，一直住在和平区集贤里胡同一栋老旧的平房里。父亲多次拒绝了总务处要为他修缮住房的安排，他总是要求后勤部门多关心机关干部，改善同志们的宿舍居住条件。一些老同志回忆，当时东北公安部机关干部的居住条件很好，宿舍里有暖气、厕所、自来水、煤气，保姆有集体的保姆房，生活起居都很方便。

我曾多次听老同志们谈起，父亲严格要求自己，主动要求降低工资级别的事情。20 世纪 50 年代，东北地区干部实行工资制时，父亲的工资级别定为行政五级。调到公安部工作后不久，父亲在一个偶然机会得知，公安部其他几位副部长工资级别都是行政六级、七级。父亲深感不安，他考虑自己在工资级别待遇上不能比同志们特殊，就主动向组织上写报告，恳切地要求将自己的工资级别从五级下调为六级。

父亲经常到外地出差、开会，从没有借工作之便，为自己和家里买过土特产和便宜货。他平素身穿布衣，爱穿一双布鞋，一年四季总是那几套衣服，很少添置衣服。由于父亲的饮食习惯简朴，家里的饭菜历来都是粗茶淡饭，即便来了客人，也很少格外招待。父亲从来不喜欢那种“大鱼大肉”“觥筹交错”的场面，除了必要的公务接待活动外，他很少到外边赴宴吃请。在病重住院期间，母亲眼见着父亲的身体日渐虚弱，心里十分痛楚，总想尽量多地为他做些营养价值高、合口味的饭菜，或买些滋补品。但一生节俭的父亲却总是执意不肯，反复叮嘱母亲和我们不要为他多花钱，不要买那些贵重的营养品。有一次父亲看到我们为他买了些鹌鹑蛋甚至“动了气”，批评我们不该乱花钱。1982 年 10 月，父亲的病情陡然急剧恶化，多次出现危急时刻，北京医院在抢救时使用了进口的第三代抗菌素。父亲从昏迷中苏醒后，听说这种针剂的价格很贵，深感不安，不止一次地向母亲表示：“我是党员，（国家）花这么多钱为我治病，心里很不安。”要求告诉医院别再使用这种进口抗生素了。父亲在生命垂危、一息尚存的时刻，首先想到的仍然是要严于律己，保持党的优良传统。

当年 12 月下旬，获悉父亲病情危重的消息后，彭真、陈丕显等中央领导同志先后到医院看望父亲，父亲非常高兴。公务繁忙的彭真同志披着浓浓的夜色来到病床前，父亲用左手抚着自己的前胸摇摇头，又指指彭真同志，他会意地点点头，紧紧握着父亲的手说：

"我一定注意身体!"多少话语凝聚在深情的凝视中。当听到陈丕显同志对他说:"党是了解你的,你是一个好同志!""你一生是好样的!"父亲的精神振奋起来,连连挥动颤抖的手示意感谢党、感谢中央领导同志。这是党对父亲五十五年革命生涯的高度评价和褒奖。在场的人们无不为之动容,有的同志不禁侧身暗自落泪。

1983年1月16日9时5分,在与病魔进行了顽强的抗争后,父亲的心脏永远停止了跳动,终年七十五岁。他是公安部50年代的老部领导中最后一位去世的副部长。

那天上午10时许,我们在母亲的带领下,最后一次默默地缓步围拢到父亲身边。看到在冬日金色的阳光映衬下,父亲依然是那样的安详,他紧闭着双眼,仿佛仍在静静的沉睡中……

尽管父亲长期患重病后去世并没有使人们感到太突然,但他谢世的消息传开后,仍然令不少同志悲伤哀痛。人们以各种各样的方式怀念他、追忆他。在随后的几天里,我们接到了很多来自全国各地的唁电、唁函,也不断有人来家里吊唁。正在外地视察的彭真同志闻讯后亲自打来电话,委托中央政法委员会副秘书长顾林坊到家里吊唁,向母亲转达了深深的哀思。顾副秘书长告诉我,彭真同志在电话里提到了过去的往事,沉痛地讲到最后一次见到父亲时的情景,关切地询问了父亲后事的安排情况,并委托他协助公安部办好父亲的这件事。稍后几天,彭真同志又特意让女儿傅彦代表他参加了父亲的追悼会。

在众多来家里吊唁父亲的老同志中,令我印象尤为深刻的是卢竟如同志(曾任东北行政委员会主要领导的外事秘书)来家里吊唁的情景。那天临走前,她又独自伫立在父亲遗像前许久,轻声地喃喃自语,好像在倾诉着心中的悲切。后来听一位老同志讲,父亲善于团结知识分子、团结不同性格的同志。卢竟如是一位老资格的知识分子型干部，俄语娴熟，很有个性，有时脾气不太好，一些同志难免对她“敬而远之”，但父亲却十分尊重她，遇事主动商量，赤诚相见。卢竟如也十分敬重父亲，积极配合父亲的工作，彼此之间的关系一直很融洽。

1983 年 1 月 28 日上午，公安部礼堂布置得格外庄严、肃穆，父亲的巨幅遗像端挂在礼堂主席台幕墙的正中。很多公安干警，很多父亲在不同历史时期的老战友、老部下，怀着沉痛的心情，陆续来到这里悼念父亲。党中央、国务院、全国人大、全国政协的主要领导同志，最高人民法院、最高人民检察院、中央政法委员会和党政军有关部委，父亲的生前友好，辽宁、吉林、黑龙江、江西省和弋阳县，都送来了花圈。习仲勋、宋任穷、邓力群、胡启立、乔石、彭冲、黄火青、程子华、杨秀峰等党和国家领导同志参加了追悼会，并向母亲和我们子女表示亲切的慰问。

在汪金祥追悼会上习仲勋、宋任穷同志慰问海伦及子女

中央书记处书记、中央政法委书记陈丕显宣布追悼会开始。低沉而悲壮、如泣如诉的哀乐回响在礼堂内外，人们肃立向父亲的遗像默哀。赵苍璧部长眼含热泪，抑制着内心的悲痛致悼词。期间，赵部长讲到动情处，曾一度哽咽失语，更增添了人们对父亲的无限哀思。赵部长在悼词中深情回顾了父亲在中国革命的各个历史时期，为党和人民的革命事业立下的卓越功勋，为开创和推动公安保卫工作发展作出的重要贡献，赞誉父亲是我国公安保卫战线上第一代优秀的领导者，是广大公安干警学习的楷模。赵部长号召全国公安干警要学习父亲忠于党、忠于人民、忠于共产主义事业的崇高品质；学习他坚持原则、实事求是的革命精神；学习他顾全大局、维护团结的坚强党性；学习他谦虚谨慎、平易近人的优良作风；学习他对敌斗争的雄大胆略和作战艺术……

在汪金祥追悼会上赵苍璧同志致悼词

世上唯一能与苍穹比阔的是信仰，是追求崇高理想的坚定信念和精神力量。随着时间的流逝，如今大革命时期的老一辈革命者们风流云散，化为青山，永伴江河。但他们留给中华民族的一切，是后人不应也无法忘记的。正如革命导师马克思曾说过的那样："如果我们选择了最能为人类福利而劳动的职业，那么重担就不能把我们压倒，因为这是为大家而献身；我们所感到的就不是可怜的、有限的、自私的乐趣。我们的幸福将属于千百万人，我们的事业将默默地，但是永恒发挥作用地存在下去。"

岁月悠悠，往事灼灼。对于我们来说，追寻父亲的人生印迹，怀念与父亲一起度过的每一寸时光，正是为了学习老一辈革命者的风范，继承革命的传统，从中汲取永远前进的精神动力，坚定不移地沿着父辈们的人生道路走下去。

附　录

赵苍璧同志在汪金祥同志追悼会上的悼词

今天，我们怀着十分沉痛的心情，深切悼念我党久经考验的忠诚的共产主义战士、我国公安保卫战线上优秀的领导人、我们亲密的战友汪金祥同志。

汪金祥同志是政协第五届全国委员会常务委员，原公安部党组成员、副部长、顾问。“十年动乱”期间，汪金祥同志因遭林彪、江青反革命集团的残酷迫害，长期冤狱，致患重病，久治无效，于一九八三年一月十六日九时零五分，心脏停止了跳动。终年七十五岁。正当全体公安人员在党的十二大精神的指引和鼓舞下，为开创公安工作的新局面，保卫四化建设的顺利进行而奋发前进的时候，汪金祥同志不幸逝世了，这使我们失去了一位党和国家忠诚的保卫工作领导者。这是我们党和公安战线的一个重大损失。

汪金祥同志，一九〇七年三月十六日出生于江西省弋阳县曹溪乡门上村的一个贫农家庭，世代深受地主阶级的剥削和压迫。他于一九二八年投身革命，在方志敏同志的领导下，组织和参加了当地的农民暴动。同年十一月加入中国共产党。

在第二次国内革命战争时期，他历任江西省弋阳县政府主席团委员，赣东北省政府第一副主席兼省政治保卫局局长，中共闽浙赣省委组织部部长，中共福建省委委员、省政府副主席兼政治保卫局局长，中央苏区国家政治保卫局侦察部部长、苏区中央分局成员兼政治保卫局局长等职。一九三三年率闽浙赣省代表团出席第二次全国苏维埃代表大会，当选为中华苏维埃政府委员。这期间，他在发动群众、开展保卫工作和武装斗争、打击敌人、扩建苏区、捍卫土地革命胜利果实等方面，显露出出色的组织才能和斗争艺术，胜利地完成了党交给他的各项任务，为党和人民的革命事业作出了重要贡献。红军北上长征后，他按照党的指示，率红二十四师四个连，留在赣粤交界处，坚持游击战争，配合了红军主力的转移。一九三六年，他在情况险恶的敌占区，秘密发展革命力量，坚持进行革命活动，积极寻找党的组织，直到一九三七年到了延安，充分表现了他坚强的党性和矢志不渝的革命信念。

抗日战争时期，他在延安任中共中央社会部二室副主任、主任，办公处主任。一九四五年当选为中共七大代表。这期间，他系统地学习了马列主义理论和保卫工作业务，在保卫中央机关和首长的安全上，在指导各根据地开展锄奸保卫工作上，作出了积极的贡献。一九四三年整风审干时，他忠实地遵照党中央和毛主席制定的关于肃反工作的九条方针，坚持实事求是的原则，反对主观臆断和逼供信，并按照党中央的指示，为他主管的受审查同志一一作了甄别结论，正确地贯彻了党的审干方针和政策。

第三次国内革命战争时期，一九四五年九月，他奉命率领一批干部到东北参加开创革命根据地，历任中共中央东北局委员、常委，东北局社会部部长，东北民主联军保卫部部长，东北公安总处处长等职。这期间，他在党中央和东北局的领导下，在组织群众和建设队伍，清匪反霸，锄奸反特，瓦解敌军，保卫和恢复发展经济，以及在城市管理和各项公安业务建设上，朝思夜虑，呕心沥血，为创建巩固的东北解放区，为配合东北解放战争，为开创东北地区的公安保卫工作，建立了卓越的功绩，并为全国公安保卫工作的建立与开展，积累和提供了丰富的经验，受到党中央的重视和赞扬。

新中国成立以后，他任东北人民政府公安部部长、东北人民检察院检察长、东北公安部队司令员兼政委、东北行政委员会副主席兼东北政法委员会主任。一九四九年冬至一九五〇年春，毛主席赴苏谈判，他严密布置力量，沿线检查，随同警卫，出色地完成了保卫毛主席安全的重大任务。抗美援朝期间，他不辞辛劳，在开展镇反的同时，大力加强同美帝间谍特务的斗争，对保证前线的胜利和后方的安全作出了积极的贡献。一九五四年，调来北京任公安部党组成员、副部长，并当选为中共第八次全国代表大会代表，第四届全国政协常委。在公安部工作期间，他积极协助罗瑞卿同志加强对敌斗争和各项公安建设，坚持深入基层调查研究，总结和推广典型经验，明确打击方向和政策界限，有力地推动了全国公安工作的顺利发展。

“十年动乱”期间，在失去自由的逆境中，面对林彪、江青以及康生、谢富治一伙的种种诬陷和迫害，他立场坚定，旗帜鲜明，坚持真理，不屈不挠，表现了共产主义战士忠贞不渝的革命气节。一九七四年，在毛主席和周总理的关怀下，获释出狱。粉碎“四人帮”后，经中央决定，彻底予以平反，冤狱始得昭雪。

一九七七年至一九八三年，他任公安部顾问，连选为第五届全国政协常委。在住院治疗期间，他不顾重病在身，认真学习、衷心拥护党的十一届三中全会以来的路线、方针和政策，并关心全国公安工作的开展。十二大的召开，祖国欣欣向荣局面的发展，更使他精神振奋不已，充分表现了老一辈革命者的革命乐观主义精神。他为党和人民的革命事业，顽强地战斗到最后一息。他的一生，是为共产主义事业奋斗的一生，是全心全意为人民服务的一生，是为公安建设鞠躬尽瘁的一生。

汪金祥同志刻苦学习马列主义、毛泽东思想，坚持理论联系实际，反对言行不一和泛泛空谈，保持和发扬了公安保卫工作的优良传统和作风。他对敌狠、对己和，对党无限热爱，无限忠诚。他作风正派，襟怀坦荡，具有高度的组织纪律性和坚强的党性。他工作一贯严肃谨慎，一丝不苟，善于发现新问题，总结新经验。他艰苦朴素，严于律己，作风民主，保持了工农革命干部的本色。他是我们公安战线上第一代优秀的领导者，是广大公安干警学习的楷模。

在沉痛悼念汪金祥同志的时候，我们要学习他忠于党、忠于人民、忠于共产主义事业的崇高品质；学习他坚持原则、实事求是的革命精神；学习他顾全大局、维护团结的坚强党性；学习他谦虚谨慎、平易近人的优良作风；学习他对敌斗争的雄大胆略和作战艺术。我们悼念汪金祥同志，一定要化悲痛为力量，在党中央的领导下，齐心协力，团结一致，按照党的十二大指引的方向，为保卫社会主义现代化建设，开创公安保卫工作的新局面而努力奋斗。

汪金祥同志和我们永别了。但他崇高的革命精神和优秀的思想品德，将永远留在我们心中。

汪金祥同志安息吧！

（原载于《人民公安》（增刊）1983年第3期）

党和人民的忠诚保卫者

——深切怀念汪金祥同志

赵苍璧　李士英　刘复之　凌　云

汪金祥同志不幸逝世了。我们作为与他在公安战线上共同奋斗了几十年的老同志、老战友，心情无比悲痛。

汪金祥同志是一九二八年参加创建赣东北革命根据地的一位老同志，又是我党长期从事公安保卫工作的老一辈领导人。几十年来，他在保卫党、保卫革命、保卫人民、保卫社会主义，同帝国主义、国民党反动派的间谍特务，以及各种阴险狡猾的敌人的斗争中，立下了卓越的功勋。他不畏艰险的革命精神，忠勇机智的斗争胆略，扎实细致的工作作风，勤奋好学、联系群众、艰苦朴素、谦虚谨慎的高尚品格，值得我们认真学习和永远怀念。

坚持革命　忠贞不渝　汪金祥同志出身于江西省弋阳县的一个贫农家庭。世代深受地主阶级的剥削和压迫。一九二八年年初，他怀着强烈的阶级仇恨和旺盛的革命斗志投身于方志敏、邵式平、黄道等同志发动的农民武装暴动，并于当年加入中国共产党。在方志敏、邵式平同志领导下积极开展拥护平债分田的“上名字”运动。以后又组织农民革命团，有力地推动了暴动斗争的扩大和发展，不断发展和壮大革命根据地。这时，敌人调集大批军队和各种反革命力量对起义地区进行了大规模的军事进攻、经济封锁和政治破坏。根据地被敌人分割，游击区大大缩小，游击队被敌人包围。在这种十分险恶的形势下，汪金祥同志不仅没有任何退缩，而且意志更加坚定。他坚信党的事业是正义的，革命必将取得胜利。他在党和苏维埃政府的领导下，积极投入了粉碎敌人"围剿"的斗争，在领导作战、发动和组织群众锄奸、反特，恢复和扩建苏区，捍卫土地革命成果等工作中英勇顽强，不怕牺牲，做出了出色的成绩。他无论在担任村、区、县各种领导职务，还是在担任赣东北苏维埃省政府副主席时，都胜利地完成了党交给他的各项任务。他对党、对革命的赤胆忠心和他在斗争中逐渐显露出来的组织才能受到了方志敏同志的称赞。

一九三四年十月，中央革命根据地的第五次反"围剿"斗争，由于王明"左"倾机会主义的错误领导而失败了，红军主力被迫作战略转移。当时汪金祥同志正在中央苏区任国家政治保卫局侦察部部长，党中央决定让他参加中央革命根据地党的中央分局，留在敌后坚持游击战争，他毫不迟疑地接受了党交给的艰巨任务。一九三五年二月，在敌人大举进攻，根据地大部失陷，形势极其严重的情况下，中央分局决定分兵突围，命令汪金祥同志率四个连的部队到寻乌、焦岭、平远、武平一带进行游击战争。可是由于敌我力量悬殊，部队组建仓促，部队很快被敌人打散。汪金祥同志临危不惧，把能找到的三十几个同志集合起来，在极其艰难困苦的条件下坚持战斗了一年多，直到只剩下他一个人时，对党和革命的信念丝毫没有动摇，还继续与敌人周旋，转道汕头、上海、芜湖，准备回赣东北寻找党组织。在返回赣东北的路途上，他当小贩，做厨师，卖苦力，历尽了艰难和折磨，千方百计寻找党和红军。一九三七年他终于在南京找到了叶剑英同志和李克农同志，并经他们介绍奔赴革命圣地延安，他的这种对革命的坚贞精神受到了同志们的钦敬。

“十年动乱”期间，汪金祥同志在蒙冤入狱、失去自由的逆境中，面对林彪、江青、康生、谢富治一伙的种种诬陷和迫害，立场坚定，旗帜鲜明，坚持真理，不屈不挠。还多次告诫家属子女要相信党，要坚持革命，要把党内出现坏人坏事同伟大的党分开，坚信党总有一天会战胜邪恶。表现了一个共产党员对党、对革命的无比忠诚和坚强信念。

刻苦学习　自强不息　汪金祥同志由于家贫，小时候只上过一年学。参加革命特别是担任领导职务以后，大量的工作需要他去做，但他没有文化，不懂得马列主义理论，不知道怎样召开会议，怎样作报告，不会向群众作调查，做宣传。方志敏同志就给他讲革命的道理，教他学文化，有时还帮助他准备讲稿。他把方志敏同志的教诲牢记于心，有空就认真看书学习，遇到问题就向方志敏和其他同志求教，并在实践中加以应用，不久他的理论、文化水平就有了显著的提高。方志敏同志听了他动员群众起来平债分田的讲话，看了他总结出来的群众武装斗争的经验非常高兴，并把他写得好的文件通报全区仿行。在延安，他学习得更加勤奋刻苦。他先后在中央党校和中央社会部训练班比较系统地学习了马列主义理论和对敌斗争的方针、政策，以后又在整风运动中学习了党的两条路线斗争的历史。他把这些学习看作是党对自己的培养，是充实提高自己的好机会。因此，无论是看书、听报告、开讨论会，他都聚精会神，苦读强记，孜孜不倦，认真钻研。通过学习，他的马列主义理论和政策思想水平有了很大提高。

他在学习中特别注意理论联系实际。在整风学习时，他认真检查总结了在赣东北苏区曾一度执行肃反扩大化的经验教训，从理论和实践上批判了王明“左”倾路线的错误，对毛泽东思想和党的正确的肃反路线有了更深刻的理解。整风运动后期，康生大搞“抢救运动”，把许多好同志诬陷为叛徒、特务。汪金祥同志当时任中央社会部二室主任，开始时，对康生的这个阴谋没有认清，但很快就发现不少被逮捕关押的同志的“坦白交代”是假的。他觉得这样做有问题，就和陈龙同志一起去找康生，向他提出：“延安局面这样稳定，能有这么多特务吗？这样搞行吗？”康生拒不接受。后来汪金祥同志按照中央指示为被审查的同志甄别，康生又拒绝在甄别结论上签字。汪金祥同志就和其他同志共同签名，并盖上敌区工作委员会甄别委员会的印章报送中央。这是当时整个延安的第一份甄别报告，受到了毛泽东同志的称赞，对推动甄别平反工作的开展，纠正肃反扩大化的错误，贯彻落实毛主席提出的“九条方针”起了很好的作用。

汪金祥同志勤奋好学的精神一直贯穿于他的一生。无论是在战争时期，还是在和平环境中，都从未有所懈怠，直到重病时躺在病榻上，仍然认真学习十一届三中全会以来党中央制定的一系列路线、方针、政策。汪金祥同志之所以能由一个普通农民成长为一个有高度政治觉悟的共产主义战士，锻炼成公安保卫战线上一位优秀的领导人，这不能不说是其中的一个重要原因。

坚韧果敢　严肃谨慎　汪金祥同志一九四五年奉党中央的命令，率领干部出关开辟东北根据地的公安保卫工作。当时，东北三省刚从日寇铁蹄下解放出来，兵荒马乱、满目疮痍。蒋介石为了抢占东北，在他的大军尚未赶到之前，就收罗那些汉奸土匪、地主恶霸、地痞流氓，使他们摇身一变，组成了什么“国民党党部”“治安维持会”，还秘密收编日伪和土匪武装，到处阴谋暴乱，抢劫掳夺，造谣暗害，妄图使我们在东北不能立足。汪金祥同志当时任东北局社会部部长、东北民主联军保卫部部长、东北公安总处处长，面对这样严重复杂的形势，他勇敢地挑起了这副重担。他和邹大鹏、陈龙等同志一起，在党中央和东北局的正确领导下，组织了坚强的公安队伍，依靠广大人民群众，披荆斩棘，打开局面。他们领导下的公安民警队伍从城市到农村，从农村到城市，英勇顽强地同国民党和各种反动势力进行了各种形式的、坚持不懈的斗争，终于基本上肃清了猖狂一时的公开的和隐蔽的敌人，有力地配合了人民解放战争，为“建立巩固的东北根据地”作出了重要的贡献。汪金祥同志对待工作一贯严肃谨慎，一丝不苟。在组织领导东北公安保卫工作的九年中，十分重视调查研究，无论是在粉碎暴乱、侦破要案、社会镇反、内部肃反，还是在保卫经济建设、治安管理、社会改造等方面，他都把调查研究，弄清情况，取得准确的情报、资料作为重要的任务，情况不清楚的时候，他决不贸然行动或轻率地决定问题。对于侦察、调查来的重要情况，他总是亲自听取汇报，亲自参加研究，有时还亲自深入基层进行调查，获取第一手资料。党中央和东北局制定关于东北地区公安保卫工作的正确方针和成功地指挥侦破的一些重大案件，都是和汪金祥、邹大鹏、陈龙等同志深入调查研究得来的准确情况分不开的。汪金祥同志在工作中还特别注意执行和运用党的政策，在几次粉碎反革命暴乱和清剿国民党地下军的斗争中，在改造日本战犯和镇反肃反运动中，他都坚持贯彻了“镇压与宽大相结合”“坦白从宽、抗拒从严、立功受奖”“争取下层、分化中层、动摇上层，孤立反动，坚决镇压极少数罪大恶极、怙恶不悛的反革命分子”的方针，对敌人和各种反动势力进行了分化瓦解和区别对待，充分发挥了政策的威力，从而既稳、准、狠地打击了敌人，又争取、改造教育了大多数，打了不少的漂亮仗，有的至今仍有很高的参考和借鉴的价值。汪金祥同志最值得我们学习的是亲自动手的精神，无论对上写报告，对下发指示、开会讲话，都是亲自定主题，拿观点，和同志们一块研究提纲和写法，共同起草。初稿写成以后，他又逐字逐句推敲修改，直到写成为止。这是所有曾经在他领导下工作过的同志印象最深，至今还记忆犹新的。

淳厚朴实　正气浩然　汪金祥同志参加革命五十五年来，始终保持着劳动人民的本色。他作风正派，从不在背后议论别人的是非，也不搞拉拉扯扯那一套，凡是违反党的原则的事，他坚决不干。他的组织观念极强，党叫干什么就干什么，从来不计较个人进退，名利得失。一九三八年春，组织上派他到延安西北旅社当经理，负责接待从敌区来的友好人士和蒋方派来的联络人员，有人议论说："一个苏区的副省长，到延安当旅社的老板，太没出息了。"但他毫不介意。他和服务人员一起，打扫卫生，沏茶倒水，并积极完成党交给的政治任务，工作做得很好。他的这种能上能下，以革命利益为重的高尚品格，得到了同志们的称赞。他善于团结同志，对同他一起共事的人十分尊重，推心置腹，赤诚相见。他特别关心、爱护干部，善于团结知识分子，敢于大胆放手地使用他们，充分发挥他们的才能，但要求他们也十分严格，对他们的缺点毛病也从不姑息迁就，发现了就严肃地进行批评教育，在他领导下工作过的干部，进步提高得快。他一生勤俭节约，艰苦朴素，不谋私利，廉洁奉公，一尘不染，表现了一个共产党员的高尚情操。

汪金祥同志一生对党忠心耿耿，对工作严肃认真，勤勤恳恳。直到他病危之际，仍念念不忘祖国的四化建设，关心开创公安保卫工作的新局面。他是我们公安战线全体同志学习的好榜样。

安息吧！金祥同志。

（原载于《人民公安》（增刊）1983年第3期）

大事年表

1907 年

3 月 16 日，出生于江西省弋阳县曹溪乡门上村一个贫苦农民家庭，后随家迁移到店上村。

1908—1919 年

在村里替有钱人家放牛，曾于 1918 年至 1919 年读私塾一年。

1920—1927 年

在村里种地，农闲时学木工。

1928 年

11 月，经李章泉、陈美仁介绍，在石龙村加入中国共产党。在店上村秘密开展农民暴动的准备和组织工作。

1929 年

上半年，参加邵式平领导的以店上村为中心的弋阳七区农民暴动。任店上村党支部书记，后任中共弋阳七区区委特派员。

11 月，在弋阳县第二次工农兵代表大会上，当选为县苏维埃政府主席团委员，任弋阳县苏维埃政府土地部部长。

1930 年

5 月，改任弋阳县苏维埃政府军事部部长。

组织和领导开展群众武装斗争，粉碎敌军“围剿”。信江特区苏维埃政府向全区各县通报了弋阳县苏维埃政府开展群众性武装斗争的经验和做法。

冬，任弋阳县委委员、县苏维埃政府主席。

1931 年

9 月，参加中共赣东北省第一次党员代表大会，被选为省委执行委员。

11 月 7 日至 14 日，参加赣东北省第一次工农兵代表大会，被选为赣东北省苏维埃政府执行委员。

1932 年

2 月，任赣东北省苏维埃政府肃反委员会主席（后改任政治保卫分局局长）。

夏，奉命先后到余江、万年两县，指挥和协助开展群众武装斗争，打退了敌人的反扑和骚扰，巩固了根据地。

秋，指挥上饶县政治保卫分局，严厉打击福建“大刀会”在当地的破坏活动。

11 月，任赣东北省苏维埃政府副主席，兼任政治保卫分局局长。

12 月 11 日，赣东北省改称闽浙赣省，仍任省苏维埃政府副主席。

冬，兼任闽浙赣省委组织部部长。

1933 年

3 月，派遣王丰庆、叶钦等四人到皖赣边界地区开辟新根据地。

参加闽浙赣省第二次工农兵代表大会，当选为省苏维埃政府第一副主席。

10 月，任中华苏维埃第二次全国代表大会闽浙赣省代表团副团长，受方志敏委托，率代表团赴中央苏区江西瑞金参会。

11 月，率闽浙赣省代表团到达江西瑞金。

1934 年

1月22日，参加中华苏维埃第二次全国代表大会，并在大会上发言，介绍闽浙赣根据地工作情况。当选为中华苏维埃共和国第二届中央执行委员会委员。会后，留在中央苏区，另行安排工作。

2月，任中共福建省委委员、省苏维埃政府副主席，兼任福建省政治保卫分局局长。

2月下旬，到达福建长汀县。

8月底，奉调回中央苏区，任国家政治保卫局侦察部部长。

9月至11月，任江西苏区中央分局委员，兼国家政治保卫分局局长、中央军区保卫部部长。

1935 年

2月，率红二十四师四个连到赣粤交界地区开展游击战争，从侧面牵制敌人兵力，掩护苏区留守红军主力突围转移。

1936 年

7月，从赣粤交界地区辗转汕头、上海到芜湖，准备回赣东北地区寻找党的组织。后在当地一家小客栈做厨师，秘密发展革命力量，积极寻找党组织。

1937 年

夏，从芜湖到南京，找到八路军办事处，经李克农安排，经武汉、西安，于10月下旬到延安。

不久，参加中央党校十三班学习。

1938 年

2月，参加中央特别工作委员会举办的第一期训练班学习。

4月，任延安西北旅社经理。

1939 年

秋，任中央社会部第二部副部长，后任部长从事情报侦察工作。

1940 年

5 月，任中央社会部办公处主任。

8 月，到晋西北抗日根据地检查指导锄奸保卫工作。

1943 年

中央社会部内设机构调整后，任中央社会部二室主任。

1944 年

延安整风运动后期，按照党中央指示为被审查的同志进行甄别工作。

1945 年

2 月，协助邵式平编写《闽浙皖赣（赣东北）党史》。

7 月，作为华中代表团成员，参加中国共产党第七次全国代表大会。

8 月 17 日，与叶长庚率南下干部大队第一队离开延安，途经山西晋南桐峪镇，接到中央紧急电报转赴东北。

11 月 13 日，到沈阳，被分配到东北局社会部工作，兼任沈阳市委锄奸委员会主任、沈阳市公安总局秘书长。

11 月 20 日，指挥沈阳市公安机关平息一起反革命暴乱，粉碎了上千名暴徒对和平区分局的围攻。

11 月 26 日，率东北局社会部由沈阳转移到本溪。

12 月，任东北局社会部部长。在锄奸保卫工作联席会议上讲话。会议作出《关于本溪市目前锄奸保卫工作的决定》，明确城市锄奸保卫工作的任务，提出了贯彻群众路线与专门工作相结合的工作方针。

1946 年

1 月，兼任东北民主联军保卫部部长。

2 月，率东北局社会部由本溪经抚顺、海龙县，转移到吉林（市）。

4月中旬，兼任长春市市委委员、公安总局局长。

5月下旬，率东北局社会部由长春转移到哈尔滨。

9月3日，任东北公安总处处长（仍任东北局社会部部长）。

1947年

1月，主持召开第一次东北锄奸保卫工作会议，作《关于东北反奸斗争的情况与当前任务的报告》。

5月，任东北局委员。

9月，任东北局敌区工作委员会委员。

1948年

1月16日，主持召开东北各省市社会部长（公安处长）联席会议，作《关于东北各省市锄保工作总结报告》。3月7日，又作《最后对几个问题的说明和补充》的讲话。

5月29日，在城市干部训练班作《关于新收复城市的锄奸治安工作》的报告。

10月26日，参加东北局紧急会议。部署了接管沈阳的相关工作。

12月，率领东北局社会部由哈尔滨迁回沈阳。

1949年

1月14日，东北公安总处改为东北公安部。任东北公安部部长兼东北公安干部学校校长。

3月11日，主持召开第三次东北公安会议，作《关于1948年工作和1949年工作任务》报告，明确提出保卫工作的重心由为战争服务转到保卫经济建设。

8月，任东北人民政府委员。

9月中旬，作为东北解放区代表团成员，赴北京参加中国人民全国政治协商会议第一次会议。

10月1日，参加开国大典。

10月15日，参加全国公安高级干部会议（即第一次全国公安会议）。

1950年

2月，兼任东北战犯管理委员会副主任。

3月，在东北公安部统一部署和指挥下，各级公安机关与公安部队密切配合，完成了保卫毛泽东主席到苏联谈判期间，在东北境内安全的重大任务。

4月26日，按照东北公安部的部署，全区二十六个大中城市公安机关统一行动，逮捕各类反革命分子六千多人，胜利完成了镇反运动第一个战役。

6月，经东北人民政府批准，东北公安部在抚顺市建立东北战犯管理所（后改名为“战犯管理所”）。同时启用“抚顺战犯监狱”名称。

7月初，召集有关部门负责人传达中央通知，具体研究接收日本、伪满战犯汉奸工作。此后，东北公安部分别于7月18日和8月1日，在黑龙江绥芬河车站与苏联方面交接了日本、伪满战犯汉奸。

冒雨深入到铁岭县，实地了解救灾和治安情况。东北公安部向东北局和中央公安部报告了灾情，提出了暂缓灾区镇反工作，全力救灾的建议。

8月，兼任东北人民检察署署长。

1951年

4月，任东北军区公安军司令员兼政治委员。

初冬，到辽阳县考察镇反工作情况。

1952年

9月至10月，在东北公安部的指挥下，吉林、辽宁两省公安机关、公安部队连续歼灭了四股美国间谍机关空降特务（含两股韩国籍特务）和一名单独空降到辽宁复县的特务。

10 月，任东北局常委。

11 月 29 日，东北公安机关和公安部队及解放军防空部队，密切配合，击落一架美国间谍飞机，活捉美国间谍两名。

1953 年

1 月，任东北行政委员会副主席兼东北政法委员会主任。

东北公安部改称东北公安局，仍任东北公安局局长。

8 月 9 日，出席东北普选工作会议并讲话。

1954 年

9 月上旬，赴公安部报到。

10 月，负责苏联党政代表团访华期间的警卫工作。

11 月 1 日，任公安部副部长、部党组成员。

1955 年

4 月，主持召开第七次全国铁路公安工作会议并作报告和总结讲话，进一步明确了铁路公安保卫工作的方针和任务，强调要围绕运输生产加强公安保卫工作。

1956 年

4 月 11 日，在第一次全国财贸保卫工作会议上作总结讲话，明确提出财贸保卫工作的方针任务，并就财贸保卫工作的管理范围、财贸保卫工作与重点保卫结合指导一般的原则、围绕财贸业务开展保卫工作等问题进行说明。

4 月 28 日，参加全国反破坏事故斗争座谈会作总结讲话。

9 月，参加中国共产党第八次全国代表大会。

10 月，担任中央肃反十人领导小组成员，负责十人小组办公室日常工作。

12 月 3 日，参加经济保卫专项业务工作座谈会并讲话。

1957 年

12 月，参加最高人民法院、最高人民检察院、公安部联合检查组，率队到江苏省丹阳县和上海市复查肃反案件，就具体政策执行中出现的偏差，提出纠正意见。

1958 年

6 月下旬，参加第九次全国公安会议并发言，阐述了经济保卫工作的任务、方针、阵地、重点、组织形式和干部等问题。

8 月中旬，率中国公安体育代表团赴苏联参加狄纳摩运动会。

12 月 17 日，在交通保卫工作南昌片会上讲话，强调要把同事故灾害作斗争作为工作的中心，加强调查研究，解决好公安工作与劳动生产的结合问题。

1959 年

3 月，参加财贸保卫工作北京现场座谈会并讲话。

3 月，在国防工业保卫保密工作会议上讲话，强调要善于区别两类不同性质的矛盾，对于不同的问题，要区别对待，把握好四个界限。

1960 年

2 月 25 日，在第十次全国公安会议上，就加强国防尖端科研保卫保密工作专题发言，强调必须把保卫尖端科学事业（国防工业）作为一项刻不容缓的重大政治任务，提到重要位置上来，尽最大的力量，加强各项工作，保卫它的绝对安全，促进它的迅速发展。

夏，率公安部工作组到云南、贵州两省，考察城乡社会治安和执行政策情况。

冬，率公安部工作组到湖南省进行农村治安情况调查。

1961 年

1 月 26 日，在整顿铁路沿线治安秩序电话会议上讲话。强调要加强铁路运输的安全保卫工作，防止哄抢、盗窃事件的发生和蔓延。同时建议各地党委要安排好灾情比较严重的铁路沿线地区群众的口粮和过冬燃料，加强相关教育工作。

1962 年

上半年，分别到重庆市和包头市，就厂矿企业保卫处（科）的职责任务、组织建设，公安机关的指导工作等方面情况进行调查研究。

1963 年

12 月 1 日，参加第二机械工业部生产保卫工作座谈会并讲话。

1964 年

8 月下旬，率工作组到包头钢铁公司机械总厂蹲点，进行社会主义教育运动。

1965 年

1 月，当选为第四届全国政协常委。

6 月，兼任党中央监察委员会驻公安部监察组组长。

7 月 6 日，参加第十四次全国公安会议，就人民防空等项工作发言。

1966 年

被指派负责中央政法干校的工作。后又被派到“首都红卫兵‘破四旧’展览”筹备领导小组工作。

1967 年

1 月，受林彪、“四人帮”反党集团诬陷，遭到残酷迫害。

10 月，蒙冤入狱，被关押七年。

1974 年

12 月 23 日，获释出狱。

1975 年

5 月 1 日，出席“五一”国际劳动节游园活动。

9 月 30 日，出席在人民大会堂举行的国庆招待会。

1977 年

7 月，任公安部顾问。

1978 年

2 月，被连选为第五届全国政协常务委员。

11 月 4 日，中共中央决定彻底予以平反，恢复名誉。

1983 年

1 月 16 日，因病久治无效，在北京医院逝世，享年七十五岁。

1 月 28 日上午，在公安部礼堂举行追悼会。会后，骨灰送往八宝山革命公墓存放。

主要参考文献

［1］方梅著：《方志敏全传》，解放军出版社 1999 年版。

［2］江西省方志敏研究会编：《方志敏年谱》，中央文献出版社 2009 年版。

［3］弋阳县县志编纂委员会编：《弋阳县志》，南海出版公司 1991 年版。

［4］中共弋阳县委党史办编：《中国共产党弋阳县地方史》（第一卷）。

［5］中共弋阳县委党史工作办公室、弋阳县地方志办公室编：《弋阳人物》，华夏出版社 2011 年版。

［6］中共弋阳县委党史办公室编：《中共弋阳党史资料》，中共党史出版社 1991 年版。

［7］方志敏、邵式平等著：《回忆闽浙皖赣苏区》，江西人民出版社 1983 年版。

［8］唐志全、陈学明著：《“方志敏式”革命根据地研究》，江西人民出版社 2002 年版。

［9］余伯流、何友良主编：《中国苏区史》，江西人民出版社 2011 年版。

［10］韩平主编：《从井冈山到北京》，华文出版社 2006 年版。

［11］中共长汀县委党史研究室编著：《福建中央苏区纵横》（长汀卷），中央党史出版社 2009 年版。

［12］毛伟先编著：《长汀地下支部和红色印刷史迹》，中共长汀县委党史研究室 2012 年版。

［13］刘勉钰著：《江西三年游击战争史》，江西人民出版社 2009 年版。

［14］中国人民解放军历史资料丛书编审委员会：《南方三年游击战争》（综合篇），解放军出版社 1995 年版。

［15］阎景堂主编：《南方三年游击战人物谱》，解放军出版社 1997 年版。

［16］万剑声、余天宝著：《南方红军游击队征战纪实》，解放军文艺出版社 2007 年版。

［17］王辅一著：《项英传》，中共党史出版社 2008 年版。

［18］刘华苏著：《我的父亲刘毓标》，中国书籍出版社 2014 年版。

［19］修来荣著：《陈龙传》，群众出版社 1995 年版。

［20］丁晓平著：《王明中毒事件调查》，中国青年出版社 2012 年版。

［21］阎伟东编著：《中共中央在延安十三年纪实》，现代出版社 2008 年版。

［22］师哲回忆、李海文整理：《在历史巨人身边——师哲回忆录》，中央文献出版社 1991 年版。

［23］萧一平著：《延安整风运动——回忆与思考》，中央文献出版 2012 年版。

［24］杨潇著：《长歌百年——追忆父亲杨超的人生印迹》，四川人民出版社 2011 年版。

［25］汪金祥著：《东北公安九年回顾》，群众出版社1991年版。

［26］杨之槐著：《风雨进行曲》，群众出版社2000年版。

［27］辽沈战役纪念馆管理委员会、《辽沈决战》编审小组合编：《辽沈决战》，人民出版社1988年版。

［28］辽沈战役纪念馆管理委员会、《辽沈决战》编审小组合编：《辽沈决战》（续集），人民出版社1992年版。

［29］陶驷驹主编：《新中国第一任公安部长罗瑞卿》，群众出版社1996年版。

［30］纪敏主编：《生死轮回——改造战犯秘档全公开》，文史出版社2011年版。

［31］全国政协文史和学习委员会编：《回忆改造战犯》（上册），中国文史出版社2013年版。

［32］中共中央党史研究室著：《中国共产党历史》，中共党史出版社2002年版。

［33］开诚著：《李克农——中共隐蔽战线的卓越领导人》，中国友谊出版公司2012年版。

［34］严佑民著：《公安战线五十年——一位副部长的自述》，群众出版社2005年版。

［35］任远著：《红色特工忆往事》，金城出版社2011年版。

［36］王鉴著：《从美国间谍到友好使者》，载《炎黄春秋》1995年第7期。

［37］杨成武著：《我所知道的中央专案组“二办”》，载《纵横》2000年第1期。

后　记

我曾在2002年下半年，写过一篇怀念父亲汪金祥的文章，刊登在2003年第1期《人民公安》杂志上，并被收入群众出版社编辑出版的《历史瞬间》第4集。然而，随着自己工作经历的不断丰富，我对人民公安的历史有了更加透彻的了解后，心里总有一种言犹未尽的感觉。一些朋友和同志希望我再写写父亲非凡传奇的一生，尤其一位令人尊敬的前辈多次语重心长地叮嘱我，要把父亲为中国人民解放事业顽强奋斗的革命经历完整记录下来，要作为一件重要的事情来办。但是，我虽有多年机关文字工作的历练，却从未写过传记文学一类的鸿篇巨制，更担心的是，自己对父亲新中国成立前后所从事的工作及思想、生活轨迹毕竟缺乏全面深入的探究与感知，总觉得自己很难独立地完成这样一件大事，所以迟迟没敢贸然动笔。

直到2011年6月，我在整理父母的遗物时，意外地发现一个箱子中存有父亲留下的一摞文稿。我一页页地翻阅这些因年代久远已然发黄变脆的纸稿，久已平静的心弦再一次震颤起来。这时我才深切地感到，父亲不仅仅属于我自己，他属于那个伟大的时代，属于那段轰轰烈烈的历史，属于他参与创建的党的公安事业。尽管有人曾不以为然地提醒我，现在做这件事是否合时宜，但我坚信，中国人民的革命斗争史永远不会烟消云散，历史永远是一面观照现实、启迪后人的镜子，即使有再多困难，我也有责任、有义务把父亲所经历的苦难而辉煌的历程记录下来。于是，我仔细研读了父亲留下的全部文稿，其中有他自述的革命经历，内容比较系统但文字过于简练。或许由于父亲为人做事的风格和长期从事公安工作养成的职业习惯，文中讲到具体事情多以“我们”代之，很少有关他本人的细节。考虑再三，我决定以父亲的自述文稿为主线，沿着他走过的历程，做一番深入实地的考察。

2011 年秋季，我从寻访江西弋阳、横峰开始，先后到了瑞金、长汀及延安、沈阳等地，收集、挖掘与父亲有关的历史资料。通过一次次实地采访，在思考与回忆中，父亲的印迹越来越清晰，父亲的形象越来越亲切。他从一个贫苦农民的儿子，满怀对党和人民的一片赤诚投身革命，在艰苦漫长的中国革命斗争中不断得到锤炼，逐步成长为党的公安保卫战线老一辈领导者。忠贞不渝、实事求是、勤奋果敢、顾全大局、光明磊落、谦虚谨慎，是父亲五十五年革命生涯最突出的特点。当然，这只是儿子眼中的父亲，他的品格和贡献，也许远不是此书所能概括的。我深感内疚的是，由于所处时代的不同，自己没有父亲那样丰富的斗争经历和体会，对他的了解和感悟仍是比较肤浅的。或许有更多的故事已随着父亲的远行，永久隐匿于逐渐淡漠的历史云烟中。

从最初收集资料到动笔写作直至脱稿，历经五个春秋。在此期间，承蒙中央党史研究室科研管理部和公安部国内安全保卫局有关专家认真审稿，提出宝贵意见；承蒙原群众出版社总编辑张续进同志的指点和帮助；使我最终完成了自己的心愿。但由于占有的第一手资料不多，自己的能力、精力确实有限，本书中的疏漏和不足之处在所难免，诚望各位前辈、友人、专家及广大读者批评指正。

2017 年将是父亲诞辰一百一十周年，谨以此书表达我们对父亲的深切缅怀，表达革命后代继承先烈革命理想和革命精神的坚定信念，同时也表明老一辈无产阶级革命家开创的事业薪火相传，后继有人。在此，我诚挚地感谢前辈们的关心和支持，感谢公安部宣传局给予的大力支持。同时，也感谢我的家人，特别是爱人李延晖在我整个写作过程中给予的热情鼓励和倾心陪伴。总之，感谢所有为本书的面世尽心出力的同志们、朋友们。

2016 年 8 月